भारत में पब्लिक इंटैलैक्चुअल

रोमिला थापर

सुन्दर सरुक्काई, ध्रुव रैना, पीटर रोनाल्ड डिसूज़ा,
नीलाद्रि भट्टाचार्य, जावेद नक़वी

सम्पादन

चन्द्रा चारी, उमा आयंगार

अनुवाद

लक्ष्मीनारायण मित्तल

वाणी प्रकाशन

मूल अंग्रेज़ी संस्करण द बुक रिव्यू लिटरेरी ट्रस्ट के सहयोग से अलेफ बुक कम्पनी द्वारा प्रकाशित

वाणी प्रकाशन

4695, 21-ए, दरियागंज, नयी दिल्ली 110 002

फ़ोन : +91 11 23273167 फ़ैक्स : +91 11 23275710

शाखाएँ

अशोक राजपथ, पटना 800 004, बिहार

कॉफ़ी हाउस कैम्पस, महात्मा गांधी मार्ग, इलाहाबाद 211 001, उत्तर प्रदेश

महात्मा गांधी अन्तरराष्ट्रीय हिन्दी विश्वविद्यालय, वर्धा 442 001, महाराष्ट्र

सुल्तानिया रोड, मोतिया पार्क, भोपाल 462 001, मध्य प्रदेश

www.vaniprakashan.com
marketing@vaniprakashan.in
sales@vaniprakashan.in

BHARAT MEIN PUBLIC INTELLECTUAL
by Romila Thapar
Sundar Sarukkai, Dhruva Raina, Peter Ronald deSouza,
Neeladri Bhattacharya, Zaved Naqvi
Editor : Chandra Chari, Uma Iyengar
Translated by Laxminarain Mittal

ISBN : 978-93-87409-80-4
Social Science

प्रथम संस्करण 2017
द्वितीय संस्करण 2020

मूल्य : ₹ 499

सिटी प्रेस, दिल्ली-110 095 में मुद्रित

वाणी प्रकाशन का लोगो मक़बूल फ़िदा हुसेन की कूची से

बोल, ये थोड़ा वक़्त बहुत है
जिस्म-ओ-ज़बान की मौत से पहले
बोल, कि सच ज़िन्दा है अब तक
बोल, जो कुछ कहना है कह ले

('बोल' : फ़ैज़ अहमद फ़ैज़)

पुस्तक के बारे में

मुझे बुक रिव्यू लिटरेरी ट्रस्ट ने तृतीय निखिल चक्रवर्ती स्मृति व्याख्यान के लिए आमन्त्रित किया था। 26 अक्टूबर 2014 को मैंने यह व्याख्यान दिया था। व्याख्यान के मूल शीर्षक 'टू क्वेश्चन ऑर नॉट टू क्वेश्चन दैट इज़ द क्वेश्चन,' को अब संशोधित और विस्तृत किया गया है। इस देश में जन-बुद्धिजीवियों की भूमिका के विशिष्ट पहलुओं पर पाँच लोगों से अपनी-अपनी प्रतिक्रिया देने के लिए कहा गया। सुन्दर सरुक्काई, ध्रुव रैना, पीटर डिसूज़ा, नीलाद्रि भट्टाचार्य और जावेद नक़वी के आलेख मेरे बाद प्रस्तुत किये गये। मुझे प्रसन्नता है कि उन्होंने इतने विचारपूर्ण ढंग से अपनी प्रतिक्रियाएँ ज़ाहिर कीं। इन सब पर मेरी टिप्पणियों और 2 मार्च 2015 को हुई आम चर्चा के साथ यह पुस्तक समाप्त होती है।

मैं उन सभी को धन्यवाद देना चाहूँगी जिनके प्रयासों से यह पुस्तक इस रूप में सम्भव हुई। बुक रिव्यू लिटरेरी ट्रस्ट की चन्द्रा चारी और उमा आयंगार ने इस व्याख्यान और परिचर्चा का आयोजन किया और पुस्तक का सम्पादन किया। निहारिका गुप्ता ने तय समय पर इस परिचर्चा के लिप्यन्तरण का साहसिक कार्य किया। उन दोनों ने ही इस पुस्तक का सम्पादन करने का साहसिक कार्य किया। डेविड दवीधर ने अधिक बारीकी से सम्पादित करके पाठ को अधिक सुगम बनाया है। दीपक नय्यर ने उस परिचर्चा की अध्यक्षता की थी जिसमें ये पाँच आलेख पढ़े गये थे। उन्होंने यह सुनिश्चित किया कि चर्चा के दौरान सभी वक्ता अपने विषय के आसपास ही रहे। मैं अमित भादुड़ी, नीलाद्रि भट्टाचार्य और दीपक नय्यर को धन्यवाद देना चाहूँगी कि उन्होंने पहली पाण्डुलिपि पर अपनी प्रतिक्रियाएँ दीं जिससे मैं अपने विचारों को सुव्यवस्थित कर पायी—पहले अपने व्याख्यान में, और फिर बृहत्तर आकार में इस पुस्तक में।

—रोमिला थापर

अनुक्रम

भारत में पब्लिक इंटैलैक्चुअल

रोमिला थापर

प्रतिष्ठित पत्रकार और चिन्तक निखिल चक्रवर्ती और भारत में उनके समकालीनों ने हमारे समय में तेज़ी से बदलती समसामयिक समस्याओं पर विचार किया और लिखा है। अनेक दृष्टियों से निखिल और उनके अन्य साथियों ने त्रुटि रहित वैसी भूमिका निभायी है जैसी भारत में जन-बुद्धिजीवियों से उम्मीद की जाती है, निखिल का 'मैनस्ट्रीम' का सम्पादन मानो उन सत्ताधारियों से प्रश्न करने जैसा है जो ऐसे निर्णय लेते हैं जिससे नागरिक-समाज पर अतिक्रमण होता है। उनका सम्पर्क उग्र राजनीतिक संगठनों, शासन में बैठे राजनेताओं, और आम राय बनाने वालों सबसे है और वे इन सभी से उसी सहजता, उसी नियमितता से मिलते हैं। आम प्रचलित धारणाओं, दृष्टिकोणों को जानने और उसे प्रभावित करने का यह उनका तरीक़ा है। परन्तु उन्होंने दृढ़ता से अपनी स्वायत्तता बनाये रखी है। जब उन्हें पद्म पुरस्कार से नवाज़ा गया तो उन्होंने उसे लेने से इनकार कर दिया कि इससे शायद एक पत्रकार के रूप में उनकी स्वतन्त्रता सीमित हो सकती है।

निखिल और उनकी तरह के लोग अपने आसपास की घटनाओं से चिन्तित थे। उनका स्वभाव मिलनसार था, वे मददगार और अभिनन्दनीय थे। उनके संवादों में अनिवार्य रूप से उन विचारों पर चर्चा और बहस होती थी जो समकालीन भारत से जुड़े होते थे। चूँकि वे स्वयं बहुपठित थे, इसलिए सार्वजनिक मसलों पर बौद्धिक और अकादमिक दृष्टिकोणों का स्वागत करते और हमेशा उन सबको एक स्पेस देते जिनके सरोकार जीवन के विभिन्न पक्षों की परस्परनिर्भरता से जुड़े होते। यह परस्परता समाज और राजनीति के सम्बन्धों पर आधारित हो सकती है और जहाँ भी ऐसा होता है, वहाँ मुख्य फोकस इसी सम्बन्ध पर होता है। पहले राजनीति में बहस की गुंजाइश थी। अब वह स्थिति नहीं रही है और बहस के लिए बौद्धिक मापदण्ड सिमट गया है। जो सत्ता में हैं और जो सार्वजनिक

धारणाओं को प्रभावित कर रहे हैं, उनके मन में जन-बुद्धिजीवी के लिए आदर का भाव कम हो गया है। आजकल के अधिकांश राजनेताओं में थोड़े ही ऐसे हैं जिनके पास एक दृष्टि हो कि वे किस प्रकार का समाज बनाना चाहते हैं। हाँ, उन्हें छोड़ दें जिनका दृष्टिकोण अतिवादी धार्मिक राष्ट्रवाद तक ही सीमित है और जो एक संकीर्ण अन्तर्मुखी समाज बनाना चाहते हैं। अधिकांश के लिए धन कमाने की आकांक्षा ही मुख्य है और इसके लिए वे लोगों को इधर-से-उधर भटकाते रहते हैं। सम्भवतः ऐसे माहौल में, सम्भावित जन-बुद्धिजीवी भी समाज और राजनीति की इस परस्परता पर बहस करने से हिचकिचाते हैं।

जब मैं पिछले छह दशकों को देखती हूँ तो मुझे लगता है कि 1990 के दशक से एक दिशात्मक परिवर्तन होता रहा है। उससे पहले, यह समझा जाता था कि शासन-व्यवस्था में हताशाओं और गड़बड़ियों के बावजूद सार्थक चर्चा करने की गुंज़ाइश थी कि संस्थानों का गठन या पुनर्गठन कैसे किया जाये ताकि उन नयी विधियों की तलाश की जा सके जिससे सामाजिक उत्थान के लिए आवश्यक माने जाने वाले मूल्यों का पोषण हो सके। अनेक प्रकार के संस्थान स्थापित हुए जिनका उद्देश्य था सूचना और ज्ञान के क्षेत्र में प्रस्फोट करना और अग्रणी शोध-कार्य की ओर बढ़ना। ऐसे कुछ काम तो हुए, कुछ नहीं भी हुए। 1990 के बाद से, कुछ अपवादों के बावजूद, ऐसा लगता है कि लड़खड़ाहट की स्थिति आती गयी। बाद में नव-उदारवादी अर्थव्यवस्था से जनित आर्थिक संकट ने हमें हिलाकर रख दिया है। अब तो 'विकास' का मन्त्र भी खोखला लगता है, क्योंकि अब तक यह मगृ-तृष्णा ही रही है। यहाँ, वहाँ और हर जगह निवेश के वादे झूठे साबित हो रहे हैं, यहाँ तक कि लाखों भारतीयों की आधारभूत आवश्यकताएँ भी पूरी नहीं हो रही हैं और पिछले पच्चीस वर्षों में अल्प सुविधा प्राप्त लोगों की संख्या में बहुत हद तक कमी नहीं आयी है। मध्य वर्ग ज़रूर कुछ बढ़ा है और हम संसार के कुछ सर्वाधिक धनाढ्य लोगों के अपने यहाँ होने पर गर्व कर सकते हैं, और यह बात हिसाब-किताब रखने वाले को कुछ तसल्ली दे सकती है। परन्तु ज़मीनी हक़ीक़त इसे विकास या वृद्धि की संज्ञा देने से मना कर देती है।

पुराने औपनिवेशिक क़ानूनों को लागू करने में जो सख़्ती दिखलाई जाती है, वे स्पष्टतः ही अपनी प्रकृति में ग़ैर-लोकतान्त्रिक हैं। इनसे उन लोगों को चुप कराया जाता है जो अनेक निर्णयों पर प्रश्नचिह्न लगाते हैं। इस बात को लेकर अपने आपमें सामंजस्य बिठाना कठिन है कि स्वतन्त्रता के आरम्भिक वर्षों में हमने जो करने की ठानी थी, उन आशाओं को आज कितने अधूरे ढंग से निपटा

रहे हैं। और प्रश्न यह नहीं है कि कोई एक कार्यक्रम किसी दूसरे कार्यक्रम से अच्छा परिणाम दे रहा है : असल में पर्याप्त विकास के लिए कारगार कार्यक्रम कम हैं। आधी आबादी भूखी है, उसे अपनी प्यास बुझाने के लिए साफ़ पानी सुलभ नहीं है, और सामाजिक अन्याय भी उनके लिए दूर की कामना नहीं है। अब, माफ़िया व्यवस्था के बाहर नहीं है, वह आज उसके भीतर घुस गया है। धर्म या जाति के नाम पर कुछ समुदायों को डराकर रखा जाता है। हाँ, आज भी हरेक नागरिक को वोट देने का अधिकार है। और आशा की जाती है कि यह अधिकार बना रहेगा। एक समय अल्पसंख्यक समुदायों को धमकी देने के लिए मताधिकार का आयोजन किया गया, हालाँकि यह अदने समूह द्वारा किया गया था लेकिन डर फैलाने के लिए पर्याप्त था। किसी राष्ट्र के जीवन में नागरिकों के अधिकारों को बार-बार दोहराना महत्त्वपूर्ण है। ऐसे में एक जन-बुद्धिजीवी का सामने होना आवश्यक है।

आरम्भ में हमारी चिन्ताएँ प्रजातान्त्रिक व्यवस्थाओं को बहाल करने और नागरिकता को सम्मान देने, मानवाधिकारों और सामाजिक न्याय को सुनिश्चित करने, और अल्प सुविधा भोगियों और ग़रीबी रेखा से नीचे के लोगों को संरक्षण प्रदान करने की थीं। आज हमारा ध्यान धार्मिक पहचान और बहुसंख्यक समुदाय के आग्रहों पर प्रश्न करने पर केन्द्रित हो गया है, इससे विभिन्न समुदायों के बीच विभाजक रेखा और गहरी होती जा रही है, और सामाजिक न्याय और समाज को स्थिर रखने वाली संस्थाएँ कमज़ोर पड़ती जा रही हैं।

हाल के वर्षों में, ग़ैर-उदारवादी कही जाने वाली गतिविधियाँ बढ़ गयी हैं और इनके विरुद्ध विरोध कम होता गया है। पिछले कुछ महीनों में, सप्ताह दर सप्ताह, सत्ताशाली लोगों द्वारा ऐसे वक्तव्य दिये जा रहे हैं या ऐरी गतिविधियाँ की जा रही हैं जो उदारवादी विचार के लिए ग्राह्य नहीं हैं, फिर भी इनका प्रतिरोध आम जनता में दिखलाई नहीं पड़ता। एक ऐसी अनकही आशा है कि लोकतन्त्र की प्रगति के साथ ग़ैर-उदारवादी माँगें स्वतः ही समाप्त हो जायेंगी। फिर भी क्या हमें पक्का विश्वास हो सकता है कि ऐसा होगा? और इस बीच के समय में हमारा अनुभव क्या होगा? मैं यह नहीं कह रही हूँ कि आज भारत में ऐसे जन-बुद्धिजीवियों का अभाव है जो इन मुद्दों पर चर्चा को नहीं बढ़ा रहे हैं, अपितु यह कि ऐसे सार्वजनिक संवाद के लिए नागरिक जीवन में जिस जागरूक समाज की आवश्यकता होती है, वह उतना बड़ा नहीं है जितना कि होना चाहिए। डर तो यह है कि ऐसे तार्किक समाज के अभाव में, वे लोग भी, जो प्रश्न या कि टिप्पणी करना चाहते हैं, एक आत्म-प्रतिबन्ध की स्थिति में सिमट जाते हैं।

लगभग अनुमान लगाते हुए मैं ऐसे कुछ कारण गिना सकती हूँ जिन कारणों से आज हम भारत में ग़ैर-उदारवादी विचारों और प्रतिक्रियाओं को देखते हैं। आज़ादी के कुछ वर्षों बाद हमारा समाज अपेक्षाकृत उदारवादी था, यद्यपि ऐसे कुछ अवसर आये थे और ऐसी क्रियाएँ दिखलाई पड़ी थीं जिनके प्रति हमने प्रतिक्रिया व्यक्त की कि ये घटनाएँ बिल्कुल भी स्वीकार्य नहीं हैं। परन्तु आजकल ऐसी घटनाओं में बढ़ोतरी होने लगी है, जिन्हें विभिन्न रंगों वाली विचारधाराओं के लोग संचालित करते हैं और जिन्हें लगभग आतंकवादी या धमकाने वाला व्यवहार कहा जा सकता है। पिछले कुछ वर्षों में हमने अपने यहाँ अतिवादियों के देशी रूपों के कई संस्करणों को देखा है जो स्थिर विचारधाराओं और मतों से निकले हैं। ऐसे समूहों के द्वारा अक्सर यह दावा किया जाता है कि कोई साधारण कार्यवाही, कोई वक्तव्य या कोई कभी-कभार लेखादि किसी ख़ास धार्मिक भावनाओं का अनादर करते हैं। ये अतिवादी कानून को अपने हाथ में लेकर ऐसा लिखने, कहने या करने वालों को सज़ाएँ देते हैं। माओवादियों द्वारा की गयी क्रान्ति एक ऐसी भौतिकवादी कार्यवाही है जिससे वे राज्यसत्ता को उखाड़ फेंकना चाहते हैं और इसके उत्तर में राज्यसत्ता दमनकारी प्रतिरोध करती है। एक दूसरा वर्ग है जिसमें विभिन्न प्रकार के राजनीतिक-धार्मिक संगठन आते हैं। ये संगठन धर्म के नाम पर समाज और राज्य पर दबाव डालते हैं और अपनी राजनीतिक गतिविधियों को औचित्यपूर्ण सिद्ध करना चाहते हैं। ये दोनों अपने इरादों और अपनी कार्यवाहियों में एक समान नहीं हैं परन्तु दोनों मुख्यधारा के समाज को प्रभावित करते हैं। जब 'धर्म ख़तरे में है' नारे के साथ हिंसा को भड़काया जाता है, तब धर्म भी राजनीतिक धारणाओं को प्रेरित करता है। दोनों ही अलग-अलग राज्य व्यवस्था चाहते हैं और इस प्रकार की हिंसा में अनिवार्यतः वही सबसे अधिक तकलीफ़ और मुसीबत उठाते हैं जिनकी कोई राजनीतिक अभिलाषा नहीं होती और जो समाज के निम्नतम तबके से आते हैं। इसमें कोई न्याय नहीं दिखलाई पड़ता।

हालाँकि ऐसे धर्म और राजनीति एक-दूसरे से बहुत गहराई से जुड़े हैं; विघटनकारी व्यवहार के मूल में धार्मिक भावनाओं को ठेस पहुँचाना नहीं है (जैसा कि आमतौर पर कहा जाता है) बल्कि नागरिक समाज के कुछ निर्णायक पक्षों पर अपनी शक्ति और नियन्त्रण को कट्टरता से स्थापित करना है। पहले यह बात इतने ज़ोरदार तरीक़े से नहीं कही गयी और इसी कारण हम इसके प्रति सावधान नहीं रह पाये, यह सोचते रहे कि हम अपने समाज को प्रजातान्त्रिक रास्ते पर ले जा रहे हैं। या फिर यह कारण भी हो सकता है कि यह विघटन इतना अधिक

न था क्योंकि धर्म-प्रेरित दलों को छोड़कर अन्य दलों ने ऐसी कार्यवाही को निरुत्साहित किया, हालाँकि यह बहुत प्रभावशाली ढंग से नहीं हो पाया। उन लोगों के लिए आज का राजनीतिक माहौल, जो सोचते हैं कि भारतीय समाज को हिन्दू दक्षिणपन्थी कब्ज़ा ले, 'अभी या कभी नहीं' जैसी स्थिति में है।

आज जैसा घटित हो रहा है, स्वतन्त्रता के तत्काल बाद वैसी स्थिति नहीं थी। कोई भी याद कर सकता है कि महात्मा गाँधी की हत्या के बाद देश में कैसी चीख़-पुकार मची थी। आज उन्हीं लोगों के द्वारा इस घटना का सार्वजनिक महिमा-मण्डन किया जा रहा है जिनके आकाओं ने इस हत्या की साज़िश रची थी। क्या ऐसा सोचना उचित होगा कि आज जैसी असहिष्णुता और हिंसा दिखलाई पड़ रही है वह आदि काल से ही हमारे समाज में व्याप्त थी, आज वह केवल धरातल पर आकर प्रगट हो गयी है; इस दिलचस्प विश्वास के बावजूद कि भारतीय समाज तो सदा से अहिंसक और सहिष्णु समाज रहा है? या क्या यह कि बाद की ये हिंसात्मक और असहिष्णु गतिविधियाँ केवल पिछली दो शताब्दियों में फली-फूली हैं? या और भी इधर हाल ही में?

राजनेता और अन्य लोग बिना सोचे-विचारे औपनिवेशिक विद्वानों की शिक्षा को दोहराते हुए भारत में एक हज़ार साल की ग़ुलामी का ज़िक्र करते हैं। परन्तु यदि इस तथ्य का ऐतिहासिक विश्लेषण किया जाये तो भारतीय समाज में यह गहरा वियोजन आठवीं शताब्दी में इस्लाम के आने के कारण नहीं हुआ जैसा कि ग़ुलामी की बात करते हुए कहा जाता है अपितु औपनिवेशिक शासनकाल में हुआ है। औपनिवेशिक शासन में इस वियोजन का कारण यह था कि इन्होंने भारतीयों की आत्मछवि (स्वबोध) और भारतीय गतिनिधियों को पुनः विनियोजित किया। बिना किसी ढोंग के, कठोर शब्दों में कहा जाये तो औपनिवेशिकता ने हमारे जीवन के अनेक पक्षों को प्रभावित किया है। पहले की स्थितियों के विपरीत भारतीय अर्थव्यवस्था को ब्रिटेन की आर्थिक व्यवस्था के अधीन कर दिया गया जिसमें इंग्लैंड का लाभ सर्वोपरि हो गया। आर्थिक इतिहासकारों के अनुसार औपनिवेशिकता से पूर्व की दो शताब्दियों में मुग़लों के अधीन भारत और चीन की गिनती एशिया की प्रमुख अर्थव्यवस्थाओं में होती थी। उपनिवेशवाद के आने के बाद ऐसी स्थिति नहीं रही। भारतीय समाज के लिए जाति व्यवस्था की औपनिवेशिक समझ को जानना नया था—ऐसी स्थिति में जबकि पूर्वकाल में विविध ऐतिहासिक दशाओं में सामाजिक स्तरीकरण अलग-अलग रूपों में विकसित हुआ था। भिन्न-भिन्न मत लड़खड़ाकर एकाश्म हिन्दू धर्म और एकाश्म इस्लाम में परिवर्तित हो गये और अब इन दोनों एकाश्म धर्मों के समुदायों के बीच संघर्ष शुरू हो गया। और जैसा कि औपनिवेशिक

समयों में उल्लिखित सुदूर इतिहास में उनके प्रक्षेपण (प्रस्तुति) से स्पष्ट है कि वह चले आ रहे धर्म के आत्मबोध से अलग था। औपनिवेशिकता ने हमारी पहचान का मुख्य आधार धर्म को बनाया और हमारी पहचान के अन्य लक्षणों पर ध्यान नहीं दिया और बाद में अतिवादी धर्म-आधारित राजनीति ने जब इस धारणा का अनुमोदन किया तो हमने बिना किसी शंका के इस औपनिवेशिक धारणा को मान लिया कि 'हम कौन हैं और हम क्या हैं।'

उपर्युक्त कथन का तात्पर्य यह नहीं है कि इससे पहले हमारे इतिहास में इतनी बड़ी मात्रा में अव्यवस्थाएँ नहीं हुई थीं। ऐतिहासिक परिवर्तन के निर्णायक क्षणों में जब तक ऐसे परिवर्तन स्थिर न हो जायें, सामंजस्य बैठाना पड़ता है। तब तक स्पष्ट सहयोग से और एक-दूसरे को निभाते हुए कार्यप्रणाली की नयी व्यवस्था को स्थिर होने दिया जाता है। अतः ईसा पूर्व की पहली सहस्राब्दि में जब क़बीले समाजों का संघर्ष नृपत्व की अवधारणा से हुआ, तब इन समाजों में किंचित मात्रा में वियोजन या विकल्प देखने को मिले। कठिन परिस्थितियों में फँस जाने के उदाहरणस्वरूप हमारे महाकाव्यों में महाभारत में क़बीलाई व्यवस्था का ध्वस्त हो जाना एक उदाहरण है, जब कुरुक्षेत्र में हुए युद्ध के बाद कृष्ण कहते हैं—'सर्वं क्षत्रं क्षयं गतम्।' (क्षत्रियों का नाश हो गया)। इसी को रामायण में रावण की हार के बाद नृपत्व की स्थापना के रूप में देखा जा सकता है। ईसा बाद की पहली सहस्राब्दि के मध्यकाल में जब राज्य और राजत्व की प्रकृति में अन्तर आना शुरू हुआ, तब अनेक क्षेत्रों में बड़े परिवर्तन हुए जिसे कुछ इतिहासकारों ने सामन्ती राजतन्त्र की शुरुआत बतलाया।

ईसा की दूसरी सहस्राब्दि में सल्तनत काल में जाति धर्म और अर्थव्यवस्था के सन्दर्भ में पहचानी जा सकने वाली पुनः संरचना और अनुकूलनीयता घटित हुई, परन्तु इसका प्रभाव सम्भ्रान्त वर्ग तक ही सीमित रहा। स्थानीय ग्रामीण जातियों और संस्कृतियों ने पुरातन काल के अपने लक्षण बनाये रखे परन्तु उल्लेखनीय सांस्कृतिक परिवर्तन शहरी क्षेत्रों में देखने को मिले। तुर्क, अफ़गान, अरब और मुग़ल मात्र आक्रान्ता के रूप में ही नहीं आये, वे आसपास के क्षेत्रों—अफ़ग़ानिस्तान, फ़ारस, मध्य एशिया और अरब क्षेत्रों से व्यापारी के रूप में और यहाँ बस जाने के इरादे से भी आये। वे यहाँ आकर बस गये, अनेक ने यहाँ के स्थानीय समुदायों में शादी-ब्याह रचाये और परिणामस्वरूप नये समुदायों और नयी जातियों को जन्म दिया। इनमें बोहरा, ख़ोजा, नवायत, मापिला, मेओ और इसी प्रकार के अन्य (असन्दिग्ध) मुसलमान शामिल हैं। ब्रिटिश काल की जनगणनाओं में इन्हें बिना शर्त कहकर गिना गया परन्तु शुरुआती दौर में इनके

रीति-रिवाज और मत-धारणाएँ मिलीजुली थीं। इस प्रकार के अनेक सम्प्रदायों ने औपचारिक हिन्दू या इस्लाम धर्म से अपने को पृथक् रखा और बिना हिचक स्थानीय रीति-रिवाजों को अपनाया। स्थानीय प्रशासन अधिकांशतः स्थापित परिवारों के हाथों में रहा तथा नागरिक और सैनिक प्रशासन की ऊँची नौकरशाही ने हिन्दू मैत्रियों और अधिकारियों की राय को स्वीकारा। पूर्व प्रचलित आर्थिक व्यवस्थाओं में नयी प्रौद्योगिकी के प्रयोगों से कुछ स्थानीय अर्थ-व्यवस्थाओं को बल मिला। औपनिवेशिक शासन की स्थापना से पूर्व दक्षिण, मध्य और पश्चिम एशिया के विद्वत्‌जनों के विशेषकर गणित, विज्ञान और खगोल शास्त्र के क्षेत्र में ज्ञान के परस्पर आदान-प्रदान से नये ज्ञान का प्रादुर्भाव हुआ। और इसका प्रभाव उपनिवेशों में औपनिवेशिक शासन के दौरान होने वाले प्रभावों से भिन्न था। पहले परिवर्तन धीरे-धीरे और सहज थे परन्तु बाद में (औपनिवेशिक काल में) समाज के सारे ढाँचे को नये सिरे से ढाला और नयी प्रणाली से संचालित किया गया। साथ ही एक नितान्त भिन्न समाज और संस्कृति के सन्दर्भ में नये सिरे से समाज संरचना की व्याख्या की गयी।

आज की हमारी फँसावट का एक कारण यह है कि हम औपनिवेशिक विनियोजन की तीव्रता को ठीक से समझ नहीं पाये हैं। हमने इसे जारी रहने दिया है। हमारे अधिकांश दीवानी क़ानून औपनिवेशिक सन्दर्भों से बने थे, हमने स्वतन्त्रता के बाद उनका पुनःपरीक्षण करना आवश्यक नहीं समझा कि कौन से क़ानून चलते रहने चाहिए और कौन से क़ानूनों को हटा देना चाहिए। मेरा कहने का यह तात्पर्य नहीं है कि हम उस समाज के निर्माण की कल्पना करें जैसा सम्भवतः औपनिवेशिक शासनकाल से पहले रहा होगा। परन्तु हमें उस सच्चाई से परिचित होना होगा कि अंग्रेज़ों के आगमन से पहले का भारतीय समाज कैसा था, और यह हम औपनिवेशिक नज़रिये से न देखें क्योंकि उस औपनिवेशिक दृष्टिकोण ने पूर्व समाज का बिल्कुल भिन्न वर्णन किया है जो कि भारतीय समाज वैसा कदापि न था। उससे काफ़ी कुछ भिन्न था। इससे हम उस समाज के निर्माण के लिए उत्साहित हो सकते हैं। जैसा हम ग़ुलामी के बाद अपने समाज को बनाना चाहते हैं, न कि जैसा चला आ रहा है, चलने दिया जाये। औपनिवेशिक दृष्टि ने हमारे भारतीय समाज की जैसी व्याख्या की है, उस दृष्टि से भिन्न दृष्टि से हमें अपने भावी समाज की कल्पना करनी होगी। हाँ, उस व्याख्या में जिसे हम उपयुक्त समझते हैं, उसे ले सकते हैं। उदाहरण के लिए, यदि औपनिवेशिक शासन में मूल धारणा यह थी कि उन्हें जनमानस को अपने अधीन बनाकर रखना है तो शासन को पूरी तरह बदलना होगा ताकि वह

इस प्रकार कार्य करे मानो वह आम नागरिक का रक्षक है। इस बदलाव के लिए अभी हमें एक लम्बी यात्रा करनी होगी।

इस दृष्टि से भारत एकमात्र देश नहीं है (जहाँ ऐसा हुआ है)। संसार में अनेक पूर्व उपनिवेश इस चिन्ता में व्यस्त हैं कि नये राष्ट्र के निर्माण की प्रक्रिया में वे अपने औपनिवेशिक अनुभवों को कैसे विश्लेषित करें। इनमें प्रजातन्त्र की स्थापना की आशा शामिल है जो किसी धर्मनिरपेक्ष समाज के लिए अनिवार्य है, साथ ही ऐसा सामाजिक न्याय जिसमें ग़रीबी मिटाना शामिल है; और उदारवादी मूल्यों और उदारवादी विचारों के लिए निर्णायक आग्रह, जैसा कि औपनिवेशिक विरोधी राष्ट्रीयता की विचारधारा के लिए अनिवार्य है।

राष्ट्रों का निर्माण समावेशित पहचान से होता है। जब औपनिवेशिक शासन समाप्त होता है और नया राष्ट्र उभरता है, तब किसी समाज में भिन्न-भिन्न पहचानों—जातिगत, धार्मिक, भाषागत, नस्ली—के बीच यह संघर्ष रहता है कि कौन-सी पहचान प्रमुख हो जाये। औपनिवेशिक विरोधी राष्ट्रीयता भारत में अधिकांशतः धर्मनिरपेक्ष रही है परन्तु इसके साथ-ही-साथ ही धार्मिक राष्ट्रीयताएँ—हिन्दू और इस्लाम भी उभरीं। भारतीय समाज और उसके इतिहास में औपनिवेशिक दृष्टि ने धार्मिक राष्ट्रीयता को बढ़ावा दिया। इस्लाम-आधारित धार्मिक राष्ट्रीयता ने पाकिस्तान को जन्म दिया। उसका प्रतिपक्षी हिन्दू धार्मिक राष्ट्रीयता उसके समकक्ष अब हिन्दू राष्ट्र के निर्माण के लिए प्रयत्नशील है। आजकल जो हिंसा देखने को मिलती है या यह माँग कि इसको या उसको प्रतिबन्धित करो ताकि धार्मिक भावना की ठेस को शान्त किया जा सके, वास्तव में इसी अभिलाषा का परिणाम है लेकिन सच्चाई यह है कि धर्म के रूप में 'हिन्दुत्व' से कोई वास्ता नहीं है।

तादात्म्य राजनीति के औचित्य के लिए उन देशों/राष्ट्रों का नाम लिया जाता है जो धर्म, भाषा या नस्ल के आधार पर राष्ट्रीयता को परिभाषित करते हैं और सफलतापूर्वक अपने को राष्ट्र बना पाये। जो पहचानें (अभेद, अनन्यता) राष्ट्र में नहीं बदल सकीं, वे एक प्रकार की उप-राष्ट्रीयता के लक्षणों को तब तक समेटे रहती हैं, जब तक वे राष्ट्र न बन जायें या फिर कारण विशेष के अन्तर्गत उन अभेदों को स्थगित न कर दें। बांग्लादेश भाषा के प्रश्न पर बना। अभी ताज़ी ही असफल माँग सिखों द्वारा खालिस्तान के नाम से एक अलग राष्ट्र बनाने को लेकर थी, और यह माँग भी एक बड़े बहुधर्मी राष्ट्र से काटकर धर्म के नाम पर ही थी। पृथक्वादी आन्दोलन बड़े स्थापित राष्ट्रों में नहीं उठे हों, ऐसी बात नहीं है—स्कॉटिश राष्ट्रीयता को लेकर पृथक् राष्ट्र की माँग इसका उदाहरण है, यद्यपि

यह आवश्यक नहीं कि वे हिंसात्मक या अतिवादी विचारधारा से जनित हों। कुछ स्पष्ट कारणों से आइरिश राष्ट्रीयता की बात अलग है। जहाँ चुनौती नहीं दी जाती, औपनिवेशिक विरासत बनी रहती है और धर्म पर आधारित राष्ट्रवाद इन्हें झटक लेते हैं और इसी पर अपनी माँग क़ायम रखते हैं। यह विचार उन पर छाया रहता है जो अपने को भारतीयता का रक्षक मानते हैं और जिसका अभिप्राय प्रायः हिन्दू से या उस धर्म की रक्षा से है जिसका वे समर्थन करते हैं। यदि सुव्यक्त नहीं तो अव्यक्त अवश्य है, जेम्स मिल की दो राष्ट्र की अवधारणा की निरन्तरता है जिसमें इस बात पर ज़ोर था कि हिन्दुओं और मुसलमानों के बीच जन्मजात (सहजात/सहज/स्वाभाविक/अन्तर्जात) शत्रुता है। तो कुछ पाकिस्तान का प्रतिरूप हिन्दू भारत ही हो सकता है, चाहे बहुविध संस्कृतियों और धार्मिक विश्वासों की बहुलता के इतिहास को देखते हुए अन्ततः धर्मनिरपेक्ष भारत ही अधिक व्यवहार्य है। यह तर्क कि कोई धर्म-आधारित राष्ट्र बहुसंख्यक और अल्पसंख्यक धार्मिक समुदायों की इकाइयों में बँटा होने पर प्रजातन्त्र के लिए अनुकूल होगा या प्रतिकूल, इस राय से उन्हें कुछ लेना-देना नहीं है।

इस राय की वैधता को अपने मन में बैठाने के लिए शिक्षा पर नियन्त्रण के लिए थॉमस बैविंगटन मैकॉले ने जैसा पक्ष पोषण (वकालत) किया, उसका महत्त्व बढ़ जाता है—जब शिक्षा किसी एक विशिष्ट विचारधारा को बढ़ावा देने के लिए इस्तेमाल की जाती है तो उसी प्रकार की पाठ्यपुस्तकें निर्धारित की जाती हैं और उसी प्रकार का पाठ्यक्रम बनाया जाता है जो उस विचारधारा को पुष्ट करता है। औपनिवेशिक मनःस्थिति को बनाने में मैकॉले की यह ज़िद कारगर रही कि शिक्षा में क्या पढ़ाया जाये, इस पर नियन्त्रण होना चाहिए। यह सलाह प्रबल महत्त्वाकांक्षी धार्मिक संगठनों द्वारा तिरस्कृत नहीं की गयी। शिशु मन्दिरों, मदरसों और अन्य धर्माधारित स्कूलों में जो पढ़ाया जाता है, उसकी विषयवस्तुओं का मूल्यांकन 12 पेशेवर प्रशिक्षित शिक्षाविदों द्वारा किया जाना चाहिए, जैसा अन्य धर्मनिरपेक्ष स्कूलों के लिए किया जाता है।

मैं पुनः धार्मिक राष्ट्रवाद की प्रकृति पर आती हूँ। औपनिवेशिक सोच को बढ़ावा देते हुए कि हिन्दू और मुसलमान अलग-अलग राष्ट्र हैं, मुस्लिम धार्मिक राष्ट्रवाद ने एक अलग राष्ट्र की माँग की। उनके अनुसार उन्हें एक साथ एक ही स्थान पर रहने को बाध्य किया जाता रहा है और एक पृथक् राष्ट्र इस्लामी संसार को नवजीवन प्रदान करने में सक्षम होगा। इस राय के पक्ष में विभाजन से पूर्व के सभी मुस्लिम संगठन नहीं थे और कुछ संगठनों ने विरोध भी किया परन्तु ऐसा कहा जाता है कि इस माँग के पक्ष में बहुमत रहा।

हिन्दू धार्मिक राष्ट्रवाद ने इतिहास को जैसे देखा, उस आख्यान के अनुसार हिन्दुओं का अतीत वैभवपूर्ण और भव्य था जिसे मुस्लिम आक्रमणकारियों (विजेताओं) ने नष्ट-भ्रष्ट कर दिया। इस कारण हिन्दू राष्ट्र का जन्म एक न्याय संगत उद्देश्य है। प्राचीनकाल से चला आ रहा हिन्दू वंशावली का यह सतत क्रम और धर्म वर्तमान में हिन्दुओं की प्रधानता (प्राथमिकता) के औचित्य को सिद्ध करता है, ऐसा इस प्रकार की सोच रखने वालों का कहना है। ये लोग मैक्समूलर की उस व्याख्या को मानते हैं कि आर्य संस्कृति श्रेष्ठतर और भारतीय सभ्यता के स्थापनाकारों में आर्य (अर्थात् हिन्दू) रहे हैं। यह जानना रुचिकर होगा कि इस अवधारणा को फैलाने वालों में थियोसोफ़िस्ट और विशेषकर कर्नल ऑलकॉट थे जिन्होंने उन्नीसवीं शताब्दी के अन्तिम वर्षों में इस विचार को सबसे पहले प्रचारित किया। ऑलकॉट का मत था कि आर्य भारत के मूल निवासी (देशज) थे और वे भारत से पश्चिम में सभ्यता ले गये। अब यह सिद्धान्त हिन्दुत्ववादियों द्वारा प्रचारित किया जाता है परन्तु वे उस औपनिवेशिक धारणा की बात नहीं करते, जहाँ से इस सिद्धान्त का जन्म हुआ है।

ऊपरिलिखित विचारधारा से जनित सिद्धान्तों के अनुसार हम अपनी पहचान, जाति, समाज, धर्म और ऐसी ही दूसरी कोटियाँ परिभाषित करते हैं, जबकि ये सिद्धान्त औपनिवेशिक नीति के अनुकूल होने के कारण प्रारम्भ में औपनिवेशिक लेखकों द्वारा चलाये गये। यही सिद्धान्त उन्नीसवीं शताब्दी में औपनिवेशिक उत्प्रेरक विचार रहा।

यह ठीक ही होगा कि हम इन सिद्धान्तों की समीक्षा करें कि कब और कहाँ ये सिद्धान्त पैदा हुए और दो शताब्दियों बाद इनमें से कौन से अनुपयुक्त होने के कारण त्यागने योग्य हैं। इस प्रकार की मुक्त बहस अकादमिक वर्गों में तो होती आयी है परन्तु अब इसे जनसाधारण तक पहुँचाना होगा। अपने सारे दावों, समर्थनों के बाद कि धार्मिक राष्ट्रवाद देशज है, इसकी जड़ें औपनिवेशिक संकल्प के साथ गहराई से जुड़ी हुई हैं। इसमें कोई आश्चर्य नहीं होना चाहिए क्योंकि भारत में धार्मिक राष्ट्रवाद की कल्पना का आधार भारतीय संस्कृति की यह औपनिवेशिक व्याख्या ही है।

जैसा कि मैंने पहले कहा है कि भारतीय इतिहास की यह प्रस्तुति हिन्दू और मुसलमान दो अलग-अलग राष्ट्र हैं और इससे जनित हिन्दू धार्मिक राष्ट्रवाद और मुस्लिम धार्मिक राष्ट्रवाद की अवधारणा औपनिवेशिक सिद्धान्त की उपज है। सही बात इस तथ्य पर भी लागू होती है कि औरों को छोड़कर भारतीय सभ्यता के मूल में आर्य थे। यह धारणा भी औपनिवेशिक सोच है। उन्नीसवीं शताब्दी

में भारतीय इतिहास को जैसा यूरोपीयों ने देखा, उसी से ये दोनों धारणाएँ उपजी हैं। अनेक इतिहासकारों ने इन धारणाओं पर शंका जतायी है। यह दुखद है कि मिल-मैकॉले और मैक्समूलर की इस नयी—एक ही विषय पर लिखे लेख, जो स्वतः अपूर्ण हैं फिर भी एक पूर्ण लेख बनाते हैं—में वर्णित सूत्रों का जो भारतीय इतिहास की औपनिवेशिक संरचना है; हम जैसे जिन इतिहासकारों ने विरोध किया, उन्हें हिन्दू संस्कृति और हिन्दू धर्म-विरोधी करार देकर राष्ट्र-विरोधी घोषित कर दिया गया और एक ही क़लम से उन्हें मार्क्सवादी कहकर नकार दिया गया। यदि इसे माफ़ किया जाता है तो हमें मानना होगा कि हम इस औपनिवेशिक वियोजन और इसके प्रभावों को पहचान नहीं पा रहे हैं। परिणामस्वरूप भारतीय समाज और भारतीय संस्कृति को इस प्रकार देख रहे हैं जो हमें औपनिवेशिक सोच के दावे को मुक्त करने से रोकता है। आज तो ऐसी अभिलाषा है कि भारतीय समाज को एक अलग प्रकार के ढाँचे में ढाला जाये। यह अभिलाषा इसलिए पूरी होती दिखलाई पड़ती है कि इसके प्रस्तावकों के पास राजनीतिक शक्ति है और उससे प्राप्त सत्ता है। बुनियादी सवालों तक बहुत बारीकी से यदि इस विवाद का विश्लेषण किया जाये तो यह धार्मिक विश्वासों और आचरणों को लेकर नहीं है, अपितु उन सामाजिक नियन्त्रणों के खोने के डर से है, जिन्हें खुलेआम व्यक्त नहीं किया जा सकता। पितृसत्ता को बनाये रखना, या जातिगत नियमों में ढ़ील के प्रति प्रतिरोध अब धीरे-धीरे स्पष्ट दिखलाई पड़ने लगा है। इसकी अभिव्यक्ति स्त्रियों और दलितों के प्रति हिंसात्मक कार्यवाही में देखी जा सकती है। ऐसी हिंसा कोई नयी नहीं है परन्तु आज अधिक तीव्र हो गयी है। ऐसे विचारों के अन्तर को धर्म पर आघात का नाम दिया जाता है या फिर कुछ अधिक मीमांसात्मक प्रभावकारी ढंग से 'परम्परा' के विपरीत कहा जाता है। पितृसत्तात्मक प्रणाली के पक्ष में या फिर निम्न जातियों के उत्पीड़न पर चर्चा न करने के लिए यह कहा जाता है कि यह विवाद तो धार्मिक विश्वास या धार्मिक आचरण से सम्बन्धित है। इसके पीछे हमारी इच्छा यह है कि अन्ततः सत्ता को बनाये रखें या सत्ता प्राप्त कर लें। यह ऐतिहासिक क्षण तो औपनिवेशिक शासन के बाद स्वतन्त्र राष्ट्र का है और यह झगड़ा उस शक्ति के संचयन में होने वाले बड़े बदलावों को लेकर है जो इस औपनिवेशिकता की समाप्ति के बाद आये हैं।

वाणी और लेखन का गला घोंटने का प्रयास मात्र धार्मिक तादात्म्य को लेकर ही नहीं है वरन् सामाजिक लाभ उठाने की दौड़ में जाति की अनन्यता को कठोरता से व्यक्त किया जाता है। ऐतिहासिक दृष्टि से जिनके लिए ये लाभ न्यायसंगत है, उन्हें दौड़ में पीछे छोड़ दिया जाता है या इस प्रतियोगिता में भाग

लेने के कारण उन पर आघात किया जाता है अथवा उनकी हत्या कर दी जाती है। इस प्रतिस्पर्धा के नियमों में कुछ सुधार किया जा सकता है यदि, जाति के स्थान पर ग़रीबी को मापदण्ड बनाया जाये। समाज की आज की निर्धारित सीमा में किसी प्रकार की विरोधी आवाज़ को यह कहकर दबा दिया जाता है कि ऐसा कार्य जातिगत प्रथा और मानकों के अनुसार ही है। यह मत खाप पंचायतों के फ़ैसलों से हमें प्रायः ही देखने को मिलता है। यदि भेद करना आवश्यक हो तो यह बताना प्रायः कठिन हो जाता है कि अपराध जातिगत या धर्म के आधार पर किया गया है।

पुस्तकों को प्रतिबन्धित करने या उन्हें लुगदी बना देने की माँग तेज़ी से बढ़ती जा रही है और इसके साथ ही लेखकों को विद्वेषपूर्ण और ज़हरीले तरीके से अपमानित किया जा रहा है। सोशल मीडिया में तो यह कुछ अधिक ही होता है। ऐसा अपमान उन लोगों की तरफ़ से ज़्यादा होता है जिन्होंने उस पुस्तक को पढ़ा ही नहीं है, जिस पुस्तक को वे धिक्कारते हैं। प्रायः तो यही स्थिति देखने को मिलती है। अब प्रकाशक किसी पुस्तक को छापने से पहले क़ानूनी सलाह लेने लगे हैं। धर्म या ईश-निन्दा से सम्बन्धित क़ानूनों का भी क़ानूनी दुरुपयोग होता है। फ़िल्मों और वृत्तचित्रों को प्रतिबन्धित कर दिया जाता है या फिर यह धमकी दी जाती है कि उन्हें प्रतिबन्धित कर दिया जायेगा या फिर उन्हें बिना किसी विश्लेषण के अभिविवेचित (सेंसर) कर दिया जाता है। जैसे बच्चों का खिलौना चकरघन्नी घूमती रहती है, ऐसे ही फ़िल्मों के लिए सेंसर का उपयोग या दुरुपयोग लगातार होता रहता है और ऐसा दुरुपयोग तो अब हर नुक्कड़ की भाषा बन गयी है। सोशल मीडिया में इसका भरपूर दुरुपयोग होता है, जबकि व्यक्ति को निशाना बनाया जाता है। व्यापारिक विज्ञापनों और बम्बई में बनने वाली फ़िल्मों या उसके प्रान्तीय भाषाओं के संस्करण, दृश्य मीडिया में उस ईर्ष्यालु (डाही) जीवन-शैली को दिखलाते हैं जो 'पश्चिम' की नकल है। परन्तु इस पर चर्चा नहीं होती। इस प्रकार का प्रकट प्रदर्शन, जिसे कुछ पश्चिमीकरण कहते हैं और कुछ की नज़र में आधुनिकता है, क्या वास्तव में मात्र नक़ल है या यह आधुनिकता के प्रभाव से परिवर्तन पश्चिमी जीवन-शैली के प्रतीकों के सदृश है। यह परिवर्तन नहीं है जब हमारे राजनेता यह कहते हैं कि महिलाओं के साथ बलात्कार इसलिए होता है कि वे बहुत चुस्त कपड़े पहनती हैं या फिर पश्चिमी नारी की नक़ल करते हुए जींस पहनती हैं।

इस दुनिया में जहाँ अनेक स्थलों पर बहुविध परिवर्तन हो रहे हैं, इस प्रकार के कथन मानसिकता की गम्भीर समस्या दर्शाते हैं। हम अभी भी परम्परा की

उस परिभाषा में फँसे हैं जो औपनिवेशिक व्याख्या पर निर्भर है। हम सोचते हैं कि यही परम्परा का सही प्रतिफल है। परन्तु क्योंकि आज हम एक स्वतन्त्र राष्ट्र हैं और औपनिवेशिक बन्धन से छुटकारा पा चुके हैं अब, इसमें समझौता करना कठिन है कि हम अपनी पहचान के मूलभूत प्रश्न को कैसे देखते हैं। उदाहरण के लिए, मैं कुछ दृष्टान्त बतलाऊँगी यद्यपि ऐसे दृष्टान्त अनेकानेक हैं। इसमें से कुछ दृष्टान्त हैं जिन्हें मैंने चुना है, जिन पर जनहित बुद्धिजीवी का हस्तक्षेप निर्णायक है परन्तु उनका भी असर इतना प्रभावशाली दिखलाई नहीं पड़ता, जितना हम सोचते हैं कि होना चाहिए। मैं उस मौन स्वीकृति की बात कर रही हूँ जब धर्म का राजनीतिकरण हो जाता है और हम कुछ नहीं बोलते। हमारी चिन्ता इन आधारभूत प्रश्नों को लेकर नहीं है कि उदारवादी विचारों पर खुलेआम बहस करें या पौराणिक व्याख्या की अपेक्षा उसे तार्किक तरीके से समझें। ज़्यादा आधारभूत प्रश्न हैं—ग़रीबी उन्मूलन, राष्ट्रीय उन्मूलन का बटँवारा, नगर समाज में सामाजिक न्याय का आश्वासन। परन्तु इन मुद्दों को छूते हुए दूसरे मुद्दों को प्रधान बनाना जैसे किसी चले आ रहे धार्मिक विश्वास या आचरण को किसी खास तरीके से प्रस्तुत करने के अधिकार से उस परिवर्तन को पलट देना है जिसका सामना हमें करना है। इस देश के सभी धर्म कम या अधिक मात्रा में जातिगत स्तरीकरण मानते हैं। दलितों का बहिष्कार सभी स्थानों पर इसका पक्का उदाहरण है। इस देश के सभी धर्म पितृसत्तात्मकता में विश्वास रखते हैं। जब हम इस वाद-विवाद में फँसते हैं कि क्या कोई प्रथा 'भारतीय परम्परा' को नकारती है या किसी खास धर्म के अनुसार यह ईश-निन्दा है या नहीं; तो हमें अपने आपसे पूछना चाहिए कि क्या यह प्रथा धर्मनिरपेक्ष प्रजातन्त्र में उस अधिकार को तो नहीं नकारती जिसके लिए हम प्रतिबद्ध हैं, जैसे—लिंग, धर्म और जाति के विचार बिना सभी नागरिकों के बीच समता और समानता। इन प्रश्नों को प्राथमिकता मिलनी चाहिए क्योंकि हम एक बड़े ऐतिहासिक परिवर्तन के दौर से गुज़र रहे हैं और क्योंकि समान नागरिक संहिता नहीं है इसलिए जो पारम्परिक रीति-नीतियों को नियन्त्रित/संचालित करते हैं, उस नियन्त्रण को बनाये रखना चाहेंगे।

लोगों की बड़ी-बड़ी सभाओं में धर्म-परिवर्तन की नौटंकी की धमकी अब रोज़ की बात हो गयी लगती है। यह तो तब है जबकि जिस धर्म में परिवर्तन या वापसी की बात की जाती है, वह ऐसे धर्म-परिवर्तन के विचार को नकारता है। बौद्धिक मतभेद या मतान्तर अब किसी की हत्या करके या हत्या कर देने की धमकी देकर तय किये जाते हैं, जैसाकि नरेन्द्र दामोलकर और गोविन्द पन्सारे के साथ हुआ। जो राज्य नागरिकों की सुरक्षा/रक्षा के लिए है, उसी की शाखाएँ अब ऐसी धमकी देती हैं।

इससे भी अधिक आश्चर्य अपने साथी नागरिकों के कृत्यों से होता है जो अतिवादी विचारधारा से प्रभावित हैं। साम्प्रदायिक दंगों की राजनीति की जड़ में यही है।

लगता है हम मध्यकालीन यूरोप की संस्कृति की नक़ल करने में लग गये है जब वैटिकन इण्डेक्स ने किताबों पर प्रतिबन्ध लगाया था, गियोडनो बर्नो (Giodano Burno) को खूँटे से बाँधकर जला दिया गया था या गैलीलियो गेलियेली को अपना सिद्धान्त वापस लेना पड़ा था और ऐसा धर्मनिरपेक्ष जो इस प्रकार की गतिविधियों के लिए चर्च और उसकी शिक्षाओं को समर्थन देते हुए इनको वैधता प्रदान करता था। परन्तु जिसका मुख्य ध्येय राज्यसत्ता पर क़ाबिज़ रहना है। हमारे नज़दीक के समय में ऐसी गतिविधियाँ धार्मिक कट्टरपन्थिता को लेकर नहीं हुईं अपितु ये उन राजनीतिक विचारधाराओं से जनित थीं जो अधिनायकवाद का समर्थन करती हैं। क्या हम इन प्रतिरूपों से होड़ लगाना चाहते हैं?

हिन्दू धर्म के जिस रूपान्तर का आजकल प्रचार किया जाता है, उसका उपयोग सरलता से राजनीतिक लामबन्दी के लिए किया जा सकता है। जिसे सामान्यतः हिन्दुत्व कहा जाता है, वह परिभाषा के रूप में हिन्दू धर्म के तद्रूप नहीं है। जैसा कि बहुत से लोगों ने कहा है 'हिन्दुइज़्म' एक धर्म है और हिन्दुत्व राजनीतिक लामबन्दी के लिए एक विचारधारा है। मैंने अन्यत्र लिखा है कि हिन्दुत्व अभिपदीय (संघात्मक) हिन्दू धर्म है। स्तरीकृत संगठनों की रचना के लिए यह यहूदी-मसीही धर्मों से छवि-छाया लेता है और विश्वासों के ऐसे धर्म-सूत्रों को इंगित करता है जिसके कारण कुछ लोग इसे हिन्दू धर्म का शामीवाद कहते हैं। हिन्दुत्व की हिन्दू धर्म से परस्परता के सन्दर्भ में दोनों के बीच का अन्तर एक सीमा तक बतलाया जा सकता है। हिन्दू धर्म विभिन्न धारणाओं (विश्वासों) की व्यवस्थाओं (संहिता) का नमूना है जिसमें से कुछ परस्पर सम्बद्ध हैं, कुछ सम्बद्ध नहीं हैं। इसके विपरीत हिन्दुत्व एक प्रकार का सम्प्रदाय है जो कुछ चुनिन्दा धारणाओं की पुनर्व्याख्या करके वैचारिक संसक्तता (अनुरूपता/सुसंगति) के प्रयास के साथ एक सामाजिक-राजनीतिक संगठन बनाता है। इसी से यह ऐसे विचारों को नकारता है जो इस प्रकार की विचारधारा पर प्रश्न उठाते हैं या फिर इसे सुधारने या परिस्थितियों के अनुकूल ढालने के लिए कहते हैं। इसका राजनीतिक कर्तव्य पहले है। इस अर्थ में हिन्दुत्व शब्द की अवधारणा सन् 1923 में बी.डी. सावरकर ने की थी जिसे 1989 में भारतीय जनता पार्टी ने भी एक विचारधारा के रूप में ग्रहण किया। इस कारण सभी हिन्दू इस हिन्दुत्व के समर्थक नहीं हैं या नहीं होना चाहेंगे, बावजूद इसके कि भाजपा का दावा होगा कि सारे हिन्दू इसके समर्थन में हैं। धारणा या

विश्वासों की व्यवस्था के रूप में हिन्दू धर्म भिन्न-भिन्न विश्वासों/धारणाओं को समायोजित करता है और कभी-कभी धारणा-हीन, विश्वास-हीन व्यवस्थाओं को भी। इसके विपरीत सम्प्रदाय एक निश्चित परिभाषा के अन्तर्गत काम करता है जिस परिभाषा को इसके मतावलम्बी मानते हैं, जैसे हिन्दुत्व के साथ उसके मतावलम्बी हैं। अभी तक तो हिन्दू धर्म के बहुसंख्य समुदाय के सामने हिन्दुत्व को मानने वाले अल्पसंख्या में ही हैं। परन्तु इस संख्या में परिवर्तन हो सकता है। यद्यपि हिन्दुत्व का यह दावा है कि यह समुदाय बहुसंख्य का रूप ले लेगा। क्या वास्तव में हिन्दुत्व को यह निर्भयता और भरोसा नहीं है।

यह समझ में नहीं आता कि ये हिन्दुत्ववादी समुदाय कैसे हिंसा, घुड़की/धमकी और सार्वजनिक सम्पत्ति या निजी सम्पत्ति अथवा कलाकृतियों की तोड़-फोड़ में शामिल हो जाते हैं। जबकि जिस बहुसंख्यक समाज से वे आते हैं उसके सदस्यों की संख्या अनगिनत है। सामान्य जनता को रुतबा दिखाकर अभित्रस्त के पीछे कुछ निश्चित कारण हैं, जिनसे उनके ऐसे व्यवहार के कारण खोजे जा सकते हैं, इस प्रकार की आवाज़ उठाकर कि धर्म को ख़तरा है, जाति और पितृसत्तात्मक के क्षरण को रोकने हेतु या राष्ट्र द्वारा धर्मनिरपेक्ष प्रजातन्त्र की स्वीकृति का भय दिखाकर दें। बहुसंख्यक लोगों को राजनीतिक दल को स्पष्ट मूक समर्थन सुनिश्चित करना है। जबकि पहले धर्माधारित बहुमत की स्वतः सत्ता को अस्वीकार्य/वंचना ही अभिलाषा थी।

भारत में धर्म उसी ढाँचे में ढले हुए नहीं हैं, जैसे शामी-ईसाइयत वाले धर्म। इस अन्तर को समझने के लिए धर्मग्रन्थों की परम्परा और ब्रह्मविद्या के अलावा धार्मिक संस्थाओं की बनावट और समाज में पड़ने वाले उसके प्रभावों और भारत में धर्मों के परस्पर मेल-मिलाप के इतिहास का गहन अध्ययन करना होगा। इसका एक प्रकट उदाहरण है जाति और धार्मिक मत-मतान्तरों का परस्पर सम्मिलन और इसके परिणामस्वरूप एक-दूसरे को प्रभावित करते हुए ऐसे बन्धन बनाना, जैसे संसार के दूसरे भागों में देखने को नहीं मिलते।

सतही तौर पर भारत और चीन में धर्म और समाज के अन्तःसम्बन्ध उन अन्तःसम्बन्ध से भिन्न हैं, जैसे यूरोप में दिखलाई पड़ते हैं। वास्तव में वे एक-दूसरे से भिन्न हैं पर संस्कृति की विशिष्टता ऐतिहासिक सन्दर्भों के साथ जिस प्रणाली से धर्म समाज से जुड़ा है, इन सबका प्रभाव उस रूप में पड़ा है, जैसा हमें आज देखने को मिलता है। हमें समझना होगा कि वे कैसे और क्यों एक-दूसरे से भिन्न हैं। हमारे धर्म में ऐसा क्या है जो भारतीय है और समाज से उसकी उभयनिष्ठ प्रकृति कैसी है। हमने विभिन्न धर्मों के धार्मिक ग्रन्थों और ब्रह्मविद्या को पढ़ते

हुए इस पर ध्यान नहीं दिया है, न ही इन बातों का विश्लेषण किया है कि इनके कारण कौन-सी सामाजिक संस्थाओं का उद्भव हुआ था फिर किन संस्थाओं पर इनका प्रभाव पड़ा है। इसके लिए आवश्यक है कि हम मात्र इन धर्मों के धर्मग्रन्थों का इतिहास ही न देखें अपितु भारत में धर्मों के इतिहास का ऐसा विश्लेषण करें कि ज्ञात हो सके कि समाज में जीवनधारा कैसी थी। धार्मिक संगठनों द्वारा जो धार्मिक संस्थाएँ चलायी जाती हैं, जैसे—मन्दिर, मस्जिद, चर्च, गुरुद्वारे या स्कूल और अन्य शिक्षण संस्थाएँ—इनका धर्म के अलावा और सामाजिक कार्य क्या है, इसका विधिवत मूल्यांकन होना चाहिए।

धार्मिक विश्वास की ईश्वरीय उत्पत्ति को यदि स्वीकार भी कर लिया जाये कि धर्म के अधीन जो गतिविधियाँ होती हैं वे सारी मानवजनित उस धर्म के अनुयायियों के हाथ रहती हैं, तो इसको इसके इतिहास के रूप में देखना चाहिए जैसा शेष गतिविधियों को देखा जाता है। एक सम्प्रदाय और दूसरे सम्प्रदाय के बीच या विभिन्न धर्मों के भिन्न-भिन्न सम्प्रदायों के बीच यह परस्परता कैसे बदलती है, इसका अध्ययन आवश्यक है। बाद में जिसे हिन्दू धर्म कहा गया, वह भिन्न-भिन्न सम्प्रदायों के संविधान हैं जिनकी अपनी आराधना रीति और अपने कर्मकाण्ड थे। इनमें से कुछ जातिगत थे और जिस कारण विभिन्न जातियों के बीच का अन्तर स्पष्ट दिखलाई पड़ता है और कुछ ने इन अन्तरों को नकारा भी है। इससे स्पष्ट हो जायेगा कि कैसे भिन्न-भिन्न धार्मिक सम्प्रदायों के संग्रह को भौगोलिक कारण से एक नाम दे दिया गया। पश्चिम एशिया का 'हिन्दु' शब्द सिन्धु/हिन्दुत्व से व्युत्पत्तित है जिसका अर्थ है सिन्धु (इण्डस)। शुरू में इस शब्द का अर्थ एक भौगोलिक भू-भाग से था और उसके बाद उन लोगों के लिए प्रयुक्त होने लगा जो वहाँ रहते थे और अन्त में उन धर्मों के लोगों द्वारा जो वहाँ रहते थे और अन्त में उन धर्मों के लिए जो उन लोगों द्वारा आचरित किया जाता था और जिसके लिए कोई एक नाम नहीं था।

जैसा कि सभी धर्मों के साथ होता है, हिन्दू धर्म ने भी अनेक परिवर्तन देखे। अनेक शताब्दियों तक, राम की ऐतिहासिकता पर कि वे विष्णु के अवतार हैं, इसका उनके लिए कोई महत्त्व न था जो उन्हें पूजते थे, परन्तु आज उन्हें एक ऐतिहासिक पुरुष के रूप में देखा जाता है। अनेक शताब्दियों तक विभिन्न सम्प्रदाय अपने देवों-इष्टों को स्वयं चुनते थे जिनकी वे पूजा करना चाहते थे और स्वतन्त्र थे कि वे कौन से ग्रन्थों को पवित्र मानें। कोई एक मात्र धर्मग्रन्थ न था क्योंकि हिन्दू धर्म के सम्प्रदाय किसी एक धर्मग्रन्थ पर आधारित नहीं थे। परन्तु आज भगवद्गीता को 'राष्ट्रीय' पुस्तक करार दिया जाता है और सभी

स्कूलों में उसे पढ़ाने की माँग की जाती है। अन्य कारणों के अलावा, यह धर्म का राष्ट्रीयता के साथ सम्मिश्रण है जो अन्यथा पृथक्-पृथक् है। और यदि हम धर्म और राष्ट्रीयता का सम्मिश्रण करते हैं तो फिर बहुधर्मी भारत में यह माँग उठना स्वाभाविक है कि क़ुरान, बाइबिल, गुरुग्रन्थ साहिब, अवेस्ता और अन्य धार्मिक समुदायों के धर्मग्रन्थों को भी 'राष्ट्रीय' पुस्तकें घोषित किया जाये तो क्या भारतीय प्रजातन्त्र में धर्मनिरपेक्षता धार्मिक पुस्तकों के वाचनालय तक सिमटकर रह जायेगी। निश्चय ही इन पुस्तकों को स्कूलों में पढ़ाया जा सकता है, परन्तु राष्ट्रीय पुस्तक के रूप में नहीं अपितु किसी विशिष्ट धर्म की पुस्तक के रूप में।

किसी एक स्तम्भ से बँधे धर्म की तुलना में धार्मिक सम्प्रदाय उन रूढ़िवादी धर्मों से प्रकृति में भिन्न हैं, जो इतने रूढ़िवादी नहीं हैं। इससे इन सम्प्रदायों के अनुयायियों को अपने विश्वासों और आचरणों में कुछ अधिक लचीलापन और तरलता मिल जाती है, अपेक्षाकृत उन धर्मों में जो एकाश्म हस्ती हैं। किसी सम्प्रदाय से एक खम्भे से बँधे एकाश्म धर्म में परिवर्तन समाज और धर्म के परस्पर रिश्ते को भी बदल देता है; विभिन्न मत-मतान्तर, जैसे—वैष्णव, शैव, शाक्त या भक्ति या सूफी सम्प्रदाय और अन्य अनेक किसी एक मात्र पूजा-स्थल से बँधे न थे और न ही वे किसी एकमात्र मठाधीश की सत्ता से संचालित थे। इनमें से अधिकांश के लिए धर्मान्तरण का विचार अनजान था। किसी सम्प्रदाय से बाहर निकलने का अर्थ था कि उसकी जातिगत पहचान भी लुप्त हो गयी और बिना जाति का कोई व्यक्ति जात-बाहर माना जाता था, और बृहत्तर समाज में उसकी पहचान न के बराबर हो जाती थी। परन्तु यह जातिगत पहचान बनी रहती थी, यदि उस जाति का कोई बड़ा समूह धर्म-परिवर्तन कर ले। जैसा इस्लाम या ईसाइयत में धर्मान्तरण के साथ हुआ।

धर्मान्तरण के बाद भी अनेक जातियों ने अपनी जातिगत पहचान बनाये रखी और प्रायः अपनी जाति के नाम से जाने जाते रहे या जब आवश्यकता हुई उस जाति के नाम से सम्बोधित हुए। परन्तु इस प्रकार के धर्मान्तरण ने सामाजिक ग़ैर-बराबरी को नहीं मिटाया क्योंकि सामाजिक श्रेणी में जातिगत पहचान का ख़याल रखा जाता रहा। सामाजिक बराबरी के अपने सैद्धान्तिक दावों के बावजूद भारत के सभी धर्मों ने जातिगत पहचान को बनाये रखा। प्रमुख रूप से विवाह और उत्तराधिकार के नियमों में और विशेषकर दलित समुदायों को पृथक् करने में। क्योंकि धर्म का अधिकांश अंश जाति से जुड़ा होता है इसलिए इस बात पर आश्चर्य नहीं होना चाहिए कि भारत में इस्लाम और ईसाइयत भिन्न-भिन्न सम्प्रदायों के रूप में व्यवहृत रहे और आचरण में जातिगत असमानता व स्तरीकरण

को स्वीकारते रहे, जबकि सैद्धान्तिक रूप से इसे खुले तौर पर अस्वीकार करते रहे। इस सम्बन्ध ने प्रायः विभिन्न सम्प्रदायों के बीच समीपता या आच्छादन को बढ़ावा दिया, जैसा सूफी सम्प्रदाय और भक्ति सम्प्रदाय के बीच संवादों में देखने को मिलता है।

इसी से यह स्पष्ट होता है कि धार्मिक विश्वासों और आचरणों में मतभेद और परस्पर विचारों में अन्तर होता है, तो द्वेष या प्रतिकूलता अधिकांशतः मतों के बीच ज़बरदस्त विरोध के रूप में प्रगट होता है। क्योंकि हिन्दुओं और मुसलमानों में ऐसे एकाश्म धार्मिक समुदाय नहीं हैं जो सारे उपमहाद्वीप के क्षेत्रों में फैले हों, सम्पूर्ण भारत के स्तर पर ऐसी किसी धार्मिक चिन्ता (व्याकुलता) के प्रति सजगता नहीं थी जैसी आज देखने को मिलती है। इसी के चलते चोल शासकों ने मोहम्मद ग़ज़नी द्वारा भारत के सम्पन्न मन्दिरों की लूट को हिन्दूधर्म पर ख़तरे के रूप में नहीं देखा। सातवीं शताब्दी से लेकर सत्रहवीं शताब्दी तक के एक हज़ार वर्षों में भक्ति सम्प्रदाय अपने शुरुआती दौर में इस उपमहाद्वीप के विभिन्न भागों में इसी प्रकार के समान परन्तु तद्रूपों में प्रगट हुआ। प्रत्येक क्षेत्र में बाद की अभिव्यक्तियाँ अपने पड़ोस के अन्य क्षेत्रों में पहले की अभिव्यक्तियों से भिन्न थीं। यद्यपि जो सन्देश दिया जा रहा था या जो गीत सन्तों द्वारा गाये जा रहे थे, वे उतने भिन्न न थे। क्या इसका कारण प्रान्तीय भाषाओं में अन्तर के कारण था। धार्मिक प्रवचनों के प्रारम्भिक स्वरूप ने धर्म को अपेक्षाकृत अधिक सहिष्णु बनाये रखा, जैसा कि धर्मों को होना चाहिए, यद्यपि कट्टरपन्थी उन पन्थों के प्रति आक्रोश और लड़ाई-झगड़े से बाज नहीं आये जो पथ धर्म के आधिकारिक विपरीत सिद्धान्तों में विश्वास करते थे।

सामाजिक गठन के केन्द्र में दलितों और अन्य सभी जाति रहित वर्गों का उत्पीड़न और बहिष्करण देखने को मिलता था जो सामाजिक असहिष्णुता का अक्षम योग्य लक्षण है। इस प्रकार के बहिष्कार के पक्ष में धार्मिक ग्रन्थों का हवाला दिया जाता था। यद्यपि उन ग्रन्थों में ऐसा कुछ स्पष्टता के साथ वर्णित नहीं है परन्तु सामाजिक व्यवहार के वर्णनों में ऐसे बहिष्कार को स्पष्टता के साथ देखा जा सकता है। विगत में और वर्तमान में, धर्मों और सामाजिक रूपों के परस्पर सम्मिलन की कुछ समीक्षा आवश्यक है। जैसा कि मैं प्रायः कहती हूँ भारतीय संस्कृति में धर्म का इतिहास अन्य संस्कृतियों के इतिहास से नितान्त भिन्न है, विशेषकर परिचय के इतिहास से तो नितान्त भिन्न है। इस अन्तर के परीक्षण, इसकी बारीकियों के मूल्यांकन और जो इसका समर्थन करते हैं, उनकी ज़रूरतों की पूर्ति में इसके योगदान (जैसाकि किसी भी धर्म के अध्ययन में होना चाहिए) की जाँच के

स्थान पर इस बात पर ज़ोर दिया जाता है कि इसे एक निश्चित साँचे में ढला हुआ देखा जाये जहाँ धार्मिक संगठनों को इस बात की छूट है कि वे उनके प्रति विद्वेष व लड़ाई-झगड़ा करें जो इस प्रकार की शक्ति और सत्ता को चुनौती देते हैं। कई लोगों का कहना है कि यह तो शामी धर्मों जैसा है। यह न्यायसंगत नहीं है, क्योंकि इतिहास में भिन्न-भिन्न धार्मिक अभिव्यक्तियों का अनेक प्रकार से प्रगटीकरण और भारत में सामाजिक संरचना से इनका सम्बन्ध अध्ययन के लिए रुचिकर होता। धार्मिक ग्रन्थों को उनके सन्दर्भों के साथ पढ़ा जाना चाहिए कि किस प्रकार सामाजिक समूहों ने धार्मिक सम्प्रदायों से परस्पर आदान-प्रदान किया और कैसे या क्यों या कब वे परिवर्तित हुए? इस प्रकार की पड़ताल हमें धर्म के आचरण की सच्चाई (असलियत) बतला सकती है और हमें वास्तविकता की कल्पना करने से रोक सकती है। धार्मिक भावनाओं पर आघात—वह किसी भी धर्म से सम्बन्धित हो—समकालीन सामाजिक-राजनीतिक परिवर्तनों को नकारने की अभिव्यक्ति भी है, जैसा कि किसी विशेष धर्म की विगत के आचरणों को निष्फल करने पर आपत्ति उठाना।

यह मेरी इच्छा नहीं है कि मैं उन सब क्षेत्रों पर बात करूँ जिनका सम्बन्ध किसी जनहित बुद्धिजीवी से है और यह भी नहीं कि जिन बिन्दुओं को मैंने चुना है, उन्हें प्राथमिकता दी जाये।

मेरी प्राथमिकता उस बिन्दु से है जो मैं प्रत्यक्षतः देखती हूँ, आज विद्यमान है, अतः हमारे प्रजातन्त्र में धर्म के राजनीति में प्रवेश के बिन्दु पर मेरा सीधा आघात कुछ लोगों को इस बिन्दु पर ज़्यादा ध्यानाकर्षण लग सकता है। जैसा भी हो, मैंने यहाँ और अन्यत्र यह तर्क प्रस्तुत किया है कि धर्म से विपरीत धर्म की राजनीति ने जैसा आकार ले लिया है, उसने औपनिवेशिक पुनःसंरचना में एक विशिष्ट दिशा ली है और हम आज भी उस दिशा को पोषित कर रहे हैं, यद्यपि वर्तमान समय में इसकी बहुत घातक भूमिका है। हम असलियत में अभी भी उस सच्चाई को मानने से इनकार करते हैं कि आधुनिक काल से पहले, समाज पर इनका कितना भी प्रभाव रहा हो, धार्मिक पहचानों से सृजित सामाजिक संस्थानों की प्रकृति और उनका आकार भिन्न था। हमें पहचानना होगा कि विगत में कौन-कौन सी अनुकूलताएँ थीं और कौन-कौन से झगड़े थे, इससे हम आज को बेहतर समझ सकेंगे।

हमें अभी यह सीखना होगा कि प्रजातान्त्रिक कर्तव्य निर्वहन के लिए जिन माँगों की ज़रूरत होती है, उन सबकी पूर्ति ठीक प्रकार से धर्म के हस्तक्षेप के बिना भी हो सकती है। किसी जीवनक्षम (व्यवहार्य) प्रजातन्त्र को बनाये रखने के

लिए इसके अनिवार्य तत्त्वों पर गहन चर्चा की आवश्यकता है। वयस्क मताधिकार पर हमारा जोर एक शुभ निर्णय है परन्तु हमें इससे आगे जाकर ऐसी संस्थाओं की स्थापना करनी होगी जो प्रजातन्त्र को पुष्ट करती हैं और उन औपनिवेशिक विचारों पर चिन्ता व्यक्त करनी चाहिए जिनका प्रजातन्त्र से विरोध है। सम्पत्ति का ऐसा वितरण जिससे ग़रीबी मिटाई जा सके और ऐसा न्याय जिसमें समाज की रक्षा हो सके—ये दो, प्रजातान्त्रिक व्यवस्था की अनिवार्यताएँ हैं। किसी धर्मनिरपेक्ष समाज से इस प्रकार के अधिकार अनुमोदनीय होते हैं। सामाजिक संस्थाओं की धर्मगत पहचान धर्मनिरपेक्षता को विरोध में है और धर्मनिरपेक्षता के बिना समाज कम प्रजातान्त्रिक रहता है। यदि इन बिन्दुओं और इनके प्रभावों पर बिना डर और हत्या की धमकी के बिना खुले मन से चर्चा हो सके तो इससे एक अधिक जीवन्त समाज का निर्माण होगा।

प्रजातान्त्रिक कर्तव्य निर्वहन के लिए जिन संस्थाओं की अनिवार्य आवश्यकता है, उनकी प्रक्रिया को आत्मसात करने में हम अभी भी लगे हैं। औपनिवेशिक परम्परा का चलते आना जैसे कुछ क़ानूनों का चले आना, इनका मूल्यांकन होना चाहिए और जहाँ ये अराजकतावादी हैं (जैसे कि अनेक हैं) उन्हें संशोधित करना होगा। उदाहरण के लिए, शिक्षण संस्थाओं की, आधी सदी के बाद, पुनर्मूल्यांकन की आवश्यकता है। इस प्रकार का पुनर्गठन तभी हो सकता है जब हम शिक्षा के सभी स्तरों पर विषयवस्तु और उसके आकार पर गहन चर्चा करें और जहाँ आवश्यक हो, वहाँ नये ज्ञान, तार्किक समीक्षा और तर्कसंगत चिन्तन को लायें। शिक्षा शास्त्र (अध्यापन कला), और सामाजिक चिन्तन में ज्ञानवर्धन के लिए इन्हें पारदर्शी रीति से सर्वाधिक महत्त्व का स्थान देना होगा। खेद है कि हमारे शिक्षण संस्थानों में उस परिभाषा का अभाव है जो शिक्षा की सूचना के अतिरिक्त विश्लेषणात्मक रीति से चिन्तन प्रणाली के रूप में और स्वयं को सम्पूर्णता में देखने की दृष्टि देती है।

धर्मनिरपेक्ष चिन्तन की पूरकता के बिना कोई प्रजातन्त्र प्रजातन्त्र नहीं रहता। धर्मनिरपेक्ष चिन्तन में तर्क और विवेकशीलता की मात्रा की प्रतिस्थापना चिन्तन का दार्शनिक तरीका है। क्या यह प्रकृति विज्ञानों और भौतिक विज्ञानों को भी प्रस्फुरित कर सकता है? वैज्ञानिक स्वयं को समाजशास्त्रियों और मानवता के समर्थकों से अपने को अलग करके देखते हैं और लोग भी उन्हें वैसा मानते हैं, उनके सिद्धान्तों और उनके अभिप्राय बनाम समाज पर शायद हीं कभी प्रश्न उठाया जाता है। इसका एक कारण यह है कि वैज्ञानिक विषयों की तकनीकता इतनी जटिल होती है कि ग़ैर-वैज्ञानिकों को आसानी से समझ में नहीं आती।

इसका दूसरा कारण विज्ञान की रहस्यात्मकता मानवीय दशाओं की चिन्ताओं से परे है। इन बिन्दुओं पर संवाद की आवश्यकता है।

सार्वजनिक क्षेत्रों में धर्म की भूमिका पर मैंने पर्याप्त ध्यान दिया है क्योंकि इसका प्रभाव धर्मनिरपेक्ष प्रजातन्त्र की सम्भावनाओं पर पड़ता है। मैं पुनः दोहराती हूँ कि कोई प्रजातन्त्र यदि स्थायी बहुसंख्यकों के समीकरणों से पहचाना जाता है तो वह प्रजातन्त्र नहीं है। यह धर्म बनाम धर्मनिरपेक्षता का प्रश्न नहीं है अपितु कैसे सोचा जाये कि ये अधिकाधिक वैयक्तिक विषय का मामला हो जाये, इससे सम्बद्ध है। विगत में इस उपमहाद्वीप में धर्मों की उपासना जाति की सामाजिक संस्थाओं से उलझी हुई थी, परन्तु अब इसमें परिवर्तन हो रहा है जैसा कि जाति की अवधारणा में भी परिवर्तन हो रहा है। जहाँ जाति वोटबैंक या शिक्षण संस्थानों में आरक्षण के रूप में जुड़कर नयी भूमिका अपना रही है वहाँ इसका धर्म से जुड़ाव अन्य समस्याएँ भी पैदा कर सकता है। पहले समय में, राज्य शासन सभी धर्मों या किसी एक धर्म को अपना संरक्षण प्रदान करता था। अब इस प्रथा को धर्मनिरपेक्ष समाज में समाप्त करना होगा। भारत में यह सामंजस्य (जैसाकि इंग्लैण्ड आदि देशों में है) चर्च और राज्य की दोहरी भूमिका के बीच ही सीमित नहीं है अपितु यहाँ राज्य, धर्मों और जातियों के त्रिभुजीय सम्बन्धों के परिमार्जन को लेकर है। ईसा बाद, दूसरी सहस्राब्दि में भी शासन व्यवस्था की राजनीति में जाति और जो सत्ता में थे, उनको धार्मिक संरक्षण एक महत्त्वपूर्ण कारक था।

इस प्रकार की समीक्षा में प्रमुख क्षेत्र होगा दीवानी क़ानूनों का धर्मनिरपेक्ष होना जिसमें इन्हें नागरिकों के उपयुक्त बनाया जा सके, अपेक्षाकृत भिन्न-भिन्न धार्मिक और जातिगत नियमों से सूचना एकत्रित करके या उनकी जाँच और मिलान करके। इस प्रकार की हल्की-सी हरकत शिक्षा की विषयवस्तु और स्रोतों की पहुँच को प्रभावित करेगी। इस प्रकार के धर्मनिरपेक्ष क़ानून प्रमुख संस्कृति की नियमावली नहीं होगी अपितु दीवानी क़ानूनों की पुनर्कृति होगी।

क्या प्रश्न करना ही पर्याप्त है या पक्ष पोषण की फलिका के साथ संवाद भी हो? मेरी इतनी लम्बी भूमिका का उद्देश्य तर्कसंगत विचारों को बढ़ावा देना है ताकि प्रजातन्त्र समृद्ध हो सके। मैं आशा करती हूँ कि मेरा आलेख और पुस्तक के अन्य आलेख यह स्पष्ट कर सकेंगे कि जनहित बुद्धिजीवी को ज़्यादा मुखर होना होगा।

जुलाई 2015
नयी दिल्ली

प्रश्न यह है कि प्रश्न किया जाये या प्रश्न न किया जाये

रोमिला थापर

लोकहित बुद्धिजीवियों (चिन्तकों) से मेरा तात्पर्य क्या है इसको परिभाषित करने से पूर्व मैं उन लोगों के बारे में और उनके चिन्तन के तौर-तरीक़ों के बारे में बात करूँगी, जो आज के लोकहित चिन्तकों के 'पूर्वज' (पूर्वगामी) कहे जा सकते हैं। मैं यूरोपीय इतिहास से ऐसे कुछ लोगों का उल्लेख करना चाहूँगी जो ऐसी चिन्तन शैली से सम्बद्ध थे जिसके परिणामस्वरूप आज का लोकहित चिन्तन शुरू हुआ है। फिर कुछ उन भारतीयों के बारे में जिन्होंने भारतीय परम्परा के अन्तर्गत ऐसी ही भूमिका अपनायी है। इन दोनों (भारतीय और यूरोपीय) में यद्यपि कोई सम्बन्ध नहीं हैं परन्तु कई अर्थों में वे एक-दूसरे के समानान्तर हैं। भारतीय परम्परा के ये लोग यद्यपि हमारी परिभाषा के अनुसार लोकहित बुद्धिजीवी नहीं हैं परन्तु उनका लेखन, उनका संवाद और उनका चिन्तन निखिल चक्रवर्ती जैसे लोगों की भागीदारी को वैधता प्रदान करता है, जो आज के समय के लोकहित प्रज्ञाजीवी कहे जाते हैं। यदि अतीत में ऐसी किसी वैधता की अनिवार्यता हो तो और अन्त में मैं सुझाव दूँगी कि आज के समय में लोकहित प्रज्ञाजीवियों की क्या भूमिका होनी चाहिए और क्यों ऐसे व्यक्तियों की आज के हमारे समाज में उपस्थिति आवश्यक है।

लोकहित बुद्धिजीवी प्रायः मानवाधिकार सम्बन्धी और समाज-संचालन जैसे मुद्दों को उठाते रहे हैं, विशेषकर सामाजिक न्याय की प्राथमिकता को सुनिश्चित करने के लिए। ये मुद्दे ज़्यादा बड़े दायरों को घेरते हैं। उन मुद्दों में से मैं कुछ मुद्दे उठाती हूँ जिन्हें मेरी समझ में आज की स्थिति में प्राथमिकता दी जानी चाहिए। एक मुद्दा है जिसे हम सत्ता (शासन) कह सकते हैं—धर्म की सत्ता, राज्य की सत्ता या किसी अन्य पक्ष की सत्ता और इनका मूल्यांकन हम कैसे करते हैं। फिर ऐसी सत्ता के बारे में हमारी समझ क्या है और हम इस सत्ता को कहाँ और कैसे इस्तेमाल करते हैं। उदाहरण के लिए, हम उम्मीद करते हैं कि सत्ता के इस वर्तमान ज्ञान को हम रूढ़िगत सत्ता या गहराई से प्रतिस्थापित सत्ताओं

के विरोध में परिभाषित करेंगे या फिर समस्या को देखने का हमारा नज़रिया भिन्न होगा। वैकल्पिक सोच को नकारने की समस्या से हम कैसे जूझेंगे, जबकि ऐसी (वैकल्पिक) सोच सिरे से ही ग़लत नहीं है। यह उपयुक्त, तार्किक, युक्तियों से हमारे आसपास की दुनिया को और दुनिया के विगत को परिभाषित करने से जुड़ा है। ऐसी युक्ति पर जोर देते हुए मैं विचारों में कल्पना को नकार नहीं रही हूँ परन्तु हमें यह नहीं भूलना चाहिए कि ज्ञान-प्राप्ति के ये दो तरीके परस्पर भिन्न हैं और इस भेद को हमें नज़रअन्दाज़ नहीं करना चाहिए।

ऐसी चिन्ताएँ आज की ही नहीं हैं। वे काफ़ी पुरातन हैं और कई शताब्दियों से इन पर विचार हो रहा है। मैं इतिहास से कुछ ऐसे व्यक्तियों का नाम लेना चाहूँगी जिनके विचार हमें वैधता प्रदान करते हैं कि हम आज के हमारे समाज के निर्माताओं पर प्रश्न कर सकें। लोकहित बौद्धिकता द्वारा मौलिक परिवर्तन लाने वाले को परिभाषित करने के लिए प्रारम्भ से ही इस सिद्धान्त से बतलाया जा सकता है कि—"प्रश्न किया जाये या प्रश्न न किया जाये, यही प्रश्न है" और यही व्याख्यान का शीर्षक था और यह पुस्तक इसी शीर्षक पर आधारित है। यदि इस प्रश्न का सन्तोषजनक उत्तर दिया जा सके तो अन्य बातें स्वतः सुलझ जायेंगी। यह सिद्धान्त आज भी जीवन्त है।

अतीत में ऐसे प्रश्न प्रायः तार्किक युक्तियों और तार्किक चिन्तन से उभरे थे परन्तु मानवीय स्थिति के संज्ञान के कारण ये प्रभावित भी हुए। धरती पर एक समृद्ध बेहतर समाज के भावी सपने को इस उत्तर से निषिद्ध नहीं किया और ऐसे समृद्ध समाज की प्रत्याशा में हमें पुनर्जन्म या स्वर्ग की प्रतीक्षा भी नहीं करनी है। ऐसे विचारों की परम्परा के लिए यूरोप जाना जाता है परन्तु भारतीय चिन्तन में ऐसे विचारों की उपस्थिति को प्रायः स्वीकार नहीं किया जाता। हमारे अन्दर ऐसी गहरी छाप छोड़ दी गयी है कि हमारा दर्शन आदर्शवादी है जो अन्तःप्रेरणा और चिन्तन पर आधारित है जिसका निहितार्थ यह है कि इसमें तर्क और विमर्श का अभाव है। इस निहितार्थ को झुठलाने में मैं अकेली नहीं हूँ। समाजों में इस बात की छूट होनी चाहिए कि दक़ियानूसी बातों और सत्ता पर प्रश्न किया जा सके, कम-से-कम चुनौती भरे क्षणों में, अन्यथा ये व्यवस्थाएँ बहुत शीघ्र विकृत हो जायेंगी।

यूरोप में

हम यूरोप के इतिहास को देखें। लोकहित बौद्धिकता के कर्णधार दार्शनिक चिन्तन में उलझ गये परन्तु ऐसा चिन्तन राजनीतिक क्षेत्रों में भी गहरा गया और इसका

प्रतिफलन सामाजिक क्रिया-कलापों में देखा गया। ऐसे लोगों ने सत्ता की समीक्षा का अपना अधिकार बरकरार रखा जिस कारण कभी-कभी इन्हें कठिनाई भी झेलनी पड़ी, जैसे सुकरात को। सुकरात के देवी-देवताओं की सत्ता को नकारने और एथेन्स में न्याय व्यवस्था की आलोचना का एथेन्स के यूनानियों ने विरोध किया। इस कारण उसे अभिशप्त होकर ज़हर पीना पड़ा।

यूरोपीय चिन्तन की एक धारा का स्रोत ईसा पूर्व पाँचवीं सदी में सुकरात की विचार शैली में खोजा जा सकता है। इस पद्धति में कोई भी कथन कई प्रश्नों पर परखा जाता था और उस कथन के उपबन्धों के परस्पर सह सम्बन्ध को उघाड़ा जाता था। कोई प्रस्ताव उसके प्रतिलोप प्रस्ताव की प्रतियुक्ति से जाँचने पर संवाद का द्वन्द्वात्मक प्रक्रम रूप सामने आता था। रोमन वक्ता सिरेरो ने, जो ईसा पूर्व पहली शताब्दी में हुआ था, रोमन अधिकारकों के भ्रष्टाचार को उजागर किया, और शंका करने के अपने अधिकार को प्रतिस्थापित किया तो प्रश्न उठाना ज़रूरी समझा गया और इसके लिए उसने अपनी बुद्धिमत्ता का परिचय दिया। यह उस दिशा की ओर इंगित करता है जिसका बाद में विधि अध्ययनों में प्रयोग किया गया।

ईसा बाद द्वितीय सहस्राब्दि में कैथोलिक चर्च ने शासकों के ऊपर अपना प्रभुत्व स्थापित किया। इस शक्ति पर बाद में प्रश्नचिह्न लगा। यह एक मुद्दा था जिसने उस यूरोपीय चिन्तन को बढ़ावा दिया और जो बाद में 'प्रबोध' (Enlightenment) आन्दोलन के रूप में जाना गया। ऐसे दार्शनिक जिनके नाम से हम परिचित हैं—लॉक, ह्यूम, वालटेयर, रूसो, डेडरोट, मॉन्टेस्क्यू (Montesquieu) और अन्यों ने रूढ़िगत ज्ञान और पद्धतियों पर प्रश्न करना शुरू किया। उनमें परस्पर सहमति नहीं थी और दूसरों से भी असहमति थी, परन्तु उनकी शंकाओं को स्वीकार किया गया क्योंकि ऐसी शंकाएँ समीक्षात्मक तर्कों पर आधारित थीं। इस कारण वे सभी एक मंच पर आये और इस कारण भी कि इन सभी ने कैथोलिक चर्च की नैतिक सत्ता को चुनौती दी, विशेषकर उन बिन्दुओं पर जिन्हें हम आज नागर समाज (Civil society) कहते हैं। नागर समाज को आज हम धर्मनिरपेक्ष संस्थाओं की स्थापना के रूप में जिनमें कुछ शासन द्वारा भी संचालित हैं। धर्मपरक अनन्यता और असहिष्णुता को पिछड़ेपन के रूप में देखा गया। यह तर्क दिया गया कि प्रगति (उन्नति) समग्रता और सहिष्णुता में निहित है—विचारों की भिन्नता के बावजूद।

प्रबोध से जुड़े चिन्तन का महत्त्व इसमें नहीं है कि एकदम नये विचार उभरें बल्कि तब के ज्ञात संसार को विश्लेषित करने के लिए इन नये विचारों

में नयापन आये। इन बिन्दुओं को नये सांस्कृतिक प्रतिमानों से नये सिरे से विश्लेषित करना आवश्यक हुआ, अपेक्षाकृत उस जड़ समझ से जो तब प्रचलित व्याख्याओं पर आधारित थी। आधुनिक संसार के निर्माण में इस प्रकार के चिन्तन के योगदान के अतिरिक्त ऐसा चिन्तन औपनिवेशिक देशों में औपनिवेशिक शासन प्रणाली द्वारा आया और औपनिवेशिक अनुभव का महत्त्वपूर्ण हिस्सा बना। जैसा कि मैंने प्रारम्भ में कहा यह चिन्तन महत्त्वपूर्ण है दोनों दृष्टियों से–उपनिवेशकों का उपनिवेशियों के प्रति बर्ताव और उपनिवेशियों का इस बर्ताव पर अपनी प्रतिक्रिया प्रगट करना–इस चिन्तन के कुछ तत्त्व ग्राह्य हुए, कुछ को नकार दिया गया। इस प्रकार की दोहरी प्रतिक्रिया औपनिवेशिकता से मुक्त राष्ट्र राज्यों में जारी रही।

परन्तु फिर से यूरोप की बात करें तो वहाँ चर्च की आलोचना इसलिए नहीं हुई कि धर्म का विरोध करना ही था, अपितु इसलिए कि औपचारिक धर्म का सामाजिक संस्थाओं, जैसे–परिवार, शिक्षा, सम्पत्ति पर अधिकार, न्याय शासन व्यवस्था पर काबिज़ रहना रहा। इन संस्थाओं पर किसी दैवी संस्वीकृति को नकारा गया। अतः इन संस्थाओं के संचालन के लिए प्रभुत्व का आधार लोगों के बीच सामाजिक समझौता रहा। अन्य बातों के अलावा धार्मिक आस्था के बजाय तार्किक विश्लेषण पर ज़ोर दिया गया, जिसका कारण सामाजिक कार्यविधि की मुख्य कुंजी को पहचानना, और यथावश्यक समुदाय में बदलाव आसान रहा।

परन्तु इन दार्शनिकों से स्पष्टतः भिन्न ये लोकहित बुद्धिजीवी उन्नीसवीं शताब्दी में एक अलग श्रेणी के रूप में उभरे जिसे 'ड्रेफस प्रसंग' (Dreyfas affair) से सम्बद्ध माना जाता है। यहूदी एल्फ्रेड ड्रेफस फ्रेंच सेना में कैप्टन था जिसे जर्मनों को गुप्त सूचनाएँ देने के आरोप में गलत तरीके से बन्दी बनाया गया। जो इस घटना का विरोध कर रहे थे, उनका तर्क था कि ड्रेफस को सेना के जनरल स्टाफ ने राजनेताओं से षड्यन्त्र करके गलत तरीके से दण्डित किया है। इस्राइल जोला द्वारा लिखे इस आरोप पत्र का बहुसंख्य लेखकों, कलाकारों और अकादमिकों ने समर्थन किया जो बाद में सम्मिलित रूप से 'बुद्धिजीवी' कहलाये। अन्त में, शामीविरोधी भावनात्मक प्रभाव से मुक्त एक जाँच समिति ने ड्रेफस को निर्दोष पाया और उसे पुनः सेवा में बहाल कर दिया।

इस घटना के प्रभाव के बाद 'बुद्धिजीवी' शब्द का अर्थ इस विचार पर सुनिश्चित रहा कि उसका विद्वान होना आवश्यक नहीं है अपितु यह शब्द उस व्यक्ति के लिए प्रयुक्त हो सकेगा जिसकी आधिकारिक पेशेवर प्रतिष्ठा होगी और जो सत्ताधारियों से उनके सार्वजनिक क्रियाकलापों पर स्पष्टीकरण माँग सकें

चाहे इस स्पष्टीकरण का अर्थ सत्ता और शक्ति की आलोचना ही क्यों न हो। यदि समुदाय में बौद्धिक चिन्तन का समालोचनात्मक विश्लेषण मौजूद है तो ऐसे प्रश्न बनाना और पूछना आसान हो जाता है। तर्क की स्वीकृत प्रणाली में तथ्यों का विश्लेषण और उनकी जाँच आवश्यक है, यदि ऐतिहासिक सन्दर्भ प्रश्न करने के कोई और तरीके बतलाते हों तो भी। (यह पद्धति अब मात्र विज्ञान विषयों में ही नहीं अपितु सामाजिक विज्ञानों में भी स्वीकृत है। यह पद्धति सामाजिक संस्थाओं और उनकी गतिविधियों का बुद्धिगम्य स्पष्टीकरण देती है। दुर्भाग्य से इतिहासपरक शोध में यह पद्धति कई बार नहीं अपनायी जाती क्योंकि इसकी परिणति परम्परागत दृष्टिकोण की समीक्षा के रूप में देखी जाती है।)

पिछली दो शताब्दियों में विवेकी तर्क के विचार की आलोचना भी हुई है। इस प्रकार के तर्क के केन्द्र बिन्दु पर यह कहकर प्रश्नचिह्न लगाया गया कि यह पद्धति सम्पूर्ण स्पष्टीकरण नहीं देती और सभी प्रकार के स्पष्टीकरण विवेकी अन्यथा सभी व्यवहार्य हैं। विवेकी विचार पर आधारित ऐसी समीक्षा ज़रूरी नहीं कि एक पक्षीय स्पष्टीकरण दें, यह बहुविध भी हो सकती है। यह इस पर निर्भर करता है कि प्रयोजनार्थ स्पष्टीकरण क्या तथ्य या तर्क अन्तर्निहित है। फिर भी, स्पष्टीकरण की समीक्षा की प्राथमिकता बनी रहेगी। विश्वास पर आधारित स्पष्टीकरण की अपेक्षा यह कम-से-कम एक क़दम आगे तो है। विवेकी तर्क तो जारी रह सकता है, यद्यपि बदलते ऐतिहासिक सन्दर्भों में विवेकी तर्क के मुहावरे बदल जायें।

यह याद रखना आवश्यक है कि उदार मूल्य और जनतन्त्र जैसी अधुनातन चिन्तन की आधारभूत जड़ों की श्रृंखला दार्शनिकों और अन्यों के उन संवादों में देखी जा सकती है जिन लक्षणों के कारण हम मध्ययुगीन या सामन्ती नहीं कहलाते। ऐसे संवाद मात्र यूरोप तक ही सीमित नहीं रहे क्योंकि जब शुरू में औपनिवेशिकता के कारण वे विश्व के अन्य भागों में पहुँचे तो कहीं इन्हें स्वीकृति मिली और कहीं अस्वीकृति। किसी के अपने समाज/समुदाय में ऐसे समरूप या विषम रूप विचारों की पड़ताल जारी रही।

भारत में

अब मैं भारतीय परम्परा की बात करती हूँ और अचयनित रूप से कुछ उन व्यक्तियों के बारे में बातें करूँगी जिन्होंने प्रचलित विचारों और पद्धतियों को चुनौती दी और परिवर्तन के लिए तार्किक और विवेकी स्पष्टीकरण के पक्षधर रहे। यह विचार हमारे अन्दर इतना गहरा गया है कि हमारे पूर्वज ज्ञान के क्षेत्र

में तर्क को कोई महत्त्व नहीं देते थे। इस कारण तार्किक विचारों की जो परम्परा हमारे यहाँ रही है, उसको हम भुला देते हैं।

ईसा पूर्व पाँचवीं शताब्दी में वह भारतीय दार्शनिक जिसने कार्य-कारण सम्बन्धों के आधार पर स्पष्टीकरणों को देखने और प्रश्न करने की महत्ता को बढ़ावा दिया, सुकरात का समवयस्क था, यद्यपि दोनों में कोई सम्बन्ध न था और दोनों अलग-अलग महाद्वीपों के निवासी थे। मैं बुद्ध की बात कर रही हूँ। यद्यपि बुद्ध को ज़हर नहीं पीना पड़ा; उनके कथनों का ब्राह्मणी रूढ़िवाद ने घोर विरोध किया। अनेक कारणों में यह भी एक कारण रहा परन्तु उस कारण बौद्ध धर्म धीरे-धीरे भारत के बाहर पसर गया। यह भारत के आसपास के देशों में पहुँचा और वहाँ फला-फूला परन्तु कुछ स्थानों पर इसने भी अपनी रूढ़िवादिता स्थापित की।

विचारों की शृंखला में एक आकर्षक पक्ष है कि समाज-समुदाय किस प्रकार भिन्न-भिन्न तरीक़ों से अपने विकासशील गठन को परिभाषित करते हैं। जब बुद्ध से प्रश्न किया गया कि शासन व्यवस्था की शुरुआत कैसे हुई तो उन्होंने कहा कि प्रारम्भ में सभी समकक्ष थे, स्रोतों पर सभी की समान पहुँच थी और यह आद्य यूटोपीय (कल्पना लोक) था। पहला परिवर्तन तब आया, जब परिवार की संकल्पना हुई और समाज में इसे एक इकाई माना गया। इसके बाद भूमि पर निजी स्वामित्व की बात आयी। इस प्रकार के परिवर्तनों के कारण समाज में विभ्रम और संघर्ष शुरू हुआ। परिणामस्वरूप लोग इकट्ठे हुए और उन्होंने अपने बीच से एक व्यक्ति चुना—महासम्मत—महानायक—जो उन पर शासन करे और उन्हें उन नियमों में बाँधे जिससे अव्यवस्था समाप्त हो जाये। यह एक प्रभावी सामाजिक समझौता था।

ऐसे बौद्ध स्पष्टीकरण कई ब्राह्मणी कथनों के विरोध में थे। इनमें से एक कथा देवों और दानवों के युद्ध से सम्बन्धित है। क्योंकि देव हार रहे थे, उन्होंने प्रजापति से सहायता की गुहार लगाई। कई रूपान्तरों में कहा गया है कि प्रजापति ने अपने पुत्र इन्द्र को देवों की सहायता के लिए नियुक्त किया ताकि युद्ध में इन्द्र देवों को विजय दिला सके। इस व्यवस्था को शासनप्रणाली का आरम्भिक रूप कहा जा सकता है। देवताओं से प्रार्थना और दैवी स्वीकृति अनिवार्य हुई और यह एक प्रकार का प्रभुत्व सत्ता जैसा है। बुद्ध का किसी एक व्यक्ति को चुनना (महासम्मत) उस प्रथा का नकारना था, जहाँ सम्राट सारी सत्ता अपने में समेटकर रखता था जिसे दैवी स्वीकृति से नियुक्त माना जाता था। इन दो मिथकों में अन्तर्निहित भाव भिन्न-भिन्न है। कुछ बाद के हिन्दू धर्मग्रन्थ में संविदा जैसी धारणा भी पायी जाती है।

यह जानना रुचिकर होगा कि मूल बौद्ध मिथक में रणभूमि में लोगों को मारकर राजत्व की प्राप्ति की अवधारणा नहीं थी। विधिसम्मत शासन के लिए किसी का वध उचित है या अनुचित, यह उतने विगत समय में भी एक विचारणीय मुद्दा रहा है। युद्ध में पाण्डवों की विजय के बाद युधिष्ठिर सम्राट बनने से अप्रवृत्त था इस प्रसंग में जो संवाद हुआ है, वह महाभारत के शान्ति पर्व में वर्णित है। युधिष्ठिर की मुख्य आपत्ति थी कि राजा बनने के बाद युद्ध लड़ना और लोगों का वध करना उसका धर्म है। इस महाकाव्य में एक पात्र है जो राक्षस है परन्तु ब्राह्मण के वेश में युधिष्ठिर को एक निर्दय शासक कहता है क्योंकि युद्ध में उसने अपने नातेदारों की हत्या की है। वह राक्षस युधिष्ठिर को शाप देते हुए कहता है कि ये अपने साम्राज्य का कोई भला नहीं कर पायेंगे। हाल में ऐसे तर्क दिये गये हैं कि भगवद्गीता उस संवाद का प्रतिफल है, जहाँ बौद्ध और जैन हिंसा को धिक्कारते हैं। अन्य बातों के अलावा गीता उस नैतिकता की बात करती है, जहाँ परिवारजनों का वध न्यायोचित है। अशिव को दूर करने के लिए ऐसी हिंसा आवश्यक है। अब यह दूसरा प्रश्न उभरता है कि यह कौन तय करेगा कि अशिव या अहित क्या है? इस प्रश्न की जटिलता कृष्ण की इस युक्ति से प्रगट होती है कि स्त्रियाँ, वैश्य और शूद्र पाप योनि से पैदा हुए हैं—"........येऽपि स्युः पापयोनयः। स्त्रियो वैश्ययास्तथा शूद्रा....."। और इस कारण अन्त्यज हैं।

सामान्यजनों के लिए गीता सहित इन धार्मिक ग्रन्थों का ऐतिहासिक सन्दर्भ भी है और ये ग्रन्थ किंचित मात्रा में तत्कालीन विमर्श के प्रति उत्तर भी हैं। दार्शनिक चिन्तन में संवाद का एक स्वरूप उभरा जिसका प्रतिरूप इन धार्मिक ग्रन्थों में पहचाना जा सकता है। इस स्वरूप में सुकरातीय और द्वन्द्वात्मक पद्धतियों जैसा सादृश्य है परन्तु यह स्वरूप उन दोनों पद्धतियों से समरूप नहीं है।

जब कोई विषय परस्पर स्वर संवाद के लिए आता है तो प्रथम चरण है प्रतिपक्षी के सभी तर्कों का बिना पूर्वाग्रह/स्पष्टतः निरूपण। दूसरा चरण है उन तर्कों को नकारते हुए जवाबी तर्क। इन दोनों पक्षों के विरोध के बीच कोई समाधान खोजा जाता है। यदि तर्क न्यायोचित है तो परस्पर संवाद की यह शास्त्रीय रीति है।

इन ग्रन्थों में, प्रारम्भ में, जब धर्म की बात होती थी तो हिन्दुत्व का कोई उल्लेख नहीं था। यह शब्दावली तो काफ़ी बाद में बनायी गयी है। भारतीय धर्म के विभिन्न सम्प्रदाय अपने-अपने निजी नामों से जाने जाते रहे। सामान्यतः ये सम्प्रदाय दो धारों के अन्तर्गत गिने गये—ब्राह्मण जो विश्वास से सम्बन्धित था और ब्राह्मण जिसमें बौद्ध, जैन और उन जैसे सम्प्रदायों की शिक्षा निहित

थी। ब्राह्मण शब्द शुरू में बौद्ध और जैन भिक्षुओं के लिए प्रयुक्त हुआ जो श्रम धातु से बना है जिसका अर्थ है परिप्रेम करना, यहाँ इसका अर्थ है पुनर्जन्म से मुक्ति। लगभग एक हज़ार वर्षों तक इस द्वैत के रूप में 'धर्म' शब्द को व्यवहृत किया गया—ईसा पूर्व तीसरी सदी के अशोक के शिलालेखों से लेकर ईसा बाद ग्यारहवीं शताब्दी में अलबरूनी के विवरणों तक। ईसा बाद प्रथम सहस्राब्दि में संस्कृत व्याकरणकार पाणिनि ने एक अतिरिक्त दृष्टिकोण भी प्रस्तुत किया, जब उसने इन दो पक्षों की तुलना साँप और नेवले से की। यह वाद-विवाद काफ़ी तीखा रहा होगा। जैसा कि स्वाभाविक है जब गहराई से स्थापित किसी विश्वास के प्रति प्रश्न उठाया जाये।

फिर चार्वाक आते हैं जिन्हें लोकायत भी कहा जाता है। ये अधिकांश दार्शनिक विचार पद्धतियों के विरोध में थे क्योंकि जीवन के प्रति इनका दृष्टिकोण भौतिकतावादी था और किसी अन्य चिन्तन प्रणाली को ये कोई छूट नहीं देना चाहते थे। उनकी विचारधारा से सम्बन्धित कोई ग्रन्थ अब प्राप्त नहीं है परन्तु अन्य ग्रन्थों में अनपेक्षित उनके विचारों के सन्दर्भ बार-बार आते रहे हैं। बुद्ध ने इनके कुछ मतों के तर्कों को 'बार-बार बहानेबाज़ी' कहा है।

ईसवीं सदी के प्रारम्भ में जब बौद्ध धर्म को व्यापारियों, राजा-महाराजाओं, ज़मींदारों तथा सामान्यजनों से संरक्षण मिला तब ब्राह्मणवादी ग्रन्थों में जो उनसे सहमत न थे, यह कहकर इन्हें नकारा गया कि ये अपधर्मी हैं, नास्तिक हैं। ब्राह्मणवादी दृष्टिकोण से, श्रमण, चार्वाकवादी, आजीवक अनीश्वरवादी, भौतिकतावादी और तर्क बुद्धिजीवी सब एक श्रेणी में आते हैं—नास्तिक, यह इसलिए क्योंकि उन्होंने देवत्व के अस्तित्व पर प्रश्नचिह्न लगाया और स्वभावतः वेदों के दैवी प्रगटीकरण पर भी। इन्होंने वर्णप्रथा, आत्मा के अस्तित्व, कर्म के विभिन्न सिद्धान्तों को या तो पूरी तरह से नकार दिया या इस प्रकार के वर्णनों पर शंका व्यक्त की। यह लगभग ऐसा है जैसे आजकल के हिन्दुत्व के झण्डाबरदार जो भी उनसे सहमत न हों, उसे मार्क्सवादी करार दे देते हैं चाहे वह व्यक्ति मार्क्सवादी हो या न हो। मनु का धर्मशास्त्र तो अपधर्मियों के प्रति लगभग व्यामोहित है और इन्हें—अनीश्वरवादी झूठे मतों के प्रचारक के रूप में देखता है। ये लोग मानोरोगी हैं और तमस के स्रोत हैं—अन्धकार की स्थिति। पुरातनपन्थियों के लिए यह एक तरह से संकट का समय था, क्योंकि तब राज्याश्रय के लिए प्रतिद्वन्द्विता थी और कुछ प्रमुख दार्शनिक पद्धतियाँ अनीश्वरवादी विचारधारा की थीं। इसी कारण यह बौद्धिक दृष्टि से उत्साहित समय था।

ईसा संवत् की कुछ शुरुआती सदियों में विष्णुपुराण में माया, मोह और

उसके अनुयायियों के प्रति नकारात्मक सन्दर्भ है। सम्भ्रान्ति (Dillusion), भ्रम (Illusion) और छल (Deception) जिसे महामोह कहते हैं इस समूह के लक्षण थे। असुर और दैत्य सभी जो अशिव हैं, उन्हें माया-मोह एकत्रित कर अपनी विचारधारा में परिणित कर देती है। उनके कुछ आचरण उन्हें बौद्ध या जैन होने की ओर इशारा करते हैं। इनके कुछ आचरण, जैसे—गेरुए वस्त्र पहनना, शरीर कें बालों को हटाना, जाति/वर्ण व्यवस्था को न मानना, भिक्षा से जीवन-यापन करना आदि ऐसी बातें हैं—जिससे जातिप्रथा के सहभोजित्व को ये झुठलाते हैं। इनसे संवाद करने की मनाही थी क्योंकि ऐसे संवाद उन्हें भ्रष्ट कर सकते हैं। यदि ऐसे संवाद के अभिलेख होते तो यह रूढ़िवाद और विपन्थिता के सहसम्बन्धों पर पर्याप्त प्रकाश डालते। दुर्भाग्य से केवल संक्षिप्त सन्दर्भ ही मिलते हैं।

इस परिदृश्य में चार्वाक बार-बार आता है यद्यपि, प्रत्यक्षतः दृष्टिगोचर न होता हो। नौवीं शताब्दी में शंकराचार्य आत्मा की अपेक्षा पुद्गल (पदार्थ) की अपनी अवधारणा को स्थापित करते हैं। चौदहवीं शताब्दी में माधवाचार्य-कृत सर्वधर्म संग्रह में तत्कालीन सभी दार्शनिक पद्धतियों का एक स्थान पर वर्णन है और इस ग्रन्थ में चार्वाक दर्शन की व्यवहार्यता पर विस्तृत चर्चा है। यद्यपि अन्त में इस मत को पूरी तरह से नकारते हैं फिर भी इस पर काफ़ी विस्तृत चर्चा वर्णित है। यदि चार्वाक का चिन्तन महत्त्वहीन था तो उस पर इतनी चर्चा क्यों हुई? वर्तमान समय में इस मत पर काफ़ी चर्चा हुई है। वो जो निरंकुश सत्ता के प्रति किसी भी प्रकार के प्रश्न उठाते हैं, वे अभिशप्त हैं। इसी प्रकार जो किंसी एक सम्प्रदाय के आधार पर राष्ट्रीय पहचान की बात करते हैं, वे अपनी रूढ़िवादिता के विपरीत किसी अन्य मतान्तर को मानने के लिए तैयार नहीं हैं।

पुरातनपन्थियों द्वारा अपधर्मिता को पूरी तरह से नकारा गया। परन्तु इनके कुछ विचारों और उससे मिलते-जुलते अन्य विचारों की समीक्षा ईसवी संवत् के प्रारम्भिक सदियों की दार्शनिक पद्धतियों में मिलती है। पाण्डित्य स्तर पर ब्राह्मणवादियों और बौद्धों के मध्य हुए संवादों ने कई प्रभावशाली दार्शनिक पद्धतियों को विकसित किया। तर्क और तार्किक विधियाँ तीक्ष्ण हुईं। इसी प्रकार आदर्शवादी दर्शन से प्रभावित विचारों की अन्य पद्धतियाँ भी जन्मीं। इस समय अधिकांश तर्कशास्त्री बौद्ध थे जैसे—नागार्जुन, वसुबन्धु, दिग्नाग और धर्मकीर्ति। इनमें से कुछ जन्मतः ब्राह्मण थे, और उसी प्रकार उनकी शिक्षा-दीक्षा हुई। परन्तु बाद में उन्होंने बौद्ध सम्प्रदाय अपनाया। उन्होंने अनेक रुचिकर विचार दिये विशेषकर जब वे अनीश्वरवाद की सूक्ष्मताओं को विश्लेषित कर रहे थे। उनके विचारों में एकरूपता थी और उन पर काफ़ी विमर्श हुआ।

यह महत्त्वपूर्ण होता कि हमें उन दार्शनिकों के तर्क-वितर्क मिलते, जो खगोलशास्त्रियों और गणितज्ञों से तर्क-बुद्धि से चर्चा कर रहे थे। परन्तु ऐसी चर्चा को खोज पाना दुर्भाग्य से कठिन है। आर्यभट्ट ने तर्क दिया कि पृथ्वी सूर्य के चारों ओर चक्कर लगाती है। यह सम्भावना पूर्वी भू-मध्यीय यूनानी खगोलशस्त्रियों और गणितज्ञों ने भी व्यक्त की थी। परन्तु इस पर यूरोप में ज़्यादा ध्यान नहीं दिया गया। आर्यभट्ट वह पहला खगोलशास्त्री गणितज्ञ था जिसने एक भिन्न प्रकार से गणितीय आकलन से इस सिद्धान्त को प्रतिपादित किया। इस पर काफ़ी गम्भीर चर्चा रही। यह सिद्धान्त निकोलस कोपरनिकस और गैलीलियो से एक सहस्राब्दि पूर्व प्रतिस्थापित हुआ था। यूरोप में कैथोलिक पुरातनपन्थियों को लगा कि इस प्रकार के विचारों से बाइबिल की महत्ता कम हो जायेगी, और इसके परिणामस्वरूप समाज-समुदाय पर चर्च का प्रभाव कमतर हो जायेगा। गैलीलियो को अपना सिद्धान्त वापस लेना पड़ा। इसकी पड़ताल करनी चाहिए कि भारत में बहुचर्चित सूर्यकेन्द्रिक प्राक्कल्पना पर पर्याप्त विचार-विमर्श हुआ, यद्यपि आर्यभट्ट के बाद के कुछ खगोलशास्त्री इस मत से सहमत नहीं थे। भारत में इसके ज़्यादा विस्तृत सन्दर्भ थे कि सम्पूर्ण रचना में मानव जाति थी, क्या इसका कारण यह था कि यहाँ कोई कैथोलिक चर्च नहीं थे, जो इस विषय पर विवाद करते? परन्तु मैं इसका एक अन्य कारण बतलाऊँ—सूर्यकेन्द्रिक व्यवस्था खगोलीय गणन को अव्यवस्थित कर देती। खगोलशास्त्र प्रसिद्धि के कारण एक ऐसी विधि थी जिससे अनेक प्रकार की सत्ताओं को नियन्त्रित किया जा सकता था। अधिकांश स्थलों पर पुराने सिद्धान्त ही चलते रहे। गणित और खगोलशास्त्र के भारतीय सिद्धान्तों ने अपने क्षेत्रों में रचनात्मकता को बढ़ावा दिया परन्तु व्यंगात्मक ही सही, यह सिद्धान्त तब अधिक प्रभावशाली रहा, जब इसे बग़दाद और अन्य प्रमुख केन्द्रों पर पढ़ाया गया जिसे हम ज्ञान का आदान-प्रदान या पुरा-विज्ञान कह सकते हैं।

तेरहवीं शताब्दी से खगोलशास्त्र को केन्द्रीय एशिया में राजकीय स्वीकृति मिली। इस्लामी संसार में सूर्यकेन्द्रिक सिद्धान्त पर मतभेद रहा, विशेषतः पुरातनपन्थियों के बीच। यह वह समय था जब केन्द्रीय एशिया में वेधशालाओं का निर्माण प्रारम्भ हुआ और ये वेधशालाएँ उत्तरी भारत में वेधशालाओं के निर्माण के लिए नमूना सिद्ध हुईं।

भारत में तभी दूसरे मत-मतान्तरों ने वह परिवेश दिया जहाँ, इस प्रकार के प्रश्न उठाये जा सकते थे। बुद्धिजीवियों ने उन विश्वासों और प्रथाओं पर प्रश्न करने शुरू किये जिनको सत्ताधारियों और धार्मिक मठाधीशों ने स्थापित किया था। परन्तु बहुचर्चित शिक्षकों ने अपने को रूढ़िवाद से दूर रखा। बाद में ऐसे

शिक्षकों में कुछ स्त्रियाँ भी थीं, जैसे—आंडाल, अक्क महादेवी, मीराबाई जिन्होंने जातिगत मानकों को तोड़ा और अपनी आचार-संहिता बनायी। इनकी बातों को ज़्यादातर लोगों ने ध्यानपूर्वक सुना। परन्तु हम शायद ही कभी इनकी गम्भीर चर्चा पर ध्यान देते हैं, जैसे धार्मिक चर्चा पर हम ध्यान देते हैं।

दिल्ली सल्लतनत अमीर खुसरो से अपरिचित न थी। पारम्परिक इतिहास के रूप में अमीर खुसरो-कृत तुग़लकनामा में काव्यात्मक रूप से दरबारी राजनीति का चित्रण मिलता है। परन्तु खगोलशास्त्र के सूर्यकेन्द्रिक लोक सम्बन्धी उनके विचार उन्हें रूढ़िवादी इस्लाम से कुछ परे रखते हैं क्योंकि इसका अर्थ यह है कि स्थापित सत्य के प्रति उनके मन में प्रश्न थे। रूढ़िवाद की उपेक्षा करते हुए उनकी कविता और संगीतात्मक रचनाओं ने उन्हें समाज में ऐसा ओहदा दे दिया कि सुल्तानों और रूढ़िवादियों ने यह बेहतर समझा कि उन्हें छेड़ा न जाये।

कुछ शताब्दियों बाद महाराष्ट्र के एक नाथ ने भी औपचारिक धर्म के नियन्त्रण पर प्रश्नचिह्न लगाये। उनकी ब्राह्मणीय विद्वत्ता भागवत् पुराण और रामायण की उनकी व्याख्या से प्रकट होती है। परन्तु इस विद्वत्ता के बावजूद उन्होंने रूढ़िवाद तथा सामाजिक व्यवस्था पर प्रश्नचिह्न उठाये और उन्होंने उस प्रथा को मानने से मना कर दिया जो अस्पृश्यता को संहितागत मानती थी।

उन्हीं के समानान्तर या उसके कुछ बाद पंजाब में अठारहवीं सदी में बुल्लेशाह सक्रिय थे। एक प्रतिष्ठित इमाम के पुत्र होने के कारण उनकी शिक्षा-दीक्षा मदरसे में हुई। उनका विचार था कि आमजन को जिस ज्ञान की आवश्यकता है, उसे पण्डितों या मुल्लाओं द्वारा संचालित धार्मिक संगठन नहीं दे सकते। यह समझ उन्हें अपने आसपास के लोगों के व्यवहार को बारीकी से देखने पर आयी कि ये लोग किस सन्दर्भ में कैसा आचरण करते हैं। जाति प्रथा के विरोधी होने के कारण उन्होंने अपना मुख्य शिष्य एक निम्न जाति 'एरिन' से चुना। परन्तु इस कारण और तर्क पर आधारित उनके विचारों के कारण उसे इस कसूर में जाति-बहिष्कृत कर दिया गया।

हमारे समय में

आधुनिक समय में जैसा कि राष्ट्रवादी विचारधारा में प्रायः होता है, राष्ट्रीयता की अवधारणा ने समाज के पुनर्गठन का प्रयास किया। राष्ट्रीयता ने औपनिवेशिकता का विरोध किया हो, परन्तु औपनिवेशिक पाण्डित्य के कुछ सिद्धान्तों को स्वीकार करने में उन्हें कोई परहेज़ न था। ब्राह्म समाज, प्रार्थना समाज और आर्य समाज जैसे उच्चजातीय हिन्दुत्व के सामाजिक सुधारों ने हिन्दुओं के धार्मिक संगठनों को

नये-नये रूप प्रदान किये। इसमें जाति का क्या महत्त्व है, यह भी निहित था। हम राजा राममोहन राय के सामाजिक-धार्मिक सुधारों से भली भाँति परिचित हैं परन्तु उनके समकालीन अवयस्क मराठा राजा तंजौर के सरफ़ौजी II के बारे में लगभग कुछ नहीं जानते। शिक्षा की विषयवस्तु को लेकर उन्होंने रूढ़िवाद को ललकारा। उन्होंने जिन प्रबुद्ध लेखकों को पढ़ा, उससे उन्होंने धारणा बनायी कि ज्ञान तर्क की कसौटी पर आधारित है और यह तथ्य शिक्षा के द्वारा सिखलाया जाता है। उन्होंने इस उद्देश्य से स्कूल स्थापित किये तथा इसी उद्देश्य से सरस्वती महल पुस्तकालय में पुस्तकें और दूसरी चीज़ें जमा कीं।

यद्यपि यह आन्दोलन चली आ रही शास्त्रीय विद्वत् परम्परा पर समीक्षात्मक प्रश्नचिह्न लगाना नहीं था परन्तु उन्होंने परतें उधेड़ना या उससे कुछ ज़्यादा तो शुरू किया। धर्म से समर्पित श्रेणीबद्ध जाति प्रथा की प्रमुखता के बावजूद धर्म और जाति के परस्पर सम्बन्धों को लेकर कभी कोई पड़ताल नहीं हुई। उन्नीसवीं शताब्दी में बाल गंगाधर तिलक ने भारतीय सभ्यता की आर्य अवधारणा और उच्च जाति संस्कृति के विचारों को बल दिया, यह स्वीकारते हुए कि आर्य अपने उत्तरी ध्रुव निवास से भारत तक आये। परन्तु ज्योतिबा फुले के अनुसार आर्यों का आगमन ही निम्न जातियों के उत्पीड़न का कारण रहा है। उनके अनुसार आर्य ब्राह्मण थे और उन्होंने यहाँ के मूल निवासियों का उत्पीड़न किया जो शूद्र थे। तिलक ने चली आ रही मान्यता को बल दिया परन्तु फुले ने इस मान्यता की समीक्षा करते हुए वर्तमान समाज का विश्लेषण किया। ऐतिहासिक दृष्टि से यह दोनों ही पक्ष गलत थे परन्तु फुले एक तीक्ष्ण प्रश्न उठा रहे थे।

ब्राह्मणवादी विश्वासों के प्रति आलोचनात्मक दृष्टिकोण रखने वाले और जाति प्रथा की न्याय संहिता पर प्रश्न करने वाले अन्य और लोग भी थे। ई.वी. रामस्वामी पेरियार (या ई.वी.आर. नाम से प्रसिद्ध) यद्यपि विद्वान न थे परन्तु उन्होंने अपने अन्य विद्वान साथियों से काफ़ी अधिक पढ़ा और गुना था। हिन्दू पुराणों में वर्णित तथ्यों के विरोधाभासों के प्रति वे दोषदर्शी थे। ऐसे तथ्यों को वे विवेकशील होने के कारण भारतीय आर्यों की विरचना मानते थे। सामाजिक बराबरी के लिए उन्होंने कड़ा रुख़ अपनाया, विशेषकर महिलाओं की समानता को लेकर। परन्तु उनके अनुयायी आज अनेक धार्मिक कर्मकाण्ड करने में हिचकिचाते नहीं हैं।

वर्तमान सन्दर्भों में; जिनका उल्लेख मैंने किया, वे सार्वजनिक रूप से विद्वत्जन नहीं थे। वे तो उनमें से थे जिन्होंने वर्तमान व्यवस्था की विसंगति पर प्रश्न उठाये ताकि समाज-समुदाय में आवश्यक सुधार लाये जा सकें। लोगों ने

उनकी बातों को सुना क्योंकि उनके विचारों में दम था और वे अपने-अपने भिन्न कार्य-क्षेत्रों में जाने जाते थे। यह मुद्दा नहीं है कि उनके विचारों में एकरूपता थी या नहीं थी, यद्यपि उन्होंने एक जैसे प्रश्न उठाये थे। असल में जिस तरह उन्होंने तर्क प्रस्तुत किये वह महत्त्वपूर्ण था, यद्यपि परिस्थितियों के अनुसार प्रश्नों की प्रकृति बदल सकती थी। ये प्रश्न स्वैच्छिक नहीं थे। वे स्थापित तर्कसंगत समीक्षा पर आधारित थे और ऐसे लोग महत्त्वपूर्ण ऐतिहासिक परिवर्तन के दौर में मुखर होकर प्रश्न उठा रहे थे या उठा रहे हैं।

प्रायः ऐतिहासिक परिवर्तन के क्षण सामाजिक बदलाव के तौर-तरीक़ों के क्षणों से मेल खाते हैं। ऐसा भारत में विगत में समय-समय पर होता रहा है। पिछली सदी के अन्तिम पचास वर्षों में सामाजिक और आर्थिक दशाओं को समझने की गहरी परख अब हमें है और यह भी कि ये दशाएँ किस प्रकार सामाजिक निर्माण करती हैं। इन सहसम्बन्धों की पड़ताल आवश्यक है और निश्चय ही विश्लेषण के परिवर्तनशील तरीकों से हमारी समझ बढ़ेगी। दृष्टिगोचर भूमिका निभाते हुए ऐसे लोकहित बुद्धिजीवियों की आवश्यकता है ताकि वे बतला सकें कि ऐसी पड़ताल की क्यों आवश्यकता है और हमारी बौद्धिक धरोहर में विवेकशील विचारों की अभिव्यक्ति की परम्परा रही है। यह परम्परा वर्तमान में घटती जा रही है।

प्रायः हमारी दृष्टि में अधिकांश के लिए धरोहर शायद इमारतों में ही झलकती है या फिर विगत की कुछ वस्तुओं में या फिर धार्मिक कर्मकाण्डों में। परन्तु विचारों, अनुभवों और क्रियाकलापों में भी हमारी बौद्धिक धरोहर उपस्थित है। यह धरोहर इमारतों और कर्मकाण्डों से परे जाकर शायद वैश्विक लक्षणों से युक्त है जो धर्म, सम्प्रदाय और सामाजिक रीति-रिवाजों के बन्धनों से मुक्त है। हमें इस धरोहर को पुनः प्राप्त करना है।

यह पुनःप्राप्ति मात्र उपलब्ध दार्शनिक विचारों से मुक्त, ग्रन्थों के मुद्रण तक सीमित न हो परन्तु यह भी निश्चित करना चाहिए कि कैसे विचार सन्दर्भों से जुड़े हैं और कैसे विचार और सन्दर्भ बदलते हैं और एक ऐतिहासिक परिवर्तन को बनाते हैं। इससे हमें यह समझने में आसानी होगी कि कैसे विचार समाज से जुड़ते हैं और समाज-समुदाय को बदलते हैं। प्राच्यवाद और राष्ट्रीयता अधिकांशतः आदर्शवादी दर्शन, आध्यात्मिकता, सहिष्णुता के अस्पष्ट विचारों और अहिंसा पर केन्द्रित है। इनकी बारीकी से पड़ताल आवश्यक है ताकि मालूम पड़े कि ये किन सन्दर्भों से जुड़े हैं। तर्क और समीक्षा पर आधारित दार्शनिक विचारों के प्रतिरूपों को भी उचित स्थान दिया जाना चाहिए। ऐसे भी दार्शनिक थे जो ब्राह्मणवादी रूढ़िवाद को नहीं मानते थे परन्तु उन्होंने तर्कसंगत विचारों और विवेकशीलता पर

काफ़ी कुछ योगदान दिया है। यह भी ध्यान देने योग्य है कि हम जिन विचारों को धरातल पर ला रहे हैं, वे केवल श्रेष्ठवर्ग तक के ही न हों, अपितु समाज के सभी वर्गों का प्रतिनिधित्व करते हों। यद्यपि इस प्रक्रिया में श्रेष्ठवर्ग लाभकारी स्थिति में हैं क्योंकि वे अधिक साक्षर रहे हैं और उनसे सम्बन्धित रचनाएँ हमारे अध्ययन का स्रोत रही हैं।

लोकहित बुद्धिजीवी का प्रगटन/आविर्भाव

हमारे देश में लोकहित बुद्धिजीवी की स्पष्ट उपस्थिति का कारण मुख्य धारा की औपनिवेशिक विरोधी भारतीय राष्ट्रीयता और उदार धर्मनिरपेक्ष जनतन्त्र है। भारत में स्वाधीनता के बाद के वर्षों में अनेकानेक लोगों ने यह भूमिका अपनायी। बहुपक्षीय संवाद इन्हीं के कारण सम्भव हुआ। बाद की घटनाओं ने—चाहे वह आपाताकाल रहा हो या धार्मिक समुदायों का नरसंहार, लोकहित बुद्धिजीवियों की उपस्थिति के प्रति दिलचस्पी बढ़ाई—चाहे मात्र स्पष्टता से बोलने के लिए या इस प्रकार की घटनाओं की पुनरावृत्ति को रोकने के लिए। हमें स्मरण रखना चाहिए कि निखिल चक्रवर्ती और अन्य, जो उनके समकालीन थे, ने प्रेस की सेंसरशिप और वैकल्पिक विचारों को चुप कराने का विरोध किया। उन्हें चुप कराने के प्रयत्नों के प्रति उनके प्रतिरोधों में हमें कुछ आधारभूत नज़ीरें मिलती हैं। (एक केस जो इसी बिन्दु से सम्बन्धित है—रोमेश थापर बनाम द स्टेट ऑफ़ मद्रास, 1950 जिसमें अभिव्यक्ति की स्वतन्त्रता के मौलिक अधिकार का समर्थन किया गया है।) विभिन्न व्यवसायों में आज हमें विशेषज्ञ देखने को मिलते हैं परन्तु उनमें से अधिकांश अपनी विशेषज्ञता के बाहर की दुनिया से बेख़बर हैं। कभी-कभी यह कहा जाता है कि वे लोकहित बुद्धिजीवी का विकल्प हैं। परन्तु इन दोनों में कोई समानता नहीं है। उदाहरण के लिए, आज पहले की अपेक्षा बहुत अधिक संख्या में विद्वत्‌जन हैं। परन्तु इनमें से अधिकांश सत्ता का सामना करने के लिए तैयार नहीं है, चाहे सत्ता खुले विचारों के मार्ग में रोड़ा ही क्यों न हो। क्या यह इसलिए कि वे अपनी जानकारी (ज्ञान) को जारी रखना चाहते हैं या इसलिए कि सत्ता यदि चाहे तो वे ज्ञान के इस मार्ग को छोड़ भी दें। क्या राष्ट्रीय या अन्तर्राष्ट्रीय एजेन्सियों से सहकारिता के लिए यह आवश्यक है कि सामाजिक चिन्तन और व्यवहार के प्रति समीक्षात्मक मूल्यांकन होता रहे?

आज, जैसा कि हमेशा रहा है, लोकहित बुद्धिजीवियों को सत्ताधारियों से अलग अपनी स्वतन्त्र स्थिति बनानी चाहिए ताकि वे विवादास्पद विचारों पर प्रश्न कर सकें, इस बात से बेख़बर होकर कि कौन उन मुद्‌दों को उठाता है।

तर्कसंगत आलोचना शायद इसका पहला चरण हो। लोकहित बुद्धिजीवी जितना सम्भव हो स्वायत्त होना चाहिए और दूसरों को भी लगे कि वह स्वशासित है।

स्वीकृत व्यावसायिक प्रतिष्ठा किसी को स्वशासित बनने में मददगार होती है। यद्यपि इस प्रकार की प्रतिष्ठा से एक प्रकार का प्राधिकार जुड़ा है। यह तथ्य विवशतावश ही सही, पेशेवर समकक्षियों द्वारा स्वीकार किया गया है और इसका किंचित् प्रभाव ग़ैर-पेशेवर लोक पर पड़ता है। आज के लोकहित बुद्धिजीवी को इस प्रकार के प्रतिष्ठायुक्त होने के साथ-साथ नागरिकों के अधिकारों, विशेषकर सामाजिक न्याय से जुड़े मुद्दों के प्रति भी संवेदनशील रहना होगा। साथ ही इन मुद्दों को सार्वजनिक नीति के तहत उठाने के लिए भी इन्हें तैयार रहना चाहिए। समाज के प्रति चिन्तनशीलता के साथ आदरपूर्वक जुड़े ऐसे व्यक्ति को जनता जनार्दन से सहयोग मिलता है। यह तो उस व्यक्ति का न चाहते हुए भी गुण है, न कि स्पष्ट और वास्तविक गुण। विगत में जिन्होंने समाज से अपनी दूरी बनाये रखी, उनका उन परिवर्तनों में कोई निजी स्वार्थ नहीं था जो वे सुझा रहे थे। ऐसा सदा नहीं होता क्योंकि किसी राजनीतिक दल से औपचारिक सम्बद्धता से मुक्त चिन्तन और किसी गतिविधि का प्रस्ताव अवरुद्ध होता है, चाहे इससे प्रस्तावित गतिविधि के लिए असन्दिग्ध शक्ति मिलने का लाभ तो रहता ही है।

मानव स्वभाव के अनुसार, किसी पेशेवर विशेषज्ञ या विद्वत्जन से स्वायत्तता की उम्मीद करना आसान है। ऐसे व्यक्ति और इनके अतिरिक्त अन्य भी, बृहत्तर समाज की समस्याओं को लेकर भी, सोच की वैकल्पिक रीतियाँ सुझा सकते हैं। उनकी विचारधारा तर्कसंगत और सुविचारित विश्लेषण से विस्तृत होनी चाहिए। तथापि आज के विद्वत्जन उस अधिकार के समर्थन से भी हिचकिचाते हैं जिसे मोटे तौर पर वैकल्पिक कहा जा सकता है, यद्यपि वह कितनी भी संवेदनशीलता से व्यक्त आधारवर्ती व्याख्या हो। यह तथ्य इस बात से प्रमाणित होता है कि कितनी आसानी से किताबों पर प्रतिबन्ध लगा दिया जाता है या उन्हें रद्दी में बेच दिया जाता है या उन्हें जला देने की माँग उठती है। शासन के हस्तक्षेप से या धार्मिक अथवा राजनीतिक संगठनों के दबाव से कितनी आसानी से पाठ्यक्रम में बदलाव कर दिया जाता है। व्यावसायिकों और बुद्धिजीवियों की ओर से इस प्रकार की कार्यवाही पर प्रतिक्रिया क्यों नहीं होती? एक उत्तर यह दिया जाता है कि इस प्रकार की कार्यवाही को उकसाने वालों से वे डरते हैं क्योंकि उन्हें राजनीतिक सत्ता का समर्थन प्राप्त रहता है। परन्तु क्या यही एकमात्र उत्तर है?

प्रस्तुत निबन्ध का संक्षिप्त रूप जब मैंने एक व्याख्यान के रूप में प्रस्तुत किया था, तो क्या प्रतिक्रिया होती है, इसमें मेरी रुचि थी। मेरे इस कथन को

कुछ ही लोगों ने सही कहा कि ऐसे मुद्दों पर कम लोकहितकारी बुद्धिजीवी ही प्रतिक्रिया करते हैं परन्तु और लोग थे जिन्होंने मेरे भाषण की आलोचना की कि मैंने ऐसी श्रेणी के लोगों के बारे में अपेक्षाकृत सीमित दृष्टिकोण ही प्रस्तुत किया है कि इन मुद्दों पर प्रतिक्रिया न करने वाले प्रायः वामपन्थी उदारवादी होते हैं जिन्हें झोलाछाप कहा जाता है और जो बात मानने से इनकार करते हैं कि मुझे इसलिए दक्षिणपन्थी उदारवादियों के हाल में पुनः सशक्त होने की बात करनी चाहिए थी जिन्हें कण्ठ, लँगोट वाला कहा जाता है। प्रकटतः तो सन् 1991 के बाद उदारवादी दक्षिणपन्थी बुद्धिजीवी बहुत तेज़ी से बढ़े हैं। मेरे आलोचकों के अनुसार जैसा किसी और वस्तु के साथ होता है, वैसे ही बुद्धिजीवियों का बाज़ार भी माँग और पूर्ति के सिद्धान्त पर आधारित है। इसके साथ ही यह विचार भी रखा गया कि जनहित बुद्धिजीवियों की उपस्थिति मात्र सांकेतिक ही रहती है, जो मेरी दृष्टि से उस संवेदनशीलता और समझ से परे है कि ज्ञान की समाज में कैसी भागीदारी होनी चाहिए। मैं तो कम-से-कम अपने को एक 'वस्तु' कहलाने पर प्रतिरोध करूँगी; चाहे इस प्रकार का तर्क रखने वाले बुद्धिजीवी अपने को 'वस्तु' कहलाने पर परहेज़ न करते हों।

इस प्रकार के कथनों में एक प्रकार का विरोधाभास है। आपातकाल के बाद जनता सरकार के समय एक संस्था स्थापित की गयी जिसे 'इण्डियन हिस्ट्री एण्ड कल्चर सोसाइटी' नाम दिया गया। इनके सदस्य वे थे जो अपने को उदारवादी दक्षिणपन्थी कहते थे और राष्ट्रीय स्वयंसेवक संघ (आर.एस.एस.) के सदस्य थे। इस संस्था की स्थापना 'हिस्ट्री कांग्रेस और इण्डियन काउन्सिल फॉर हिस्टोरिकल रिसर्च' को निष्प्रभावी करने के लिए की गयी थी, जिन्हें वामपन्थियों द्वारा संचालित माना जाता था। आगे आने वाले वर्षों में इण्डियन हिस्ट्री कांग्रेस ने न केवल अपनी सत्ता बरकरार रखी अपितु वह और समृद्ध हुई। परन्तु यह बात इण्डियन हिस्ट्री एण्ड कल्चर सोसाइटी के बारे में नहीं कही जा सकती। जबकि इण्डियन हिस्ट्री कांग्रेस बहुत कम बजट में अपना काम चलाती थी, इसके प्रति स्थानीय संस्था—इण्डियन हिस्ट्री एण्ड कल्चर सोसाइटी को अनेक संस्थाओं से अनुदान मिला जिसमें इण्डियन काउन्सिल फॉर हिस्टोरिकल रिसर्च भी शामिल है। (यद्यपि इस संस्था को वामपन्थियों से संचालित माना जाता रहा है।) क्या यह इसका उदाहरण नहीं है कि अपेक्षाकृत कम दक्षिणपन्थी अपने को कायम न रख पाये? परन्तु उन्होंने अपनी अवनति का ठीकरा वामपन्थियों पर फोड़ा?

नव्य उदारवादी अर्थव्यवस्था को उदारवादी दक्षिणपन्थियों को सन् 1991 के बाद बढ़ावा देना चाहिए था परन्तु फिर क्यों उदरावादी दक्षिणपन्थी दिशाहीन

होकर मण्डी में भटक रहे हैं? पहली एन.डी.ए. सरकार ने सामाजिक विज्ञानों की पाठ्यपुस्तकों के सन्दर्भ में ज्ञानोशौकत वाले अभिजात वामपन्थियों (जैसा कि प्रायः उन्हें सम्बोधित किया जाता है) को हड़काया और जब उदारवादी वामपन्थी कह रहे थे कि पाठ्यपुस्तकों का मूल्यांकन विशेषज्ञों द्वारा किया जाना चाहिए, धार्मिक संगठनों द्वारा नहीं तब उदारवादी दक्षिणपन्थी क्या कर रहे थे? वे तो वामपन्थी बुद्धिजीवियों पर हुए इस आघात को न्यायसंगत ही बतला रहे थे और यह तर्क दे रहे थे कि वामपन्थियों ने विगत में अनेक वर्षों तक अपना प्रभुत्व कायम रखा, अब दक्षिणपन्थियों की बसेरा करने की बारी है, चाहे ये दक्षिणपन्थी धर्म-प्रभावित दक्षिणपन्थी ही क्यों न हों। उनसे यही उम्मीद की जा सकती थी कि वे उन पुस्तकों को प्रतिबन्धित कर दें या रद्दी करार दे दें, जिन पुस्तकों को उन्होंने अस्वीकृत कर दिया था। अवश्य ही यह विचित्र उदारवादी तर्क है कि कुछ वर्षों पहले दिल्ली विश्वविद्यालय की विद्वत् परिषद् ने अत्यधिक बहुमत से ए.के. रामानुजन की उस पुस्तक को प्रतिबन्धित कर दिया जिसमें अनेक रामायणों और राम के अनेक कथान्तर थे और इस पुस्तक को प्रतिबन्धित करने का समर्थन उन्होंने भी किया जिन्हें सामान्यतः उदारवादी दक्षिणपन्थी माना जाता है। क्या वे इस बाज़ार में अपनी पहचान अभी भी खोज रहे हैं या फिर 'अभिजात-सम्भ्रान्त वामपन्थियों के उत्पीड़न' का प्रतिकार कर रहे हैं?

उदारवादी दक्षिणपन्थ की परिभाषा हम कई दशक पहले की स्वतन्त्र पार्टी और सी. राजगोपालाचारी में खोज सकते हैं और यही परिभाषा आज भी स्थिर है। यह आश्चर्य ही है कि इतने वर्षों में उदारवादी दक्षिणपन्थ ने अपनी उपस्थिति और पुरज़ोर तरीके से क्यों नहीं की? उदारवादी दक्षिणपन्थ का पहले का स्वरूप धार्मिक पहचान से लिपटा न था, जैसे आज का उदारवादी दक्षिणपन्थ राजनीतिक लामबन्द होने के लिए धार्मिक पहचान से रस्सी जैसे बटा हुआ है। यह लाभप्रद होगा यदि राजनीतिक दलबन्दी के लिए धर्म को उदारवादी मूल्यों से दूर ही रखा जाये क्योंकि दोनों परस्पर मिश्रित नहीं हैं।

आपातकाल के बाद और 1990 से लेकर दो बार केन्द्रीय सरकार राजनीतिक दृष्टि से स्पष्टतः दक्षिणपन्थी रही है। प्रत्येक अवसर पर इसने योजनानुसार राजनयिक संस्थाओं की पहचान अपनी विचारधारा और नीतियों की ओर मोड़ी जिसमें पुस्तकों का जलाना और प्रतिबन्धित करना तथा लोगों को चुप कराना भी शामिल था। इतने पर भी उदारवादी दक्षिणपन्थ की ओर से विरोध के स्वर मुश्किल से ही सुनाई पड़े। शायद हमें इस पर फिर से विचार करना चाहिए कि समसामयिक राजनीति में उदारवादी दक्षिणपन्थ की क्या परिभाषा है और

क्या इसके घटक उदारवादी मूल्यों को पल्लवित कर सकते हैं। शायद उदारवादी दक्षिणपन्थी कहलाने के अपने अधिकार को बरकरार रखने के लिए इसे धार्मिक पहचान की राजर्नाति से अपने को दूर रखना होगा।

'उदार' की परिभाषा प्रायः समझी जा सकती है। किसी सामान्य वक्तव्य से उसके अर्थ को सीमित नहीं किया जा सकता। यह तो मात्रा के रूप पर निर्भर करता है कि उदारवादी वाममार्गी है या दक्षिणमार्गी या फिर मध्यमार्गी। परन्तु भारत में हम इस ठप्पे पर दोनों में से किसी एक विशेषक को चस्पा कर देते हैं और इस विशेषक को राजनीतिक दलों के संरक्षणात्मक व्यवहार तय करते हैं। यह समझा जाता है कि शासन-प्रशासन और समाज के बारे में कोई अभिमत राजनीतिक दलों की विचारधारा पर निर्भर होना चाहिए और इस कारण इस पर कोई विचार नहीं होता कि समाज के विभिन्न भागों का संयोजन राजनीतिक दल के प्रति निष्ठा बिना कैसे हो सकता है? आज के दिन, निश्चय ही यह सम्भव है कि इस देश में किसी राजनीतिक दल के प्रभाव के बिना भी हमारी विचारधारापरक प्रतिबद्धता हो सकती है। उदारवादी होना मन का एक भाव है जो हमें समाज में वह स्थान पाने के लिए रखना पड़ता है, जब नीति और तर्कसंगत विचारों को समाज रोकता है। यह समझ कि हम किसलिए संघर्ष कर रहे हैं, हमें उस ओर इंगित करती है कि हमारी विचारधारा की एक दिशा है जो किसी राजनीतिक दल से सम्बद्धता की बाध्यता से परे है। हमें इस बात की भी स्वतन्त्रता होनी चाहिए कि किसी मुददे पर हम क्या राय रखते हैं और इस राय का हर बार किसी विशेष राजनीतिक दल की विचारधारा से जुड़े होना ज़रूरी नहीं है।

परिभाषा के अनुसार लोकहित चिन्तक को उदारवादी होना ही चाहिए और इस बात के लिए छूट मिलनी चाहिए कि किसी मुद्दे पर अलग-अलग दृष्टिकोण रखे जा सकें और जब भी विवाद हो तो वह नीति नैतिकता और तर्क पर हो। यह कोई नयी परिभाषा नहीं है और प्राचीन समय से ज्ञान और समाज की परस्परता में यह स्वीकृत सिद्धान्त रहा है। कट्टरपन्थिता और ऑर्थोप्रॉक्सी के प्रति सन्निकटन को विपन्थिता और सन्निकटता से चुनौती (प्रतिवाद) मिलती रही है। यद्यपि जो इसके लिए प्रयत्नशील हैं, उनकी एक जैसी पहचान आवश्यक नहीं है। भारतीय इतिहास के विगत में ऐसे परिवर्तन के पक्षधर व्यक्ति या परिस्थिति मिलती रही है, यद्यपि या तो हम उन्हें पहचानने में भूल कर रहे हैं या हमने उनकी उपेक्षा कर दी है।

किसी बुद्धिजीवी को लोकहित बुद्धिजीवी न होते हुए भी अपनी व्यावसायिक विशेषज्ञता में सामान्य से अधिक समझ होनी चाहिए और इससे आगे बढ़कर अपने

ज्ञान के सन्दर्भ की समझ होनी चाहिए या ऐसी समझ कैसे प्राप्त होती है और जो इस समझ को प्रयुक्त करते है, उससे उनका क्या आशय है। किसी विशेषज्ञता में तकनीशियन होना ही या तकनीक में प्रवीणता प्राप्त करना ही पर्याप्त नहीं है, चाहे वह कितना ही अच्छा हो। किसी बौद्धिक दृष्टिकोण के लिए आवश्यक है कि कोई व्यक्ति जो सुविज्ञ समझ रखता है, ऐसी समझ को आवश्यकतानुसार सामाजिक सन्दर्भों से जोड़े और साथ ही ज्ञान की अन्य शाखाओं के साथ भी उस समझ का तालमेल बिठाये।

इसके साथ ही हमें इससे सहायता मिलेगी, यदि हम इस ज्ञान को भिन्न-भिन्न स्थिति के लोगों के साथ जोड़कर देख सकें ताकि जिस बहुरंगी संसार में हम रहते हैं, उसके विभिन्न पक्षों की समझ हम विकसित कर सकें और यह समझ (ज्ञान) हम उनसे सन्दर्भित कर सकें। कोई लोकहित बुद्धिजीवी इन आधारों को अपने विचारों में समाहित करता है ताकि जिस संसार में हम रहते हैं, उसकी समझ हमें ज़्यादा व्यापक फलक पर हो सके और इसके लिए उसे इस बात पर बल देना चाहिए कि ऐसे संवाद के लिए स्थान हो और सुविज्ञ जनमत का अधिकार हो। ऐसा करने के लिए उसे अपनी विशेषज्ञता के दायरे से आगे जाकर सार्वजनिक मुद्दों पर विचार करना होगा। यदि वह विचारशील है तो अवश्य ही उसकी कोई विचारधारा होगी। जैसा कि सभी विचारधाराओं के साथ होता है और तब हमें ज्ञात होगा कि वह दुनिया को किस नज़रिये से देखता/देखती है। परन्तु परस्पर भिन्न विचारधाराओं में कौन-सी विचारधारा जीतती है, यह मुद्दा नहीं है। असल मुद्दा यह है कि उस स्पेस (स्थान) को बनाये रखने में कौन-सी विचारधारा सफल होती है, चाहे वह तर्क और ग़ैर-हिंसक तरीके से विरोध करके प्राप्त होती हो और जो विश्वसनीय स्पष्टीकरण दे सके।

यदि शास्त्रीयता को कोई बाज़ार मानें तो लाभ उन्हीं को मिलता है जो ज़्यादा माँग वाला माल बेचते हैं अर्थात् विज्ञान और प्रबन्धशास्त्र (मैनेजमेंट स्टडीज़) बीसवीं शताब्दी में जब भौतिक विज्ञानों और प्राकृतिक विज्ञानों से अलग सामाजिक विज्ञान फलक पर आये तो इन्होंने समझ (ज्ञान) और समाज के मिलन बिन्दु सम्बन्धी जिज्ञासाएँ प्रगट कीं जिसे लेकर विभिन्न विचारधाराओं वाले वैज्ञानिकों ने भी वैज्ञानिक ज्ञान के वैचारिक प्रभावों पर चर्चा की। ऐसी चर्चाएँ अब कम ही होती हैं। और संयोग से आज वैज्ञानिक अपने ज्ञान और उसके उपयोग के सामाजिक सन्दर्भों के बारे में कम ही सरोकार रखते हैं। अगर ऐसा है तो क्यों हुआ, इसकी पड़ताल आवश्यक है। क्या दानदाता एजेन्सियाँ, चाहे वे सरकारी हों या ग़ैर-सरकारी यह नहीं चाहतीं कि यह ज्ञान कहाँ ले जायेगा, इस पर चर्चा हो

ही नहीं। क्या यही कारण है कि वैज्ञानिक सोच-समझ को सृजित करने वाले पूरी तरह से चुप हैं। या क्या यह दो संस्कृतियों के परस्पर सम्बन्धों का बने रहना है, जहाँ समाजशास्त्रियों का वैज्ञानिकों से संवाद नहीं के बराबर है और शायद इसी से लोकहित बुद्धिजीवी का कार्यक्षेत्र क्षीण हो गया है? स्वाधीनता के बाद एक समय था जब भारतीय वैज्ञानिक अपने अनुसन्धानों के सामाजिक सन्दर्भों को समझते थे परन्तु आज ऐसा दिखलाई नहीं पड़ता।

उदारवाद के विस्तार में कमी

अनेक लोग इस बात को इंगित करते हैं कि पिछले कुछ दशकों में उदारवाद (और सहिष्णुता) में कमी आती जा रही है। इस बुराई को रोकने के लिए प्रयत्न भी हुए परन्तु अब फिर से उदारवाद के प्रति असहिष्णुता देखी जा रही है। परम्परागत सत्ता को जो सँभाले हैं, उनसे प्रश्न करना और समुचित कार्यवाही का आश्वासन लेना आवश्यक है, विशेषकर तब तक न्याय को नकारा जाता है। सामाजिक मुद्दे उठाने वाले मीडिया के बारे में कहा जाता है कि वह काफ़ी कुछ स्वतन्त्र है और कुछ सीमा तक यह बात सत्य भी है। परन्तु आजकल लोग धार्मिक गतिविधियों की आलोचना पर कोई टिप्पणी करने से बचते है ताकि उन पर कोई कार्यवाही न हो जाये। सत्ता में बैठे लोगों द्वारा कुछ लोगों पर इस प्रकार की कार्यवाही हुई भी है, विशेषकर ऐसे मामलों में जो धार्मिक पहचान और उसकी राजनीति से जुड़े हैं। हमने देखा है कि ऐसे अभियान बेतुके हास्यास्पद कल्पनाओं पर आधारित हैं, किसी धर्म विशेष के प्रति नफ़रत उगलते हैं और हम आगे आकर उसका विरोध नहीं कर पाते। इस प्रकार के प्रश्न का मतलब है उन संस्थाओं और संगठनों की आलोचना जिनका उद्देश्य धार्मिक होता है। परन्तु वे अपनी शक्ति ग़ैर-धार्मिक उद्देश्यों के लिए प्रयुक्त करते हैं। अपने कृत्यों के औचित्य को सिद्ध करने के लिए वे औपचारिक धर्म के नये गठित नियमों और व्यवस्थाओं का सहारा लेते हैं। उनके कृत्यों में हत्या, बलात्कार और अंग-भंग करना शामिल है। किसी पुस्तक पर गम्भीर आपत्ति जैसे कि पेरूमल की पुस्तक पर या किसी फ़िल्म पर सेंसर की कार्यवाही क्या वास्तव में कुछ लोगों की धार्मिक भावनाओं पर आघात के कारण है? हममें से शायद ही कोई इस पर विचार करता हो। क्या वास्तविक कारण धार्मिक भावनाओं का आघात न होकर यह है कि ऐसी पुस्तक या फ़िल्म किसी परम्परागत (रूढ़िवादी) सामाजिक नियमों को चुनौती देती हो या ऐसे नियमों को जो पारम्परिक माना जाता हो, परन्तु वास्तव में पारम्परिक न हो। वास्तव में अनेक उदाहरणों में जिसे चुनौती दी जा रही है, वह है पितृसत्ता।

यह पितृसत्तात्मकता भारत के सभी क्षेत्रों और धार्मिक समुदायों में आधारभूत सामाजिक नियम माना जाता रहा है, आज भी माना जाता है। जहाँ पितृसत्ता जैसा कोई नियम नहीं है, वहाँ भी इसकी शुरुआत हो चुकी है। अधिकांश यह मानते होंगे कि सभी धर्मों के नैतिक सिद्धान्त यही हैं कि वे हिंसा का उपदेश नहीं देते। परन्तु यह मुद्दा नहीं है। यह तो सही है कि सभी धर्म सद्प्रवृत्ति के सिद्धान्तों की बात करते हैं। परन्तु इन सिद्धान्तों पर कोई प्रश्नचिह्न नहीं है। यह तो उन धार्मिक संगठनों के विश्वासों और कार्यवाहियों पर है जो धर्म के नाम पर ऐसा काम करते हैं या फिर ऐसा दावा करते हैं कि उनके वे कृत्य धार्मिक उद्देश्यों को लेकर हैं। हम उन संगठनों से भली-भाँति परिचित हैं जो धर्म की आड़ में बातें करते हैं, चाहे वह हिन्दू, मुस्लिम या सिख धर्म हो परन्तु हिंसा और आतंक फैलाने से नहीं हिचकते। साम्प्रदायिक दंगे काराये जाते हैं जिसमें सैकड़ों लोग मारे जाते हैं, घनी आबादी में बम फोड़े जाते हैं ताकि काफ़ी लोग मरें। जो तर्कसंगत आलोचना के पक्षधर हैं, उनको गोली मार दी जाती है। क्या हम विश्वास करें कि यह सब धार्मिक नैतिकता के समर्थन में किया जाता है? क्या क़ानून से सख़्ती नहीं की जा सकती कि जो क़ानून का मज़ाक़ बनाते हैं और जो धर्म के नाम पर हत्या कर रहे हैं, उन पर कार्यवाही हो। यद्यपि यह भी आवश्यक है, परन्तु इतना ही पर्याप्त नहीं हैं कि इस प्रकार के कृत्यों की घोर निन्दा करें और फिर चुप बैठ जायें। हमें समझना होगा कि धर्म की रक्षा के नाम पर ऐसे कृत्य क्यों किये जाते हैं और उन्हें कैसे रोका जाये।

कोई साम्प्रदायिक दंगा मात्र ऐसे अस्पष्ट शब्दों में व्यक्त नहीं किया जा सकता कि यह अल्पसंख्यकों और बहुसंख्यकों के बीच का झगड़ा है। ऐसे कार्यकर्ताओं के पीछे की राजनीति की पड़ताल आवश्यक है। विभिन्न समूहों की राजनीति और सामाजिक दशाओं से इसकी सम्बद्धता है। अपारदर्शी या सुरक्षित कारणों के अतिरिक्त मीडिया इन्हें रोकता है। किसी दंगे की उत्प्रेरणा से क्या धर्म-सम्प्रदाय को पृथक् नहीं रखा जा सकता? और ऐसी घटना का विश्लेषण क्या उन लोगों द्वारा नहीं हो सकता, जो ऐसे दंगों से प्रभावित होते हैं कि दंगे के क्या वास्तविक कारण थे? यदि मीडिया यह काम करे तो दंगों की तीव्रता और उनकी संख्या में कमी आ सकती है। धर्म के नाम पर जो दंगा करते हैं, क्या उसी धर्म के अन्य लोग ऐसे दंगे का समर्थन करते हैं—अपने धर्म के नाम पर। और अगर नहीं तो क्या उन्हें अपने धर्म के मूल सिद्धान्तों की रक्षा के लिए ऐसे तत्त्वों से अपने को पृथक् रखना चाहिए जो धर्म के नाम पर आतंक और हिंसा फैलाकर अपराध-कार्य करते हैं।

लोकमत बुद्धिजीवी की उपस्थिति की कमी के कई कारण हैं। मैं केवल कुछ का ही उल्लेख कर सकती हूँ। बहुत स्पष्ट परन्तु अस्वीकार्य मुख्य कारण है अनेक प्रकार की असुरक्षा की भावना कुछ नव्य उदारवाद के कारणों से जनित है। इनमें से कुछ तो तथाकथित आर्थिक बुद्धि के कारण हैं, जबकि यह आर्थिक बुद्धि अभीष्ट परिणाम नहीं दे पायी। नौकरी के लिए प्रतियोगिता ज़्यादा बढ़ गयी है जिससे सामंजस्यपूर्ण मानवीय सम्बन्धों में कमी आयी है। बढ़ती आबादी के कारण नौकरियों के लिए बढ़ती प्रतियोगिता में धर्म और जाति अब प्रमुख हो गयी है। धन-सम्पत्ति में असमानता, जो कुछ की दृष्टि में घृणित है, ने हमारे आक्रामक व्यवहार को बढ़ावा दिया है। आडम्बरपूर्ण प्रदर्शन ने मूल्यों को सजावटी वस्तु मानकर रख दिया है। ज़्यादातर व्यवसायों में माफ़िया (अपराधी गुट) विद्यमान है जिसमें से कुछ ज़्यादा प्रभावशील नहीं हैं परन्तु कुछ व्यवस्था को नियन्त्रित करते हैं। कभी-कभी जिनका काम समाज को सुरक्षा प्रदान करना है, उनमें से कुछ पर शक्तिशाली माफ़िया का नियन्त्रण रहता है और यह तन्त्र काफ़ी फैला हुआ है। भ्रष्टाचार अनेक स्तरों पर और अनेक प्रकार का अब सामान्य बात हो गयी है। पैसा अब नया देवता हो गया है और जिनके पास पैसा है, वे उसी की पूजा करते हैं और अन्य सभी व्यग्रता से उम्मीद करते हैं कि उनके पास भी कुछ पैसा टपक पड़ेगा। समानता के अधिकार की माँग शोषितों के लिए एक नयी अधीरता है परन्तु धनबल और जातिबल के नये अवतार जो राजनीति और चुनावों में घुसपैठ कर चुके हैं, इस अधिकार की माँग के लिए ख़तरा हैं।

कुछ व्याख्याकारों के अनुसार, नव्य उदारवादी अर्थव्यवस्था ने इस स्थिति को समतावादी समाज की तरफ़ मोड़ दिया है। आश्चर्य है कि इन पच्चीस वर्षों में, यह विश्वास नहीं दिलाया है कि उदारवादी दक्षिणपन्थ फैल रहा है। उदारवादी दक्षिणपन्थ लगातार यह काल्पनिक आरोप लगाता है कि उदारवादी वामपन्थ का नियन्त्रण जारी है।

नव्य उदारवादी संस्कृति और अर्थव्यवस्था को आसानी से बदला जा सकता है और इसके दुष्प्रभावों को रोका जा सकता है, यदि हम स्पष्ट हों कि समाज की जड़ें हैं कल्याण, सामाजिक न्याय और संसाधनों पर नागरिकों का अधिकार। स्वतन्त्रता के समय यही मुद्दा था जब राष्ट्र राज्य की संकल्पना बनी। मुझे 1960 और 1970 के दशकों के उन संवादों और तर्कों की याद है कि हम मात्र काग़ज़ पर नहीं, वास्तव में कैसा समाज बनायें जहाँ नागरिकों को समान अधिकार हों—यदि किसी जीवन्त समाज में इस प्रकार के प्रश्न उठते रहने चाहिए और ऐसे संवाद जारी रहने चाहिए तो हमें लोकहित बुद्धिजीवियों को प्रमुखता से आसीन

करना होगा। परन्तु इससे आगे बढ़कर यह भी ज़रूरी है कि ऐसा जनसमूह भी हो जो उपयुक्त प्रश्नों को उठाता रहे।

विवेकशील जनसमूह को अस्तित्व में लाना

ऐसे जनसमूहों को कैसे अस्तित्व में लाया जाये जो सजग हैं लेकिन और उनसे बातों पर चर्चा की जाये और क्यों? ऐसे जनसमूह की आवश्यकता है जो समीक्षात्मक तर्क से उत्पन्न प्रश्नों का उत्तर दे सके। यह ज़रूरी नहीं कि उत्तर सदा पुष्टिदायक हो परन्तु कम-से-कम संवाद के मुद्दे को अतः रखा जा सके। तो शुरू करने के लिए, शिक्षित जनसमूह होना अपेक्षित है। हम अपने को कैसे शिक्षित करें? इसके लिए आवश्यक है कि विभिन्न क्षेत्रों के पेशेवरों की भागीदारी हो और जनहित बुद्धिजीवियों की भी जो अपनी वैकल्पिक सत्ता अपने व्यवसायों में अपनी प्रसिद्धि से पाते हैं।

सभी के लिए उचित शैक्षणिक सुविधाओं के अभाव में हम सूचना पाने के लिए अन्य स्रोतों पर निर्भर रहते हैं। इसमें से एक स्रोत है मौखिक प्रकार का अनौपचारिक अप्रत्यक्ष दृश्य मीडिया। इसमें मध्यस्थ स्थान में है इंटरनेट परन्तु इसकी पकड़ अभी पूरे समाज पर नहीं है। सूचना अपने आपमें सत्ता का स्रोत है। हम कुछ तकनीकों के इतने आदी हो गये हैं कि गलत सूचना भी सत्ता का स्रोत हो जाती है। उदाहरण के लिए, इलैक्ट्रोनिक मीडिया जिसमें उच्च स्तरीय सूचना भी है और बकवास भी। अतः आवश्यक है कि जनसमूह को सचेत किया जाये ताकि वह उपयोगी सूचना और बेमतलब की बातों में फ़र्क़ कर सके।

जैसा कि इंटरनेट या सोशल मीडिया में है, वैसा ही दृश्य मीडिया के साथ भी है। कुछ अपवादों को छोड़कर टी.वी. चैनल परस्पर प्रतिद्वन्द्विता करते हुए वार्ताकारों को बुलाते हैं जो दूसरे वार्ताकार पर चिल्लाकर उसे शान्त करना चाहते हैं। वही वार्ताकार विभिन्न चैनलों पर दिखलाई पड़ते हैं। सभी कुछ को छोड़कर मात्र वर्तमान राजनीति के सन्दर्भ में देखा जाता हैं—वहाँ भी जहाँ यह निरर्थक है। अपरिहार्य वार्ताकारों द्वारा इतना समय बर्बाद किया जाता है कि जिन्हें चुप कराना पड़ता है। जो तर्क से उत्तर देने में अक्षम हैं, वे बिन्दु से भटककर ऊँची आवाज़ में आग उगलने लगते हैं। इसका परिणाम यह होता है कि किसी सार्थक तरीके से गम्भीर विषय पर उद्देश्यपूर्ण चर्चा नहीं हो पाती। एक ऐसे ही संवाद का ताज़ा उदाहरण है—यह चर्चा का विषय था कि मुसलमानों को वोट देने के अधिकार से वंचित कर दिया जाये। यह माँग एक हिन्दू संगठन ने उठायी थी। परन्तु इसे ठीक से विश्लेषित नहीं किया गया कि यह माँग किसी स्थानीय

राजनीति से जनित थी और यह संविधान पर आघात के समान थी। धर्म विवाद का मुद्दा नहीं था, यह तो नागरिकों के अधिकार का प्रश्न था। यह चर्चा ज़्यादा सार्थक होती, यदि यह मुद्दा इस प्रकार रखा जाता कि क्या यह नागरिकता की पुनर्व्याख्या तो नहीं है! यह तो बहुत गम्भीर मुद्दा है और इसके फलक (बहुशासन) मात्र धर्म तक सीमित नहीं हैं।

शायद ही ऐसे कार्यक्रम मात्र अपने वक्तव्यों के अलावा वास्तविकता की छानबीन करते हों, यदि नक्सलवाद पर चर्चा हो रही हो तो क्यों नहीं आदिवासी क्षेत्रों से वार्ताकार बुलाये जायें, जहाँ नक्सलवाद ज़्यादा फैला है ताकि वे बतला सकें कि क्यों या क्यों नहीं नक्सलों का समर्थन करते हैं या किसी घटना के घटित होने के कारणों में उनका क्या अभिमत है। हम उनके रहन-सहन की दशाओं को क्यों नहीं देखते कि सरकार उनके लिए क्या कर रही है या क्या नहीं कर रही है ताकि हम अपना स्वतन्त्र दृष्टिकोण बना सकें कि उन क्षेत्रों में वास्तव में क्या हो रहा है और इस विचार-विमर्श में क्यों वे वार्ताकार हावी रहते हैं जिनके विचार हम जानते हैं क्योंकि वे अपनी पार्टी के प्रवक्ता होते हैं और दिल्ली से प्रायः तो टिप्पणीकार सभी मुद्दों पर बोलते हैं और इतना शब्दाडम्बर करते हैं जिसका कोई अर्थ नहीं होता। क्या हम उन क्षेत्रों के अन्य नागरिकों की बात नहीं सुन सकते?

जब डोगिरिया कोण्ड जनजाति अपने पवित्र पर्वत न्यायगिरि को एक व्यापारिक घराने से बचाना चाहती है, हमें उनकी बात ज़्यादा सुनाई पड़नी चाहिए जो उसे बचाने के लिए प्रयत्नशील हैं। न्यायगिरि उनके लिए एक पवित्र पर्वत शृंखला है जिसको वे पूजते हैं। यह हिन्दुओं के मन्दिर या मुसलमानों की मस्जिद के समान है। उस पवित्र पर्वत को चकनाचूर करने का मतलब है कि हम किसी मन्दिर या मस्जिद को नष्ट करने की अनुमति माँग रहे हैं। इस प्रकार का बिन्दु दर्शकों को नहीं समझाया जाता क्योंकि हम आदिवासियों को अपने से कमतर मानते हैं। अगर यह क़ानून है कि जहाँ कोई मूर्ति मिले, उस भूमि पर उस मन्दिर का अधिकार है जहाँ वह मूर्ति स्थापित है—और यह बिन्दु बाबरी मस्जिद में प्राप्त मूर्तियों के प्रसंग में उठाया गया है—तो क्या यह अधिकार उस मूर्ति के लिए अपवर्जित है जो पर्वत के रूप में प्रतीक है? इस सम्बन्ध में क़ानूनी स्थिति क्या है, यदि कोई क़ानूनी स्थिति है तो कोण्ड इस देश के सम्मनित नागरिक हैं, तो क्या हम उन्हें उन अधिकारों से वंचित कर सकते हैं क्योंकि वैसे अधिकार उन्हें औपनिवेशिक शासन में प्राप्त नहीं थे जबकि मन्दिर के देवों को वह अधिकार प्राप्त हैं? इसमें क्या तकनीकी भिन्नता है? और हमें यह भी प्रश्न करना चाहिए

कि क्या इन अधिकारों की वैधता उन्हें भी प्राप्त है जिनका कोई भौतिक रूप नहीं है और वे मात्र अमूर्त हैं?

लगभग सभी टी.वी. चैनल एक जैसे हैं और कोई अवश्यम्भावी रूप से प्रश्न करेगा कि क्या इसका कारण यह है कि इन चैनलों को व्यावसायिक घराने वित्तीय सहायता देते हैं जिनका उद्देश्य टी.वी. चैनल चलाने का एक जैसा है या इसका कारण यह है कि जो इन टी.वी. चैनलों में काम करते हैं, उनमें से बहुत कम कर्मियों में ऐसी संवेदनशीलता होती होगी कि वे उन मुद्दों की पड़ताल करें जो हमारे समाज में उठते हैं, यदि सारा मीडिया नहीं तो कम-से-कम आंशिक मीडिया तो अपना कर्तव्य-पालन करे। क्या यह सम्भव नहीं कि कम-से-कम एक टी.वी. चैनल तो ऐसा हो जो पूर्णतः व्यावसायिक न हो या राज्य से वित्तीय सहायता प्राप्त न हो। ऐसा चैनल हर शाम को नियत समय पर कुछ घण्टों के लिए ही चले और जो कुछ घट रहा है, उसके लिए वैकल्पिक सोच को प्रस्तुत कर सके। यदि ऐसा टी.वी. चैनल वित्तीय कारणों से सम्भव न हो तो कोई रेडियो स्टेशन ही पर्याप्त होगा जो मात्र व्यावसायिक लाभ के लिए न हो। ऐसा रेडियो स्टेशन वह स्थली होगा जो वैकल्पिक विचारों और उनके समाधान की खोजबीन को बढ़ावा दे सकेगा। यह एक एकाकी बाइट (सूचना की इकाई) से आगे बढ़कर तर्कसंगत कारण जानने के लिए प्रक्रिया को बढ़ावा देगा। इंटरनेट पर कुछ वेबसाइट इस प्रकार के वैकल्पिक विचारों पर चर्चा को बढ़ावा देते हैं। परन्तु इस प्रकार के विचारों को पढ़ने के लिए जो इच्छुक हैं, उन सब तक यह साधन सुलभ नहीं हैं। सोशल मीडिया इस प्रकार का काम कर सकता है परन्तु उसकी सीमा है। गलत भाषा के प्रयोग को रोकना सदा सम्भव नहीं है और कुछ इस माध्यम को अपना गुस्सा निकालने के लिए इस्तेमाल करते हैं। हम उस तबके की आवाज़ को कैसे दबा दें जो मात्र वर्तमान का दोहन नहीं करते बल्कि भविष्य के बारे में भी सोचते हैं।

समाज या जनता के लिए सूचना प्राप्ति का अन्य स्रोत है—औपचारिक शिक्षा। इसे दो स्तरों पर विश्लेषित किया जा सकता है—शिक्षण की विषयवस्तु और शैक्षणिक संस्थाओं की स्वायत्तता। (आज) शिक्षा शिक्षाशास्त्रियों के हाथ से निकलकर राजनीतिज्ञों, नौकरशाही और सांस्कृतिक या धार्मिक संगठनों के हाथ में पहुँच गयी है जिनका दृढ़ राजनीतिक एजेंडा होता है। हमें इस बात से सजग रहना चाहिए कि बुद्धिजीवियों से राजनीतिज्ञ यदि जुड़े हैं तो वे उनसे अपने को कैसे जुड़ा पाते हैं, आपने प्रारम्भ में टिप्पणी की थी कि यदि पचास वर्ष पूर्व के परिदृश्य का देखें तो आज जो राजनीति में प्रवेश कर रहे हैं, उनके गुणों में

पर्याप्त अन्तर आ गया है। यदि संकोचपूर्वक कहा जाये तो शैक्षणिक क्रियाकलापों के प्रति वह संवेदनशीलता अब दिखलाई नहीं पड़ती। यह सही है कि शैक्षणिक योग्यता अपने आपमें कोई मापदण्ड नहीं है परन्तु शिक्षा के उद्देश्य के बारे में तो समझ होनी चाहिए।

यदि रचनात्मकता की बात न करें तो भी आदर्श रूप से अधिगम का मूल है कि कोई व्यक्ति विश्लेषण से, तर्कयुक्त स्वायत्त होकर सोचे। यह अधिगम के सभी पक्षों से सम्बन्धित है। उदाहरण के लिए, कोई शिक्षित व्यक्ति तर्क पर आधारित समझ से यह जान सकता है कि जब ज्ञान तकनीक का स्थान लेता है तो उसका एक विशिष्ट सन्दर्भ होता है और वह वैसी समझ को जन्म देता है जो स्थिर होती है, यदि पहले से कुछ नहीं है तो कोई तकनीकी आविष्कार आकार नहीं ले सकता। बीसवीं सदी के खास तकनीकी आविष्कार इसलिए हो सके क्योंकि पहले से (उस विषय की) समझ लिपिबद्ध रही और तभी वह तकनीक सम्भव हो पायी। उस प्रकार के आविष्कार तीन हज़ार साल पहले सम्भव न होते यदि उस आविष्कार से सम्बन्धित तकनीकी ज्ञान पहले से विज्ञ न होता। यह कहना कि आज पश्चिम में विज्ञान और प्रौद्योगिकी के सहारे जो नयी-नयी खोजें या आविष्कार हो रहे हैं, वे प्राचीन भारत में विद्यमान थे तो यह इस सन्दर्भ में उचित होगा कि हम पहले भारत से सम्बन्धित ही कुछ प्रासंगिक प्रश्न करें। यह प्रश्न प्रासंगिक है यदि केरल के गणितज्ञों ने पन्द्रहवीं शताब्दी में कैलकुलस की खोज की थी, जैसा गणित के इतिहासकार कहते हैं, तो इन गणितज्ञों को किसने रोका था कि वे आधुनिक विज्ञान में क़दम न बढ़ाएँ, जैसा कुछ समय बाद न्यूटन ने किया, यह समझने के लिए किसी कालक्रम में केरल में ज्ञान की कोई धारा थी जिसका सामाजिक और बौद्धिक सन्दर्भ था।

भारत के वैज्ञानिक केन्द्रों को यह प्रश्न अपने से करना चाहिए कि क्यों भारतीय वैज्ञानिक जब भारतीय केन्द्रों पर कार्य करते हैं तो कोई नोबेल पुरस्कार नहीं प्राप्त कर पाते, जबकि वही वैज्ञानिक जब विदेशी पश्चिमी विज्ञान के केन्द्रों में काम करते हैं तो ऐसे पुरस्कार पा जाते हैं। हमारे केन्द्रों पर नवाचारी स्वायत्त शोध को कौन रोकता है? क्या इसका कारण यह है कि इन संस्थानों पर नौकरशाहों और सरकार का नियन्त्रण है जिस कारण जो ज्ञान प्रगट है, उस पर प्रश्न करना निषिद्ध है? क्या यह प्रश्न वैज्ञानिकों के अपने बोध से जुड़ा है? दूसरा प्रश्न है—वैज्ञानिक कार्य और उसके सामाजिक सन्दर्भ। जिस प्रकार हम आज विज्ञान की शिक्षा देते हैं और उसे दुर्बोध ज्ञान/समझ के प्रभामंडल से ढके रखते हैं, इस कारण भी यह प्रश्न प्रासंगिक नहीं रहता। लगभग गूढ़ रहस्यमय तरीके

से मानवीय सन्दर्भों से विज्ञान कैसे जुड़ा है, हम इस बिन्दु को भुला बैठे हैं। मैं इस प्रश्न में उलझ जाती हूँ कि क्यों इतने कम भारतीय वैज्ञानिक जे.डी. बर्नाल या जोसेफ़ नीडहेम या जे.बी.एस. हालडेन के लेखनों से उत्साहित नहीं होते या हाल के थॉमस कुहन के संश्लेषणों से। या फिर स्टेफिन जय काउल्ड के ज़्यादा प्रचलित लेखनों से या फिर रिचर्ड डवाकिन के विवादास्पद लेखनों से। विज्ञान अपने आपमें जनित नहीं है। उसका सम्बन्ध उस समाज-समुदाय से रहता है, जहाँ वह प्रयोग में लाया जाता है। ऊपर उल्लिखित लेखकों की रचनाओं ने जो विशेष बिन्दु उठाये हैं, वे तात्कालिक महत्त्व के भले न हों परन्तु उनके बृहत्तर सन्दर्भों और प्रश्नों की गूँज प्रासंगिक है। यदि विज्ञान को प्रौद्योगिकी और आविष्कार से आगे बढ़कर दिखना है तो ऐसे प्रश्नों पर व्यापक बहस ही ज़रूरत है।

शुरुआती दौर में शिक्षा, जो ज्ञान अभी प्राप्त है, उसकी सूचना देती है। दूसरा चरण है कि यह मूल्यांकित किया जाये कि जो ज्ञान अभी प्राप्त है, उसका नवीकरण क्या ज़रूरी है और यह सुधरा ज्ञान हमें अधिगम की शृंखला से प्राप्त होगा। यह अभी तक प्राप्त ज्ञान का विरोध नहीं है अपितु यह नये ज्ञान के परिप्रेक्ष्य में उसका विश्लेषण है। भारत में जैसी शिक्षा व्यवस्था है, उसमें ज़्यादा स्कूलों में प्रथम चरण—ज्ञान के नये विस्तार—की सम्भावना भी नहीं है। कुछ लोगों की शंका है कि वर्तमान में स्कूलों की कमी, और जो है, उनकी ख़राब दशा का क्या यह कारण तो नहीं है कि अधिकांश सरकारें समझती हैं कि शिक्षित नागरिकों को अपने अधीन रखना आसान नहीं होगा या यह भी हो सकता है कि शिक्षित नागरिकों का क्या महत्त्व है, इस बिन्दु को हम समझ ही नहीं पाये हैं। पिछली आधी सदी में स्कूली शिक्षा की उपेक्षा हमने देखी है। बजट में शिक्षा को सबसे कम आवंटन किया जाता है और यह तब है, जबकि हमारा नारा 'विकास' है। शिक्षा पर व्यय बढ़ाया नहीं जाता अपितु घटता ही जा रहा है, जैसा कि हाल में किया गया है। हम यह क्यों नहीं समझते कि यदि हमारे नागरिक शिक्षित होंगे तो 'विकास' की गुणवत्ता नाटकीय रूप से अपने आप बदल जायेगी।

सैकेण्ड्री स्कूलों में दी जाने वाली शिक्षा को लेकर भी हमारी कोई तैयारी नहीं है, कॉलेजों और विश्वविद्यालयों की बात तो छोड़ ही दी जाये। कैसे सूचना संगृहीत की जाये और ज्ञान को कैसे समझा जाये, इसको लेकर हमारी कोई तैयारी नहीं है। फिर भी हम ज़्यादा आई.आई.टी., आई.आई.एम. या केन्द्रीय विश्वविद्यालय खोलते जा रहे हैं। अश्वयम्भावी यह शिक्षा को अवमिश्रित (तनुकृत) कर देगी, जहाँ यह शिक्षा निम्नतम सामान्य संख्या तक अर्थहीन हो जायेगी और इसीलिए इसे 'एल.सी.डी. शिक्षा' (Lowest Common denominator education) कहा

जा सकता है। उच्च शैक्षणिक संस्थान इस बात की शिकायत करते हैं कि उन्हें ऐसे अधकचरे स्नातकों को प्रवेश देना पड़ता है जिन्हें स्नातकोत्तर पाठ्यक्रम से पूर्व बेसिक ट्रेनिंग देनी पड़ती है। विश्वविद्यालय वे स्थल हैं जहाँ वर्तमान ज्ञान का मूल्यांकन होता है और आवश्यकतानुसार उसमें बढ़ोतरी, सुधार व संशोधन करके उसे समयानुकूल अधुनातन बनाया जाता है और नये ज्ञान का सृजन किया जाता है। हम शिक्षा से सम्बन्धित वर्तमान संसाधनों को विस्तृत करने या उन्हें सुधारने की अपेक्षा नष्ट करने लगे हैं।

आज तक यह प्रस्ताव चल रहा है कि एक नये अधिनियम द्वारा सभी केन्द्रीय विश्वविद्यालयों में—पचास के लगभग—एक समान पाठ्यक्रम होगा जो एक केन्द्रीय व्यवस्था से नियन्त्रित होगा, विद्यार्थियों को प्रवेश भी एक केन्द्रीय प्रवेश-परीक्षा द्वारा दिया जायेगा और इन पाठ्यक्रमों को पढ़ाने के लिए अध्यापकों का चयन भी एक केन्द्रीय संस्था द्वारा किया जायेगा जिन्हें फिर विभिन्न विश्वविद्यालयों को आवंटित कर दिया जायेगा। इस प्रकार की केन्द्रीयकृत नियन्त्रण की डिग्री अभी तक सर्वाधिकारी समाजों में ही दी जाती रही है और ऐसे समाजों में भी अन्ततः कुछ-न-कुछ विविधता को स्वीकार करना ही पड़ता था। इस क़दम से यह सुनिश्चित होगा कि प्रयोग के लिए कोई स्थान न रहे, किन्हीं अलग-अलग फलकों पर प्रयोग न हो या फिर इन प्रयोगों का स्थानीय सन्दर्भों से कोई जुड़ाव न हो।

यह क़दम सभी को सूचना के एक समान अनुपालन के लिए बाध्य करेगा। अवश्यम्भावी यह राजनेताओं या नौकरशाही द्वारा संचालित होगा जिन्हें कोई विशेष ज्ञान नहीं है। यह अनुमान लगाना कठिन नहीं है कि इस सूचना या ज्ञान का प्रकार क्या होगा? जो ज्ञानवान हैं वे जानते हैं कि ज्ञान को समय-समय पर मूल्यांकित किया जाते रहना चाहिए और जो व्यावसायिक रूप से ऐसे ज्ञान की रचना और संग्रहण से जुड़े हैं, उनके द्वारा उसकी समीक्षा होती रहनी चाहिए और ये लोग अधिकारी वर्ग (नौकरशाह) या राजनेता नहीं होते थे। वे लगभग हमेशा शिक्षक और अनुसन्धित्सु होते थे जो ज्ञान की अपनी शाखा में कार्यरत रहते थे। परन्तु प्रस्तावित व्यवस्था में शिक्षा की विषयवस्तु और शिक्षण प्रणाली पर बहस और निर्णय पेशेवर लोग न लेकर वे लेंगे, जो किसी भी विषय की सीमाओं से सुपरिचित नहीं हैं।

हम ऐसे आलोचनात्मक प्रश्नों से बचना चाहते है जो केवल शिक्षा ही नहीं हमारी सोच को भी प्रभावित करते हैं। कोई भाषा उस समाज को व्यक्त करती है, जहाँ वह प्रयुक्त होती है। हिन्दी को राष्ट्रभाषा बनाने का प्रयोग सफल नहीं हुआ। आज के युवा अपनी क्षेत्रीय भाषाओं में ज़्यादा सहजता महसूस करते हैं

और ये भाषाएँ सभी राज्यों में शिक्षा का माध्यम भी बन गयी हैं। परन्तु संकट यह है कि जब तक वे अंग्रेज़ी नहीं जानते, उनकी सूचना और ज्ञान पुराना ही रहता है क्योंकि नये अनुसन्धानों का उनकी भाषाओं में पर्याप्त अनुवाद नहीं हुआ है या हुआ है तो ठीक से नहीं हुआ है और स्नातक शिक्षा में अनुवादित पुस्तकें ही पर्याप्त नहीं हैं। उन्हें ज्ञान के मूल्यांकन में भी कठिनाई आती है क्योंकि मूल्यांकन के लिए ज़रूरी है कि ग़ैर-भारतीय स्रोतों के अलावा भी जो ज्ञान है, उससे तुलना की जा सके। प्राच्य विद्या के एक पक्ष का जापान द्वारा अध्ययन समान अधिकारों से सम्बन्धित है। उदाहरण के लिए, कुछ जापानी विद्वानों ने संस्कृत ग्रन्थों का गहराई से अध्ययन किया है और अंग्रेज़ी और जापानी भाषा में वे छपे भी हैं। अंग्रेज़ी में प्रकाशन का उद्देश्य है कि उनके कार्यों को जापान के बाहर भी लोग पढ़ सकें। इससे वे जापान में संस्कृत अध्ययन की अपनी प्रशंसनीय परम्परा से विमुख नहीं हो जाते।

तकनीकी पेशों में प्रशिक्षण के लिए न्यूनतम स्वीकार्य से अधिक अंग्रेज़ी के ज्ञान की आवश्यकता होती है। तो अनुवादों पर भरोसा करना, जैसा कि हम सब जानते हैं, हमें कहीं नहीं ले जाता क्योंकि आजकल प्रचलित पुस्तकों का आधे दर्जन या अधिक भारतीय भाषाओं में अनुवाद असम्भव है। फिर अनुवाद में विश्वसनीयता की भी समस्या है क्योंकि अनुवाद के लिए दोनों भाषाओं में उच्च कोटि की दक्षता आवश्यक है। किसी बहुभाषी देश में भाषा और संवाद तथा उच्चकोटि की तकनीकी प्रवीणता की दृष्टि से सभी के लिए एक समान अवसरों की उपलब्धता के लिए आवश्यक है कि क्षेत्रीय भाषाएँ शिक्षा का माध्यम हों, साथ ही एक सर्व-सामान्य भाषा हो जिससे क्षेत्र-पारीय संवाद की सुविधा सुलभ हो।

पूरे भारतीय परिदृश्य में अधिकाधिक इस दृष्टि से जो दो भाषाएँ सोची जा सकती हैं, वे हैं क्षेत्रीय भाषा और इंग्लिश। ग़ैर-हिन्दी भाषी ज़्यादा बड़े क्षेत्रों में हिन्दी का विरोध होगा। उनकी दृष्टि से उन पर हिन्दी थोपना उनके लिए प्रतिकूल होगा। अंग्रेज़ी सभी के लिए ज़्यादा निरपेक्ष होगी और फिर अंग्रेज़ी आज विश्व की भाषा है। इसके अलावा विज्ञान या सामाजिक विज्ञानों में किसी भी प्रकार के शोध के लिए हर हाल में अंग्रेज़ी सीखना अनिवार्य है। राष्ट्रीय भावनाएँ अंग्रेज़ी को स्वीकारने में आड़े आती हैं, फिर भी इसकी माँग काफ़ी है और फिर हमने इसे एक भारतीय शैली की अपनी विशिष्ट अंग्रेज़ी में ढाल लिया है तो हम क्यों न द्विभाषिकता के बारे में विचार करें—क्षेत्रीय भाषा और अंग्रेज़ी भाषा। अंग्रेज़ी का (समुचित) ज्ञान हमें स्कूली शिक्षा से आगे जाने पर भी लाभप्रद होगा। इसके अतिरिक्त द्विभाषिकता में एक भाषा दूसरी भाषा के प्रति अनुकूलता प्रदर्शित

करती है और धारणाओं का परस्पर विनिमय करती है जिससे दोनों ही भाषाएँ समृद्ध होती हैं। यह कोई सर्वथा अपरिचित अनुभव नहीं होगा क्योंकि बृहत्तर सम्बोधि के लिए प्राचीनतम समय से हमारे समाज में भाषाएँ द्विभाषिक स्थिति से सरल से क्रमशः जटिल की ओर विकसित हुई हैं।

(आज की) शिक्षा व्यवस्था ने जिज्ञासु मन के लिए जिस प्रकार की चिन्तन व्यवस्था बनाई है, उसने ज़्यादातर नौजवानों के लिए और चिन्तनशील नागरिकों तथा लोकहित बुद्धिजीवियों के अनुवाद में रोड़ा ही अटकाया है। हमें धन्यवाद देना चाहिए कि कुछ लोग तो हैं जो इस व्यवस्था के बावजूद स्वतन्त्र होकर सोचते हैं और रचनाशील हैं। परन्तु हमें जितने चिन्तनशील समूह (भीड़) की आवश्यकता है, उसमें उनकी गिनती नगण्य है। हमें सोचना चाहिए कि यदि हम ऐसी शिक्षा व्यवस्था को पनपने दें जो विचारों को उत्तेजित कर सके, समस्या पर विचार कर सके तो कितना शक्तिशाली विचारशील समाज हम बना सकेंगे।

सुविचारित निष्कर्ष के रूप में हम पूछ सकते हैं कि समसामयिक जनहित बुद्धिजीवी को कौन से मुद्दे उठाने चाहिए। ये कुछ मुद्दे हैं जिन पर विचार किया जा सकता है—हमारा ऐसी दफ़्तरशाही से चिपके रहना जो असंगत है और मानो बहुत थकी हुई और उस औपनिवेशिक प्रशिक्षण से मुक्त नहीं हो पायी है, जहाँ ऊपर से प्राप्त आदेशों का पालन ही नौकरशाही का काम रह गया है। नौकरशाही को नागरिकों की सहायता करनी चाहिए, उन्हें संरक्षण देना चाहिए। परन्तु ऐसा शायद ही कभी होता हो। इसमें भ्रष्टाचार के रूप में एक समानान्तर व्यवस्था जुड़ गयी है जिसे सामान्य और अनिवार्य मान लिया गया है। राष्ट्रीय सम्पदा का अनुचित बँटवारा और अनिवार्य क्षेत्रों में विकास की कमी के कारण ज़्यादा प्रतिशत लोग ग़रीबी की रेखा के नीचे जी रहे हैं। औपनिवेशिक नीति ने जाति और धर्म की प्रमुखता की जिन कोटियों को बनाया था, वे आज भी विद्यमान हैं, उन क्षेत्रों में भी जहाँ उसे अनुपयुक्त करार दिया जा चुका है। जनगणना के आँकड़ों द्वारा औपनिवेशिक प्रशासन ने बहुसंख्यक और अल्पसंख्यक समुदायों को ईजाद किया और धर्म के आधार पर पहचान की राजनीति को बढ़ावा दिया। पहचान की यह राजनीति पर जाति को समेटे है। अब ये कोटियाँ स्थायी हो गयीं और इस कारण प्रजातन्त्र ठीक से काम नहीं कर पाता। किसी प्रजातन्त्र में जो बहुसंख्य होते हैं, उनकी श्रेणी स्थायी नहीं होती। उन्हें किसी एक कोटि से इंगित नही किया जा सकता और विषय–विषय के अनुसार बदलते रहते हैं।

स्थायी रूप से शिक्षा और नौकरी में आरक्षण धार्मिक और जातिगत पहचान की पुनरावृत्ति करता है, चाहे इस आरक्षण से किंचित लाभ ही मिलता हो। यह

कोई स्थायी समाधान नहीं है और कोटा के नाम पर क्रमिक रूप से यह आरक्षण बढ़ता ही जा रहा है। हम शायद किसी दुःस्वप्न के रूप में देखेंगे कि हर कोई माँग करेगा कि उसे किसी-न-किसी कोटे के अन्तर्गत शिक्षण संस्थाओं में प्रवेश दिया जाये और वह प्रवेश पा भी जायेगा। असल में समाधान है समाज और आर्थिक जगत को अन्य प्रकार से व्यवस्थित करना, ऐसी व्यवस्था जहाँ शासन अपने नागरिकों की चिन्ता करे। उन संस्थाओं को पल्लवित करना जो मानवीय अधिकारों की रक्षा के लिए सीधे तौर पर प्रयत्नशील हैं। इसके लिए आवश्यक होगा कि हम सहर्ष नागरिक और जनपरक योजनाओं के लिए अधिकाधिक राशि आवंटित करें जिससे कमज़ोर वर्गों का कल्याण सुनिश्चित किया जा सके। प्राइमरी और सैकेण्ड्री स्तर की शिक्षा को अनिवार्य करते हुए इस क्षेत्र में भारी निवेश की आवश्यकता है और उसके लिए यह शिक्षा इमदादी (अर्थसहाय्य) हो जो देने में समर्थ नहीं है, साथ ही शिक्षण की विषयवस्तु और शिक्षण प्रणाली में समुचित सुधार हो जिससे विश्वविद्यालय या कॉलेज स्तर की शिक्षा उच्च गुणवत्तापूर्ण हो सके। इससे वह अपव्यय बचेगा जो उच्च शिक्षा में आज हो रहा है। मैं यह सुझाव भविष्य के समाज के निर्माण की किसी कार्य-योजना के रूप में नहीं दे रही हूँ। यह तो लोकहित बुद्धिजीवियों के संवाद का विषय है।

किसी प्रजातान्त्रिक व्यवस्था की अन्तिम सफलता इस पर निर्भर करती है कि समाज धर्मनिरपेक्ष हो। परन्तु इससे मेरा तात्पर्य उस स्थिति से आगे बढ़ना है, जहाँ सभी धर्मों के लिए मात्र सहिष्णुता की बात होती है। किसी सफल प्रजातान्त्रिक समाज में सभी को नागरिक के रूप में समान सामाजिक और आर्थिक अधिकार प्राप्त हों। ऐसा समाज जहाँ इन अधिकारों पर किसी धार्मिक संगठन का अंकुश न हो, वे ऐसे नियन्त्रण से मुक्त रहें, एक ऐसा समाज जहाँ कोई भी किसी भी धर्म का पालन करता हो या फिर किसी भी धर्म को न मानता हो, ऐसा समाज जहाँ मानवीय अधिकारों को प्राथमिकता दी जाती हो।

ऐसे समाज की स्थापना के लिए आवश्यक है कि हम धर्मनिरपेक्षता को पुनः परिभाषित करें और बार-बार करते रहें; धर्मनिरपेक्ष प्रक्रिया को अनिवार्य बनायें और इसे स्पष्ट करें कि धर्मनिरपेक्षता कहाँ व्याप्त है और किसी प्रजातन्त्र के लिए वह क्यों अनिवार्य है। संवैधानिक अधिकारों बनाम अन्य पहचानों के बारे में हमें अपेक्षाकृत अधिक समझ हो ताकि वह सम्मान की द्योतक हो, यह बतलाने के लिए कि हम राजनीतिक लाभ के लिए धर्म और जाति का प्रयोग कितना और कहाँ तक कर सकते हैं।

लोकहित बुद्धिजीवी हमारे समाज से अनुपस्थित नहीं हैं, न ही वे किसी

अन्यदेशीय भूमि से लाये गये हैं। जैसा मैंने तर्क रखा है कि उनके कुछ हमरूप हो सकते हैं। यद्यपि सीधे तौर पर उनके पूर्वगामी नहीं। ऐतिहासिक परिवर्तन इसकी माँग करता है कि हम उनकी भूमिका को पहचानें, ऐसी भूमिका जो पूर्ववर्ती बुद्धिजीवियों की भूमिका से पूर्णतः असमान नहीं है। फिर भी आज के समय में उनकी भूमिका को व्यापक करना है। उनके पूर्ववर्तियों ने समाज को समझने के लिए नये आयाम दिये। अचेतन ही सही उन्हें पहले की विपन्थिता ने पल्लवित किया, कुछ का रूढ़िवादिता से संवाद रहा जिससे विवेकशील तर्कसंगत विवाद से मानवीय अवस्था की पड़ताल की जा सके और जो समाज को संचालित कर रहे हैं, उन पर नैतिक धर्मनिरपेक्ष प्राधिकार (प्रभुत्व) स्थापित किया जा सके और अधुनातन समय में औपनिवेशिक प्रभुत्व को नकारा जा सके। जनहित बुद्धिजीवी तर्कसंगत विचारों के आधार पर इस वसीयत के उत्तराधिकारी हैं।

अन्त में, निष्कर्ष के रूप में मैं एक बड़ा सवाल रखना चाहूँगी। हम ऐसे लोग नहीं हैं कि जो स्वायत्त होकर न सोच सकें और बुद्धिमत्ता से सार्थक प्रश्न न कर सकें। परन्तु प्रायः जहाँ आवाज़ उठानी चाहिए, वहाँ हमें चुप्पी दिखलाई पड़ती है। हम आसानी से समाज के अन्य सदस्यों की तरह आचरण करने के लिए सहयोजित हो जाते हैं। क्या हम अपराध की उस सत्ता से डर जाते हैं जो प्रश्न करने पर हो सकती है या प्रायः होती है। हम कैसे ऐसा स्वतन्त्र फलक बना सकेंगे, जहाँ चिन्तन को (स्वाधीन) और सामूहिक रूप से बढ़ावा मिलेगा।

प्रश्न करना और प्रश्न न करना, यही उत्तर है

सुन्दर सरुक्काई

रोमिला थापर ने जनहित बुद्धिजीवियों की भूमिका के सम्बन्ध में अपने उत्तेजक निबन्ध में प्रश्न करने पर प्रश्न उठाया है कि प्रश्न किया जाये या प्रश्न न किया जाये। इसके बाद उनका कहना है कि प्राचीन भारतीय और यूरोपीय ज्ञानोदय (अठारहवीं सदी का वह युग जब कई लेखकों और वैज्ञानिकों ने विज्ञान और तर्क को धर्म से अधिक महत्त्वपूर्ण दर्शाया) में प्रश्न करने पर ज़ोर दिया जाता था। इसके आगे वे तर्क करती हैं कि लोकहित बुद्धिजीवियों की और अधिक गम्भीर भूमिका होनी चाहिए और यह कि भारत में बुद्धिजीवी किसी सार्थक तरीके से उस भूमिका को नहीं अपना पाये हैं।

उनके उत्तर में, मैं प्रश्न करने की प्रकृति तक अपने को सीमित करूँगा और क्या थापर की प्रश्न करने की पुकार के सन्दर्भ में प्रश्न करने के प्रमुख निश्चित आधारभूत लक्षणों पर चर्चा आवश्यक है।

मैं प्रारम्भ में दो सीधे-सादे स्पष्टीकरणों के साथ बात शुरू करूँगा। एक है कि 'प्रश्न' शब्द संज्ञा भी है और क्रिया भी है। कुछ प्रविष्टियाँ हैं जो संज्ञा कहलाती हैं और प्रश्न करने की कुछ विशेष गतिविधियाँ हैं जो 'प्रश्न करने' के अन्तर्गत आती हैं। पहला (संज्ञा) कुछ निश्चित वाक्यों को दर्शाता है जिन्हें हम प्रश्न कहते हैं और दूसरे का सम्बन्ध संज्ञानात्मक बोध की प्रक्रिया से है और कुछ निश्चित विद्वत् मनोवृत्ति (दृष्टिकोण) से है। 'प्रश्न' मात्र कुछ प्रश्नों के समूह से है परन्तु प्रश्न करने की मनोवृत्ति का अर्थ है मात्र प्रश्न करने से ज़्यादा। उदाहरण के लिए, यदि हम पूछते हैं—'यह बस कब छूटेगी' या 'हम कहाँ मिल रहे हैं?' 'इस पत्र को भेजने के लिए मैं कौन-सी कोरियर सेवा का इस्तेमाल करूँ?' ऐसी गतिविधि है जिनका कोई 'सही' उत्तर होगा। आलोचनात्मक मनोवृत्ति का तात्पर्य कुछ निश्चित उत्तर प्राप्त करना नहीं है अपितु 'चिन्तन' की एक विशेष प्रक्रिया में लिप्त होना है। थापर ने जो प्रश्न उठाये हैं, वे ऊपर दिये गये प्रश्नों जैसे नहीं

हैं कि उनके कोई निश्चित सही उत्तर हों। वे ऐसे प्रश्नों के बारे में बात कर रही हैं जो आलोचनात्मक दृष्टि से प्रश्न की आत्मा (भावना) को समाहित करते हैं, विशेषकर सत्ता से प्रश्न करने से सम्बन्धित।

यह भी महत्त्वपूर्ण है कि ये प्रश्न केवल किये नहीं गये हैं, वे भिन्न-भिन्न प्रकार के कारणों से जनित हैं और हमें प्रश्नों की स्थिति को जानने से पूर्व उन कारणों को जानना चाहिए। हम कोई सूचना प्राप्त करने के लिए प्रश्न कर सकते हैं, यह तय करने के लिए कि क्या करना है, क्या कोई कार्यक्रम आयोजित करना है किसी सन्देह को दूर करने के लिए, किसी अन्याय के प्रति मुक़ाबला करने के लिए और इसी प्रकार के अन्य कारणों से। इनमें से सभी प्रकार की अभिप्रेरणा बराबर गम्भीर (या महत्त्वपूर्ण) नहीं है। ये ऐसी अभिप्रेरणाएँ नहीं हैं कि वे प्रश्न करने की प्रक्रिया में कुछ महत्त्वपूर्ण जोड़ सकें। जब थापर 'प्रश्न करना' कहती हैं तो वे किसी विशेष प्रकार के प्रश्न करने की उपादेयता को इंगित करती हैं।

यह रुचिकर है कि थापर के निबन्ध का शीर्षक भी एक निर्धारित प्रकार के प्रश्न का रूप है जो विभ्रम से उत्पन्न हुआ है। जो सन्देह से उत्पन्न प्रश्न होते हैं, वे ऐसे होते हैं कि क्या यह 'पी' है या 'क्यू'। इस प्रकार की रचना में 'या' का महत्त्वपूर्ण कार्य है। मेरा उत्तर इस 'या' तथा 'और' में बदल रहा है परन्तु इसका तात्पर्य मात्र बदलने से बहुत अधिक ज़्यादा है। प्रश्न का तर्क 'या' के वियोजन से है जिसे किसी विशिष्ट उदाहरण के चयन के रूप में समझा जा सकता है। 'या' चयन के लिए एक पहले से बना शब्द है और फिर प्रश्न करना मानो ऐसा है कि हम किसी 'मॉल' में ख़रीदारी कर रहे हो, जहाँ विभिन्न प्रकार के प्रश्न भरे पड़े हैं। एक अर्थ में बेलगाम प्रश्न करना मानो भावना विशेष से प्रश्न करना जैसा है। 'या' का तर्क एक तगड़ी सच्चाई है क्योंकि 'अ' और 'ब' हमेशा सही हैं जबकि कम-से-कम एक सही है।

तथा का तर्क कुछ ज़्यादा सीमित है। दो वाक्यों को संयुक्त करना तब तक सम्भव नहीं है, जब तक कि उन पर कठोर सत्याश्रितता न थोपी जाये। तर्क का सबसे महत्त्वपूर्ण सिद्धान्त है खण्डनहीनता का सिद्धान्त जो 'तथा' के तर्क के अतिरिक्त और कुछ नहीं है। 'जी' और 'पी' दोनों एक साथ सत्य नहीं हो सकते। तो इस निबन्ध का शीर्षक 'प्रश्न करना तथा प्रश्न न करना' जो मैं निर्धारित करता हूँ, वास्तव में विरोधाभासी है। परन्तु यदि हम इस पर विचार करते हैं कि 'प्रश्न' शब्द दो भिन्न रूपों में प्रयुक्त होता है, तब हम समझ सकते हैं कि उत्तर विरोधाभासी नहीं है क्योंकि प्रश्न का प्रथम पदबन्ध प्रश्न करने से सम्बन्धित है और दूसरे हिस्से में 'प्रश्न' प्रश्न करने की ज़रूरत हम क्यों महसूस करते हैं और

उसे कैसे स्वीकार करते हैं। दूसरे शब्दों में, प्रश्न करना एक कार्यवाही के रूप में तभी सम्भव है, जबकि हम उसी समय किसी अन्य विषय पर प्रश्न नहीं करें।

इस सन्दर्भ में हमें याद रखना चाहिए कि यह लगभग असम्भव है कि हम प्रश्न करें ही नहीं, क्योंकि हमारी संज्ञानात्मक स्थिति सदा ही शंका की स्थिति में त्वरित प्रतिक्रिया देती है। तो वे भी जो सोच नहीं रहे हैं शंका करते हैं, सोचते हैं और प्रश्न करते हैं क्योंकि उनके पास कोई और विकल्प नहीं है। परन्तु वह सोचने-विचारने से रहित रहेगा/रहेगी, यदि वह प्रश्न न करे। मुझे किस विषय पर प्रश्न करना है? यह प्रश्न जैविकी गतिविधि से सोचने से ज़्यादा परावर्तन व्यवस्था (रीति में) प्रश्न करने की प्रक्रिया को उच्चतर पद पर पहुँचा देती है।

इसके साथ ही सामान्य प्रश्न आमतौर पर उनका मखौल बनाता है जो लगातार प्रश्न करते हैं। हम उन प्रत्येक दैनन्दिन कार्यों पर प्रश्न नहीं कर सकते जो काम हम करते हैं। ऐसा करना हमें अविश्वास की भावना से युक्त अहंवादी बना देगा और कार्यवाही को नितान्त असमर्थ कर देगा। अपने सत्व में, सार्थक प्रश्न करने से पहले शान्त वातावरण की ज़रूरत है। तो थापर के प्रश्न का स्पष्ट उत्तर है—हमें प्रश्न करना चाहिए। और साथ ही प्रश्न नहीं करना चाहिए, यह किसी तार्किक प्रश्नावली की प्रकृति है। और इस तार्किक औचित्य के वर्णन की आधारभूत प्रकृति के कारण के प्रभाव हैं?

शंका और प्रश्न करने का उद्गत बिन्दु

सर्वप्रथम हमें स्वीकार करना होगा कि प्रश्न करना हमारे प्रयास-रहित संज्ञानात्मक रीति से सम्बन्धित है। परन्तु प्रश्न करने का यह सामर्थ्य एक अन्य केन्द्रीय मानवीय नैसर्गिक क्षमता-अभ्यास से सम्बद्ध द्वन्द्वात्मक पूर्व नियोजित निश्चय है। एक ओर हम आदत (अभ्यास) के कारण प्रश्न करते हैं, दूसरी ओर हम आदत के कारण अनुसरण करते हैं। हम विभिन्न कारणों से प्रश्न करते हैं। परन्तु महत्त्वपूर्ण यह है कि प्रश्न तब 'स्वाभाविक' हो जाता है, जब वह अनिश्चय से उत्प्रेरित होता है। उदाहरण के लिए, हमारे अन्दर सन्देह का भाव रहता है कि हम क्या देखते हैं, क्या सुनते हैं और इस अनिश्चय के जवाब में प्रश्न उठते हैं। तो हम कह सकते हैं कि सबसे महत्त्वपूर्ण और प्रथम बात प्रश्न पूछने का संवेग हमारे अन्दर के सन्देह के भाव से जाग्रत होता है।

सभी भारतीय दार्शनिक परम्पराओं और कुछ विभेद से सत्रहवीं शताब्दी के फ्रेंच दार्शनिक रेने डिसकर्टीस (Rene descrates) ने यह समझा था कि शंका मानवीय अनुभव का केन्द्रीय तत्त्व है। डिसकर्टीस का सन्देह प्रणालीगत

(व्यवस्थात्मक) और अतिशयोक्तिपूर्ण कहा जाता है क्योंकि वे बल देते हैं कि सब प्रकार की बातों पर सन्देह (शंका) करना चाहिए, जब तक कि सन्देह की प्रक्रिया में सन्देह स्वयं उत्तर न दे दे। वह शुरुआती दौर में उन सभी पर शंका करता है जो उसने सीखा है, जो कुछ उसने देखा है। वह तब तक निष्कर्ष पर नहीं पहुँच सकता, जब तक वह शंका या सन्देह नहीं करता। सामान्य संज्ञानात्मक क्रिया से डिसकर्टीस सन्देह को किसी प्रणालीगत कोटि तक ले जाता है। इससे वह दर्शाता है कि शंका करने की सक्रिय और सजग प्रक्रिया से ज्ञान कितना सच्चा और निश्चित हो सकता है। हमें इस बात पर आश्चर्य नहीं करना चाहिए कि शंका-सन्देह करने की रीति प्रश्न करने से गहरे तौर पर सम्बद्ध है।

हम सब जानते हैं कि डिसकर्टीस की रीति अत्यधिक प्रभावशाली थी। सत्ता को चुनौती देने की सम्भावना सन्देह करने की व्यवस्थात्मक और अतिशयोक्तिपूर्ण से सम्बद्ध है क्योंकि शास्त्रीय सत्ता पर शंका-सन्देह करना प्रणालीगत सम्भावना मात्र ही नहीं है अपितु अन्त में प्रणालीगत आवश्यकता बन जाता है। यद्यपि यह कहना उचित नहीं होगा कि सन्देह करने के इस प्रकार के तरीके ने यूरोप में धार्मिक सत्ता को उखाड़ फेंका था, फिर भी इसने इसके लिए दार्शनिक औचित्य तो स्थापित किया ही और यूरोप में व्यक्तिशः तर्क की स्वायत्तता को लेकर गम्भीर चर्चा को बढ़ावा दिया। तर्क बुद्धिवाद के विस्तार के सन्दर्भ में शंका और निश्चितता की भूमिका को समझना चाहिए। गोटफ्रेड वेल्हेलम वॉन लिबनिज़ (Gottfried Wilhelm von Leibniz), ब्रुच स्पिनोज़ा (Bruch spinoze) और निकोलस मैलेब्रेन्ची (Nicolas Malebranche) जैसे दार्शनिकों सहित डिसकर्टीस ने तर्क बुद्धिवाद को एक सिद्धान्त के रूप में विकसित करने में अहम भूमिका निभायी। यह महत्त्वपूर्ण है कि तार्किक चिन्तकों के दार्शनिक सिद्धान्तों में दैवी सिद्धान्त ने एक प्रमुख भूमिका निभायी।

इन तार्किक चिन्तकों के दैवी सिद्धान्त से अन्तरंग सम्बन्ध को मैंने इसलिए उठाया क्योंकि मैं शंका और तार्किक औचित्य की इस धारा की तुलना दूसरी धारा से करना चाहता हूँ जो डिसकर्टीज से काफ़ी पहले की है। भारतीय दर्शन में न्याय परम्परा को प्रायः तार्किक यथार्थवादी परम्परा माना जाता है और शुरू से ही इसने दार्शनिक विश्लेषण के लिए शंका-सन्देह को महत्त्वपूर्ण कोटि माना है। पश्चिमी तर्क बुद्धिवाद और इस भारतीय परम्परा में निश्चयात्मकता अन्तिम लक्ष्य है।

न्याय शंका का एक रुचिकर सिद्धान्त विकसित करता है। इस शाखा के दार्शनिकों का मानना है कि जिज्ञासा शंका से जनित है परन्तु इसी के साथ वे

मानते हैं कि बिना पहले की कुछ समझ के शंका उठ नहीं सकती अर्थात् वे शंका को शंका के लिए नहीं मानते और उनके अनुसार शंका शून्य (निर्वात) में उत्पन्न नहीं हो सकती। इन दार्शनिकों के अनुसार शंका की आदर्श अभिव्यक्ति इस कथन में है कि क्या एस 'पी' है या 'क्यू'? थापर के प्रश्न का भी यही प्रकार है। यदि यह वास्तव में सही शंका है तो कुछ निश्चित प्रतिबन्ध हैं—'पी' और 'क्यू' असंगत हों और दोनों 'एस' विषय को इंगित करते हों।

इन्द्रियों द्वारा बोध के सन्दर्भ में न्याय शंका को चार श्रेणियों में बाँटता है : समान लक्षणों से युक्त प्रत्यक्षण से जनित शंका; असमान लक्षणों से युक्त प्रत्यक्षण से जनित शंका; जब विरोधाभासी प्रमाण हो; और प्रत्यक्षण की वास्तविकता स्वतः हो। इसी प्रकार निष्कर्ष के सन्दर्भ में भी विशेष प्रकार की शंकाएँ हैं। निष्कर्षात्मक बोध-प्रक्रिया में शंका का निवारण सर्वव्यापी सम्बन्धों के अत्यधिक जटिल सूत्रीकरण द्वारा इस प्रयास को विशिष्ट उदाहरण के रूप में प्रस्तुत करता है। भाषा के प्रयोग में भी ऐसा होता है। यह मानते हुए कि किसी शब्द के अर्थ के सम्बन्ध में सदा शंका बनी रहेगी, न्यायिक परिसीमन का एक तकनीकी उपकरण प्रस्तुत करते हैं जिसे प्रयुक्त करके किसी शब्द की असली अर्थ-सम्बन्धी शंका को दूर किया जा सकता है।

दार्शनिक रीति में केन्द्रीय बिन्दु के रूप में शंका के बारे में न्यायिकों की अवधारणा अनेक प्रकार से डिसकर्टीज से भिन्न है—विशेषकर प्रणालीगत शंका की प्रामाणिकता की असम्भावना को लेकर। हम लगातार शंका नहीं कर सकते, यदि हमारी प्रारम्भिक शंका का समाधान हो गया हो और हम सतत शंका नहीं कर सकते, यदि किसी कार्य के व्यावहारिक प्रभाव अन्यथा बतलाते हों। दूसरे शब्दों में, इन दार्शनिकों ने सतत शंका की सम्भावना को नकारा है क्योंकि शंका निवारण संज्ञानात्मक घटना है जो तब आती है, जब शंका का निवारण हो जाता है। उदाहरण के लिए, बीसवीं सदी के दार्शनिक गणेश उपाध्याय इंगित करते हैं कि शंका अभ्यास के विपरीत है और जब अभ्यास की नियमित प्रतिकृति उपस्थित है तो शंका हो नहीं सकती। न्याय दर्शन का तर्क बुद्धिवाद शंका को एक अन्य वैकल्पिक तरीके से समझाता है, जो प्रश्न करने के एक अलग ज्ञानमीमांसीय कार्यनीति से सम्बन्धित है।

एक वर्तमान दार्शनिक सी.एस. पीयर्स (C.S. Peirce) का वैधारिक दृष्टिकोण न्याय-दर्शन से काफ़ी मिलता है। ये एक अमरीकी व्यवहारवादी हैं जिन्होंने डिसकर्टीस की शंका करने की प्रणाली की कठोर समीक्षा की है। लैसले फ्राइडमैन (Lesley Friedman) के अनुसार डिसकर्टीस के अनुसार शंका के दो

पक्ष हैं। पहला हमें समझना चाहिए कि डिसकर्टीस के अनुसार शंका की रीति सच्चाई का असन्दिग्ध मार्ग है। वास्तव में डिसकर्टीस स्वयं सन्दिग्ध विश्वासों से निबटने के लिए स्वाँग रीति को अपनाता है : "मैं देखता हूँ कि जब मैं स्वाँग करता हूँ तो मैं कुछ भी नहीं, कि कोई संसार नहीं है और इसमें मेरे लिए कोई स्थान नहीं है। फिर भी मैं यह स्वाँग नहीं कर सकता कि मैं वर्तमान नहीं हूँ।" स्वाँग, जैसा कि फ्राइडमैन कहता है, "एक मनोवैज्ञानिक रीति है अपने को छलने की।" कि "यह स्वाँग करने का हमारा दृष्टिकोण सब झूठा है।"

जैसा कि पहले कहा गया है, हमारी जाँच (पृच्छा) शंका के निवारण की एक प्रक्रिया है। परन्तु न्यायिकों की भाँति पीयर्स भी तर्क करता है कि डिसकर्टीस शंका की प्रकृति को ठीक से समझ नहीं सका है। न्याय के तर्क के अनुसार, पीयर्स भी मानता है कि शंका तभी शुरू हो सकती है, जब हम किसी 'प्रारम्भिक विश्वासों' को आधार बनाते हैं। उसे वह 'उम्मीद की आदतें' कहता है। वास्तविक शंका-शंका करने की सम्भावना से जनित है और वास्तविक शंका से ही वास्तविक पड़ताल हो सकती है। जैसा कि स्पष्ट है, यह तर्क मार्मिक रूप से न्याय के तर्क के समान है क्योंकि दोनों ही इस बिन्दु से शुरू करते हैं कि शंका को बोध प्रक्रियात्मक होना चाहिए (पीयर्स के अनुसार अनुभवजन्य) और इस प्रकार के अनुभव से ही सच्ची पड़ताल शुरू हो सकती है।

पीयर्स की और न्याय की—दोनों दृष्टियों से किसी शंका की वास्तविकता कार्य का अन्तिम परीक्षण है। यदि हम जानते हैं कि कैसे सही कार्य किया जाये तो सन्देह अपने आप समाप्त हो जाता है। डिसकर्टीस की प्रणाली के अनुसार विश्वास कार्य करने से भिन्न हो सकता है क्योंकि निश्चितता कार्य में व्याप्त नहीं है परन्तु ज्ञान-प्राप्ति में है। दोनों में (पीयर्स और न्याय-दर्शन) शंका को जानबूझकर सम्पन्न कार्य के रूप में नहीं देखना चाहिए और वह कृत्रिम रूप से शंका करने के निर्णय पर निर्भर नहीं है। डिसकर्टीस का विचार इससे भिन्न है।

वैज्ञानिक तर्कबुद्धि और प्रणालीगत शंका (प्रश्न) न करना जैसाकि अन्य लेखक करते हैं थापर भी प्रश्न करने की इस प्रवृत्ति पर चर्चा करने के लिए विज्ञान का सहारा लेती हैं। यद्यपि मैं वैज्ञानिक तर्कवादिता के गुण-दोषों की समीक्षा नहीं करना चाहता, मैं केवल उस महत्त्वपूर्ण बिन्दु को इंगित करना चाहता हूँ जो हमें तार्किक शंका की क्रिया को समझने के लिए अर्थ और मनोभाव में सूक्ष्म अन्तर करना बतलाता है।

वैज्ञानिक जिज्ञासा प्रश्न करने की सम्भावना पर निर्भर है, साथ ही यह प्रश्न न करने की सम्भावना पर भी निर्भर करता है। यही वह बिन्दु है जो उसे

संशयवादिता से पृथक् करता है। वैज्ञानिक जिज्ञासा अधिकांशतः में रूपावलीगत सिद्धान्तयुक्त प्रतिरूपगत और स्थापित ढाँचे में होती है। कोई वैज्ञानिक सिद्धान्त रूपावलीगत अवधारणा के कारण उग्र रूप से परिवर्तित हो सकता है। प्रायः नवीन वैज्ञानिक दृष्टिकोण में और विज्ञान में सहवर्ती आप्तवचनों को उखाड़ फेंकना इसलिए नहीं होता कि आप्तवचनों पर शंका प्रगट की गयी है बल्कि शायद इसलिए कि पहले से स्वीकृत सिद्धान्त में कोई गठनात्मक त्रुटि रही होगी। दूसरे शब्दों में, तार्किक प्रश्नावली की अपेक्षा प्रमुख वैज्ञानिक खोजें, जिन्होंने आप्तवचनों को उखाड़ फेंका है, तार्किक और रचनात्मक कल्पना के कारण है जिनकी कई प्रकार से व्याख्या की जा सकती है। नये विज्ञान की रचना में तार्किक कल्पनाशीलता भी उतनी ही महत्त्वपूर्ण है, जितनी तार्किक शंका।

अनेक बार विज्ञानों में सैद्धान्तिक कार्य 'क्या यदि' कल्पना से जनित हैं। पृच्छा 'क्या यदि, वह स्थिति होती?' पूछने से शुरू होती है। 'क्या यदि' प्रश्न कल्पना का आधारभूत प्रश्न है और यही कलात्मक और वैज्ञानिक कल्पनाओं को एक मंच पर लाती है। कल्पनाशील 'क्या यदि', पृच्छा की इस रीति को सामान्यतः तार्किक प्रश्न करने की विधि नहीं माना जाता, परन्तु इसे तार्किक बुद्धिवादिताओं का अन्तरंग भाग मानना चाहिए। यदि हम इस तथ्य को स्वीकार करते हैं तो मात्र संशयवादियों और अन्य तार्किक चिन्तकों की कृतियों को ही नहीं बल्कि भारतीय परम्पराओं में कल्पना को लेकर गम्भीर प्रभावशाली कृतियों को भी दृष्टिगोचर करना होगा।

सामान्यतः संशयवादी होना और प्रश्न करने की क्षमता प्रथमतः प्रवृत्ति है, न कि बोध-प्रक्रिया से सम्बन्धित कौशल। ऐसी प्रवृत्ति को संज्ञानात्मक रूप से गम्भीरतापूर्वक स्थिर रखने में कठिनाई हो सकती है और यही कारण है कि अन्त में कोई तार्किक पृच्छा किसी-न-किसी आधारभूत विश्वासों पर निर्भर रहती है और यही उस पृच्छा को देर तक अपने मूल रूप में स्थिर रखती है। इस संशयवादी प्रवृत्ति को बहुत देर तक अपने मूल रूप में स्थिर न रख पाने का एक प्रमुख कारण यह है कि सतत प्रश्न करने के लिए जिस ऊर्जा की आवश्यकता होती है, उसका अभाव है। तो हमें व्यवस्थापूर्वक संशय करने की अपेक्षा व्यवस्थापूर्वक संशय न करने के महत्त्व को समझना होगा, यही वह मनोवृत्ति है जो हमें बिना लगातार प्रश्न किये जीवन जीने देती है। यह प्रश्न न करना कई प्रकार का है– कभी आस्था, कभी आदत, कभी अज्ञानता, कभी अनजानपन से लेकर कभी ढोंग (दिखावा) तक। यह विरोधाभास ही है, ये रीतियाँ तार्किक पृच्छा को सम्भव बनाने की आधारशिलाएँ है और विज्ञान के ज्ञान-क्षेत्र को भी समाहित किये हुए हैं।

धार्मिक विश्वास को लें। संसार के सभी प्रमुख धर्मों में धार्मिक विश्वास के लिए धर्मशास्त्र तार्किक पृच्छा के लिए आधारभूत तत्त्व रहा है। ये धार्मिक चर्चाएँ तार्किक रूप से उठाये गये गहरे और आधारभूत प्रश्नों से जनित हैं। इस कारण यह कोई आश्चर्य की बात नहीं है कि धर्मशास्त्र एक प्रकार का दार्शनिक चिन्तन होने के कारण इस प्रश्न को भी उठा सकता है कि यह सम्भावना है कि ईश्वर हो ही नहीं। यदि हम शंकर, रामानुज से लेकर थॉमस एक्वीनस (Thomas Aquinas) जैसे प्रसिद्ध दार्शनिक को देखेंगे तो पायेंगे कि आस्था पर प्रश्न करने की (विभिन्न) रीतियों सम्बन्धी तार्किक गम्भीर चर्चा उनके लेखों में मिलती है। यह एक अलग ही मुद्दा है कि धर्म का सार्वजनिक पालन होता है और इस प्रकार के तार्किक उपागमों द्वारा इसका राजनीतिक संस्थानों में निष्पादन होता है। धार्मिक विश्वास के इस विचार से मिलता-जुलता दूसरा शब्द है–'विचारधारा' (या सिद्धान्तवाद) यद्यपि इसका एक अन्य ऐतिहासिक प्रक्षेप पथ है। परन्तु इन दोनों में जो एक समान है, वह यह है कि यह किसी आलोचक को कुछ अधिकार जताने का आधार देता है। यद्यपि धर्म और सिद्धान्तवाद में गम्भीर अन्तर हैं–विशेषकर समाज में तार्किक हस्तक्षेप के अधिकार सम्बन्धी दोनों ही तार्किक प्रश्न करने को आधार देते हैं, यदि ऐसी रुचि हो तो।

इस सन्दर्भ में बी.एम. मतीलाल के एक लेख 'संशयवाद और रहस्यवाद' (Scepticism and mysticism) का उल्लेख करना सार्थक होगा। इस लेख में लेखक एक महत्त्वपूर्ण प्रश्न उठाता है "कि क्यों भारत में प्रमुख रहस्यवादी परम्पराओं में संशयवादी परम्परा एक महत्त्वपूर्ण हिस्सा अपनाती है और क्यों तह लगभग उससे संयुक्त है।" वह आगे कहता है कि नैतिकता, धर्म और राजनीति के क्षेत्रों तक इस 'संशयवाद की भावना' को ले जाया जा सकता है जो तार्किक प्रश्न करने की आत्मा (भावना) है। यह भावना (आत्मा) सभी विश्वासों और सच्चाइयों का खण्डन नहीं है अपितु कुछ सिद्धान्तों, विचारों और धारणाओं का औचित्य या सहीपन बतलाना है। आगे वह उन तीन दार्शनिकों पर चर्चा करता है जिन्हें संशयवादी कहा जा सकता है–नागार्जुन (150 ईसवी), जयरासी (800 ईसवी) और श्रीहर्ष (1100 ईसवी)। पर ये तीनों ही अलग-अलग दार्शनिक परम्परा का प्रतिनिधित्व करते हैं। इन संशयवादी/रहस्यवादी परम्पराओं में प्रश्न करने के सम्बन्ध में एक सीख है जो वर्तमान समय में जनहित बुद्धिजीवी की धारणा के लिए संगत होगी। कोई संशयवादी बहस का हिस्सा है, परन्तु उसे अपनी धारणा के बचाव या आग्रह को सिद्ध नहीं करना है। इसके परिणामस्वरूप प्रश्न करने की संशयवादी रीति पृच्छा के

भाव को दर्शाती है अर्थात् सच्ची तार्किक प्रश्नावली के किसी आधारतल की असम्भावना को। और यह दिलचस्प होगा कि इन दार्शनिकों ने यह बताया कि संशयवाद और रहस्यवाद आवश्यक रूप से पृथक् नही हैं और इससे संशयवादी तार्किकता को समझने में मदद मिली। अभ्यास, जैसा कि ऊपर बताया गया है, मानवीय व्यवहार के केन्द्र में है। हमारे सभी कार्य हमारी आदतों के वश में हैं और आदतों की रीति में हैं जो हमें बिना सन्निपाती हुए कार्य करने देती है। जैसे शारीरिक आदतें हैं, इसी प्रकार मानसिक आदतें भी हैं। ये मानसिक आदतें ही हमें पढ़ने, लिखने और चिन्तन करने के बारे में बतलाती हैं। ये हमें सिद्धान्तों और ग्रन्थों से तार्किक रूप से जुड़े रहने में सहायक होती हैं और हर बार नया चक्र नहीं बनाना पड़ता। अतः कोई किसी वैज्ञानिक सिद्धान्त के साथ हर बार आधारभूत विश्वासों पर प्रश्नचिह्न लगाये बिना तार्किक रूप से व्यस्त रह सकता है। मैंने बहुत से भौतिकशास्त्रियों को देखा है जो बिना पिण्ड अन्तराल (अन्तरिक्ष) और काल की आधारभूत धारणाओं पर अपनी समझ या नासमझ पर चिन्तन किये भौतिकशास्त्र में गुणात्मक कार्य कर रहे हैं। तो शायद यह आधारभूत प्रश्न है कि ऐसी कौन-सी आधारभूत धारणाएँ हो सकती हैं (जिन पर प्रश्न किये बिना), हम जिन्हें स्वीकार कर लेते हैं ताकि हम उन प्रश्नों पर तार्किक प्रश्न कर सकें जिन प्रश्नों पर हम प्रश्न करना चाहते हैं। ऐसा दृष्टिकोण आवश्यक है—चाहे यह विज्ञान, धर्म, मानविकी या अन्य विषय की आधारभूत धारणाओं से सम्बद्ध हो या न हो।

अज्ञानता भी ग़ैर-तार्किक स्वभाव पर महत्त्वपूर्ण प्रभाव डालती है। अधिकांशतः हम नहीं जानते कि क्या प्रश्न करना है या फिर किस प्रकार कोई सार्थक प्रश्न करें, उदाहरण के लिए, यदि हम यह पूछें कि 'क्या यह संसार वास्तविक है?' तो यह दिखावटी प्रश्न होगा क्योंकि हम नहीं जानते कि इसके उत्तर के लिए हम कैसे आगे बढ़ें। जब हम प्रश्न के रूप में कुछ पूछते हैं तो वास्तव में हम क्या करते हैं? उस प्रश्न को बनाये रखने के लिए स्रोतों की आवश्यकता होगी? अज्ञानता एक महत्त्वपूर्ण रीति है जिसके द्वारा हम कार्य कर सकते हैं : कुछ जानबूझकर तय करेंगे कि वे नहीं जानते हैं, यह भी एक प्रकार की उपेक्षा (उदासीनता) है। अज्ञान और उदासीनता दोनों तार्किक प्रश्न के उत्तर देने की महत्त्वपूर्ण मानवीय रीति हैं और जब इसे मनोवृत्ति के रूप में प्रयुक्त किया जाता है तो यह असंशय और प्रश्न न करने की व्यवस्थापरक मनोवृत्ति बन जाती है। प्रायः इस प्रकार की रीति के कुछ व्यावहारिक लक्ष्य हों, कोई कुछ जानना नहीं चाहता क्योंकि वह सोचता है कि जानने के बाद उसके किसी कार्य में व्यवधान

आ जायेगा। अतः पीयर्स और न्याय के अनुसार, कार्य से सह-सम्बन्ध भी प्रश्न न करने की प्रवृत्ति का कारण हो सकता है।

आप्त प्रमाण (सत्ता) द्वारा किसी की अज्ञानता के कारण उसे प्रश्न करने से रोका जाता है क्योंकि कहा जाता है कि उसे किसी ज्ञान की शाखा के आधारभूत तत्त्वों का ज्ञान नहीं है, अतः वह तार्किक रूप से प्रश्न करने का अधिकारी नहीं है। अतः जो वैज्ञानिक नहीं हैं, उनसे प्रायः कहा जाता है कि यदि वे उस सिद्धान्त के वैज्ञानिक वर्णन से अपरिचित हैं तो वे परिमाण सिद्धान्त (या इसके किसी अंश जैसे कणतरंग द्वैतवाद) पर चर्चा नहीं कर सकते। सभी विशिष्टीकृत विषयों (अध्ययन की शाखाओं) में अपने विशेषज्ञतापूर्ण ज्ञान (समझ) के लिए ऐसी ही धारणा बना लेते हैं। परन्तु बहुत से लोग सोचते हैं कि इस प्रकार के वैज्ञानिक या इतिहास या समाजशास्त्र जैसी शाखाओं से सम्बन्धित विषयों पर अपनी राय रख सकते हैं, यद्यपि उन्हें इन विषयों का आधारभूत ज्ञान नहीं है। दूसरी ओर विज्ञान ने अपने को इस प्रकार के बाहरी हस्तक्षेप से अज्ञानता और विषय की विशेषज्ञता का हवाला देकर बचाये रखा है। हमें व्यवस्थापरक प्रश्न न पूछने की इस रीति पर गम्भीरतापूर्वक चर्चा करनी चाहिए क्योंकि प्रश्न पूछने की पृष्ठभूमि में प्रश्न न पूछने की स्थिति और समर्थन रहता है। इस आशय से विचारधारा (और यहाँ यह शब्द विश्वासों की उस पुस्तक के लिए इस्तेमाल हुआ है जिससे कोई व्यक्ति अपने अनुभवों की व्याख्या करता है) सन्देह न करने की आधारशिला है जिससे तार्किक पृच्छा सम्भव होती है। जैसा कि मैंने पहले कहा है, यह एक सतत समस्या रही है क्योंकि संशयवादी प्रश्न करना विचारधारा के आप्तवचनों को चुनौती देने जैसा है। तार्किक प्रश्न के सन्दर्भ में यह भी जरूरी है कि व्यवस्थापूर्वक सन्देह न करने की रीति की व्याख्या करें और मानवीय आचरण में इनके महत्त्व को समझें।

तार्किक प्रश्न करने की प्रकृति को समझने के लिए व्यवस्थापरक संशय न करने की रीति के अतिरिक्त भी एक तरीका है। इसका सम्बन्ध द्विआधारी तर्क के अन्तर्निहित प्रयोग से है जो निश्चयात्मक कथन का हिस्सा है और इससे सम्बन्धित समस्या भी है। प्रायः हमारे प्रश्न और उसके उत्तर द्विआधारी तर्क पर निर्भर करते हैं। यदि उत्तर मात्र 'हाँ' या 'नहीं' है तो भी उत्तर द्विआधारी तर्क के घेरे में कार्य करते हैं, जहाँ दो सम्भावनाएँ रहती हैं जिन पर उत्तर को जाँचा (मूल्यांकित किया) जा सकता है। तार्किक जिज्ञासा जो इस द्विआधारी तर्क को चुनौती देती है, प्रश्न करने की प्रकृति को विस्तार देने की रुचिकर विधि है। मैं यहाँ जैन तर्क की बात कर रहा हूँ जो अपने सात स्तरों वाले पूर्वानुमानों और

स्थिर बिन्दु-विचार के लिए प्रसिद्ध है। मेरी राय है कि जैन तर्क तार्किक प्रश्न करने की मानक प्रणाली को चुनौती देता है, यद्यपि वह तार्किक बुद्धिवादिता का आदर्श बना रहता है। वास्तव में, प्रश्न करने की प्रवृत्ति ही सबसे महत्त्वपूर्ण आलोचना है; आधारभूत विश्वासों पर चर्चा करने में किसी सर्वसुलभ अगठित बुनियादी ढाँचे का अभाव जिससे सारे प्रश्न उभरते हैं। किन्हीं विश्वासों पर प्रश्न लगाना मात्र इसलिए नहीं होता क्योंकि हमारे अन्दर तार्किक प्रश्न करने की प्रवृत्ति नहीं है। परन्तु इसलिए भी कि इस प्रकार के प्रश्न करने के लिए पर्याप्त संज्ञानात्मक और प्रभावी शक्ति चाहिए ताकि आकारहीन आधारभूत विश्वासों के लिए एक सर्वसामान्य बुनियादी ढाँचा बनाया जा सके।

पिछले वर्षों में मैंने देखा है कि विभिन्न समूहों के बीच इन आधारभूत धारणाओं को लेकर गम्भीर असहमति रही है, जैसे वैज्ञानिकों और विज्ञान-अध्ययन से जुड़े लोगों के बीच। कभी-कभी विज्ञान के प्रति वैज्ञानिकों की राय और विज्ञान के दार्शनिकों की राय में जो अपूर्णीय अन्तर है, इस कठिनाई को बढ़ाती ही है। यह राय तार्किक प्रश्न करने की स्वतः उद्‍भूत कारणों से नहीं है अपितु ऐसे आधारभूत विश्वासों पर तार्किक शंका से सम्बन्धित है जो हमारे दैनन्दिन जीवन की आदतें हैं।

इस समस्या के सन्दर्भ में जैन विचार एक नया विचार सुझाता है और अत्यधिक भिन्न-भिन्न विश्वासों के संघर्ष को प्रभावशाली ढंग से सुलझाने का एक सौहार्दपूर्ण पुनः स्थापन। किसी अभिकथन की अर्हता सिद्ध करने के लिए जैन तर्कशास्त्री सात भिन्न-भिन्न रीतियाँ सुझाते हैं। वे इस बात पर बल देते हैं। वे अभिकथन के साथ-साथ स्यात् की अर्हता को भी जोड़ना चाहते हैं। इस स्यात् अर्हता को 'सम्भवतः', 'कुछ विशेष दशाओं में' आदि द्वारा अनूदित किया जा सकता है। यह अर्हता एक साधारण तथ्य को बतलाती है कि किसी भी प्रकार के अभिकथन किसी विशेष दशा में ही सत्य हैं। इसमें ऐसे स्पष्ट कथन भी शामिल हैं, जैसे—''यह मेज़ भूरी है।' इस कारण से यह कथन कि 'यह मेज़ भूरी है' किन्हीं निश्चित दशाओं में सत्य है और किन्हीं अन्य दशाओं में सत्य नहीं है और सम्भव है किन्हीं अन्य दशाओं में वर्णित ही न किया जा सके। यदि हम इस प्रकार के तर्क को प्रस्तुत करते हैं तो हम समझ सकते हैं कि कैसे परस्पर आधारभूत विश्वासों की टकराहट को सुलझा सकते हैं। जब इस प्रकार की टकराहट है तो प्रायः ऐसे अभिवचन हैं जो एक-दूसरे से असंगत हैं। इस प्रकार की असंगतियों को सुलझाने में असमर्थता एक तरफ़ हिंसात्मक संघर्ष को जन्म देती है और दूसरी तरफ़ विश्वासों का एकत्रीकरण। अतः मेरा कहना है कि जब

हम प्रश्न और उत्तर की प्रकृति पर विचार करें तो दो असंगत दावों को सुलझाने की हमारी असमर्थता पर भी विचार किया जाना चाहिए। स्यात्वाद असंगतियों को सार्थक रीति से सुलझाने में एक प्रभावी उपाय हो सकता है क्योंकि यह उन दशाओं को दिखला सकता है, जहाँ भिन्न विश्वासों से जनित अभिकथन आते हैं और स्थिर रहते हैं। और तार्किक समझ इसके अलावा और कुछ नहीं है कि यह समझा जाये कि कोई अभिकथन किन विशेष दशाओं और पूर्व कल्पनाओं पर निर्भर करता है।

प्रश्न करने की आचारनीति और लोकहित बुद्धिजीवी

लोकहित बुद्धिजीवी के लिए तार्किक पृच्छा अति आवश्यक है, इसे हम स्वतः सिद्ध सत्य मान लेते हैं। मेरे विचार से लोकहित बुद्धिजीवी वह है जो सामान्यजनों से सम्बन्धित विषयों पर तार्किक प्रश्न कर सके। परन्तु किन अर्थों में कोई लोकहित बुद्धिजीवी 'छिद्रान्वेषी' कहला सकता है? क्या वह संशयी हो या फिर सिद्धान्तवादी? क्या वह दूसरे के बारे में प्रश्न कर सकता/सकती है, अपनी स्थिति के बारे में प्रश्न किये बिना? थापर के निबन्ध में और उसमें लोकहित बुद्धिजीवियों पर जो चर्चा हुई है, उससे लोकहित बुद्धिजीवी की अनेक पहचान प्रगट होती हैं—आप्तवचन और सत्ता की आलोचना से लेकर सामाजिक न्याय सम्बन्धी मसलों में संलिप्तता। मेरे विचार से लोकहित बुद्धिजीवी के विभिन्न कार्य किसी एक निश्चित रीति में समाहित किये जा सकते हैं जिससे वह लोकहित बुद्धिजीवी कहला सके।

आप्तवचन या सत्ता के विरुद्ध कोई वास्तव में कैसे व्यवहार करता है? लोकहित बुद्धिजीवी का बृहत्तर समाज के लिए क्या सही है और क्या गलत है, यह विचित्र दावा क्या है? जब तक इन कार्यों के लिए सामूहिक संकलन (सन्धार/ढाँचा) स्पष्टतः निर्धारित न हो जाये, लोकहित बुद्धिजीवी के कथन विभिन्न प्रकार के सिद्धान्त में दफन हो जायेंगे। तो मैं आज पर ज़ोर देकर इस धारणा के ऐतिहासिक पक्ष पर भी ध्यान आकृष्ट करता हूँ—लोकहित बुद्धिजीवी को अन्य बातों के अलावा सर्वप्रथम बौद्धिक निष्कपटता का परिचय देना होगा। सर्वप्रथम लोकहित बुद्धिजीवी को सर्वसामान्य का एक सदस्य होना होगा और फिर वह बुद्धिजीवी हो। लोकहित बुद्धिजीवी की मीमांसा में एक दुर्बोध तनाव है। प्रायः यह समझा जाता है कि ऐसा व्यक्ति जनसामान्य से बाहर का है परन्तु जनसामान्य के कल्याण की बात करता है तो एक अर्थ में बौद्धिक निष्कपटता का भाव हमें सदा स्मरण कराता रहेगा कि जनहित बुद्धिजीवी जनसामान्य के एक सदस्य के रूप में बोल रहा है और वह जनसामान्य से उससे अधिक और कुछ नहीं चाहकर सकता,

जितना स्वयं से चाह सकता है। किसी अन्य प्रकार की गतिविधि की अपेक्षा कोई बुद्धिजीवी ऐसा जीता-जागता श्रेष्ठ उदाहरण हो कि जो वह कहता है, वैसा ही दीखता है और उसके लेखन और कार्य में विशृंखलता नहीं है। जनता के किसी अध्यापक से जनहित बुद्धिजीवी की ये लक्षण अलग पहचान बनाते हैं। कोई व्यक्ति अध्यापन का कार्य श्रेष्ठता से कर सकता है परन्तु ज़रूरी नहीं कि वह स्वयं उस कार्य में प्रवीण हो। उदाहरण के लिए, कोई कोच (प्रशिक्षक) स्वयं एक बेहतरीन खिलाड़ी होने पर भी प्रसिद्ध खिलाड़ियों को ढाल सकता है। परन्तु कोई जनहित बुद्धिजीवी ऐसी स्थिति में नहीं है। उसे स्वयं भी वैसा बनना पड़ेगा, जैसा वह दूसरों को बनाने की इच्छा रखता है।

कोई यह स्थिति कैसे प्राप्त कर सकता है? इसका सबसे साधारण तरीका है कि वह बताये कि वह किन विश्वासों पर आधारित होकर बोल रहा है—यह बौद्धिक निष्कपटता की पहली सीढ़ी है। जैसा कि मैंने पीछे उपसंहार में कहा है, जैन तर्क के अनुसार किसी बात की तार्किक समझ किसी के कथन की अवस्थाओं के सिद्धान्तों को विस्तार देने के अलावा और कुछ नहीं है और यह अभिकथनों के विशिष्ट सत्य मूल्यों का अभिकथन नहीं है। यदि यह बात है तो किसी जनहित बुद्धिजीवी का सबसे प्रमुख आधारभूत कार्य होगा कि जिन आधारों पर कोई सामाजिक दावा बिना प्रमाण प्रस्तुत किया जाता है, उसके आधारों और पूर्वानुमानों के सिद्धान्तों का स्पष्टीकरण। इसका अन्तर्निहित अर्थ है कि कोई जनहित बुद्धिजीवी जनता की ओर से स्वयं कोई बात तय नहीं कर सकता। जनहित बुद्धिजीवी की नैतिकता यह है कि व्यक्ति स्वयं स्वशासित होकर तय करे कि वह क्या चाहता है, परन्तु साथ ही इस प्रकार की शक्ति प्रदान करने वाली स्थितियाँ पैदा करे जिसमें स्वशासित व्यक्ति बुद्धिजीवी होने की दिशा में आगे बढ़ सके। इस प्रकार के कार्य करते हुए किसी जनहित बुद्धिजीवी के सामने संज्ञानात्मक चुनौतियाँ ही नहीं हैं अपितु नैतिक चुनौतियाँ भी हैं।

ऊपर बताये गये लक्षणों के अलावा किसी जनहित बुद्धिजीवी की धारणा में अन्य अनेक नैतिक विषय भी हैं जो प्रमुख हैं—विशेषकर जनहित विचार-सीमा में तार्किक प्रश्न करने की सम्भावना। थापर के निबन्ध में जनहित कार्यक्षेत्र में तार्किक प्रश्न करने की अनिवार्यता एक मुख्य बिन्दु है। परन्तु इससे प्रश्न उठता है कि स्वयं से तार्किक प्रश्न करना और अन्यों से तार्किक प्रश्न करने के बीच क्या भेद है? स्वयं से बनाम समूह से तार्किक प्रश्न करना और व्यवस्थित प्रश्न करने में क्या विभिन्नता है, यह महत्त्वपूर्ण है। एक ओर वह चरम सीमा है, जहाँ व्यक्तियों के समूह 'अन्धभक्ति' से कुछ विश्वासों का पालन करते हैं तो दूसरी

ओर अत्यधिक आक्रामक पृच्छा है, जैसा कि मीडिया द्वारा उद्भाषित होता है। कैमरे के सामने व्यक्तियों से मीडिया द्वारा इस प्रकार की आक्रामक अपमानजनक पृच्छा एक प्रकार से ऐसा प्रश्न करना जो किसी मानक पर आधारित नहीं है जबकि कभी इस प्रकार से प्रश्न करना मृदु सामाजिक व्यवहार हुआ करता था। तार्किक प्रश्न स्वयं में व प्रश्न करने के स्थापित मानकों के विरोध में है क्योंकि व्यवहार के मृदु मानकों की आड़ में (विश्वासोत्पादक) दृढ़ धारणा का अधिकार स्थापित हो जाता है। इस सम्भावित समस्या को मानते हुए मैं इस पर भी ज़ोर दूँगा कि स्वयं के विश्वासों पर प्रश्न करना और दूसरे के विश्वासों पर प्रश्न करने के सिद्धान्त अलग-अलग होने चाहिए।

सर्वप्रथम हम दूसरे के विश्वासों पर आखिर प्रश्न करना ही क्यों चाहते हैं? यदि ऐसे विश्वास सार्वजनिक विचार-सीमा में हमारे कार्यों को अवरुद्ध या प्रभावित करते हैं तो हम ऐसा कर सकते हैं। यदि किसी के विश्वास उसके घर की सीमा तक सीमित हैं तो फिर यह दूसरों का मामला कैसे बनता है? यह मामला तब बनता है, जब ये विश्वास सामाजिक परस्परता में दूसरे के विश्वासों से टकराते हैं। इस टकराहट को दूर करने का उपाय तार्किक प्रश्न उठाना नहीं है अपितु दूसरे में इन विश्वासों के आधारों की तर्कपूर्वक व वैचारिक (प्रत्ययात्मक) समझ उत्पन्न करना है। मतभेदों को निपटाने का यह सबसे दक्ष तरीका न हो, परन्तु यह अनिवार्य है, यदि सार्वजनीनता के सन्दर्भ में हमारा भाव नैतिक संकल्पना से है और मात्र उपयोगितावादी नहीं है।

थापर का निबन्ध प्रथमतः तार्किक प्रश्न करने से सम्बन्धित है, इसलिए यह महत्त्वपूर्ण है कि तार्किक प्रश्न करने के नैतिक आधारों को भी देखा जोये। (प्रश्न करने के नैतिक नियमों के अभाव में तार्किक प्रश्न करने पर बल देना, जहाँ तक वैज्ञानिक ज्ञान का प्रश्न है, शीलाचार के प्रश्न को दरकिनार कर देना है जिससे वैज्ञानिक ज्ञान (समझ) के सृजन के आसपास नैतिकता से सम्बन्धित गम्भीर प्रश्न उठते हैं) किसी सार्वजनिकता का बनना स्वयं में नैतिक नियमों पर आधारित है तो इस सार्वजनिकता के सदस्यों के विश्वासों पर तार्किक प्रश्न करने का कोई विचार भिन्न प्रकार से प्रस्तावित किया जाना चाहिए। प्रश्न करने की रीति—किसी व्यक्ति द्वारा या व्यक्तिगत—भिन्न है जब उसे जनसाधारण के सन्दर्भ में देखा जाता है। भिन्न प्रकार से इसे इस प्रकार व्यक्त किया जा सकता है—मैं दूसरों से प्रश्न कर सकता हूँ, जैसा मैं स्वयं से प्रश्न कर सकता हूँ। मेरे अपने विश्वासों के पुंजों से तार्किक प्रश्न करने की रीति दूसरों के विश्वासों से तार्किक रूप से सम्बद्ध होने से भिन्न है। परन्तु इसका तात्पर्य यह नहीं है कि हम दूसरे के विश्वासों पर तार्किक

प्रश्न नहीं कर सकते, परन्तु हमें एक निश्चित मापदण्ड की आवश्यकता है जो दोनों पक्षों को स्वीकार हो और जो इन दो पक्षों के बीच में बहस की शर्तों को निर्णीत कर सके। अतः सर्वसाधारण की विचार सीमा में तार्किक प्रश्न करने की भूमिका के सन्दर्भ में थापर के तर्कों को दो तरह से समझा जा सकता है–पहला यह है कि व्यक्तियों को प्रेरित किया जाये कि वे अपनी आधारभूत धारणाओं का तर्कपूर्वक परीक्षण करें और दूसरा यह समझना कि वे क्या आधार हैं जिन पर समुदायों या समूहों के विश्वासों को उन लोगों द्वारा तर्कसंगत समीक्षित किया जाये जो उस समुदाय या समूह के सदस्य हैं या नहीं भी हैं। यहाँ मैं उस साधारण बात को फिर से दोहराऊँगा कि प्रश्न करने के लिए अनिवार्य शर्तें हैं। ये शर्तें मात्र राजनीतिक नहीं हैं अपितु ज्ञानमीमांसीय और नैतिकता से सम्बन्धित भी हैं क्योंकि प्रश्न करने की प्रक्रिया कुछ निश्चित आधारभूत विश्वासों पर टिकी है, जो प्रश्न करने से जुड़ी हैं तो प्रश्न करने के सम्बन्ध में बुनियादी प्रश्न हैं–हम उन आधारों पर कैसे प्रश्न करें जिन पर हम स्थिर हैं और स्थिर रहना चाहते हैं? यदि हम आधारहीन होकर प्रश्न करते हैं तो यह क्रान्तिक संशयवाद होगा और हम न्याय-दर्शन और पीयर्स के अनुसार कह सकते हैं कि ऐसा संशयवाद व्यावहारिक मानवीय कार्यों की दृष्टि से समर्थनीय नहीं है क्योंकि यह वास्तविक शंका या यथार्थ (मौलिक) प्रश्न नहीं है। किसी विशेष प्रकार की तर्कयुक्ति यह स्वीकार कर लें कि हमें किसी बात पर या सभी बातों पर प्रश्न करने का अधिकार है। कोई और अधिक अर्थच्छाया रीति इस विश्वास के औचित्य को सिद्ध करेगी कि हमें यह अधिकार है कि हम जैसा चाहे प्रश्न कर सकते हैं।

भारतीय दार्शनिक व्यवस्थाओं में, एक सुव्यवस्थित कौशल है जिससे हम भिन्न-भिन्न मत रखने वाले विरोधियों के बाद विवाद से निबट सकते हैं जिसमें अपने विचार रखने से पूर्व विरोधी के विचारों को वर्णित और विश्लेषित किया जाता है। यह संवाद का नीतिशास्त्र है जो जनसाधारण के नैतिक नियमों पर लागू होता है। किसी सार्वजनिक मुद्दे पर बहस में यह एक उपयोगी चतुराई हो सकती है, इस पर विचार किया जाना चाहिए।

अन्त में, दूसरे के साथ वाद-विवाद करने की दो रीतियों में अन्तर करना जानना होगा : दूसरे से प्रश्न करना और दूसरे के बारे में अनुमान करना। दूसरे के प्रति अनुमान और दूसरे से संवाद, ये दोनों विधियाँ ही सार्वजनिक गम्भीर चर्चा में महत्त्वपूर्ण हैं। बहुत अधिक प्रश्न करने पर बल देना दूसरे को एक विशेष प्रकार से थामने जैसा है। उदाहरण के लिए विश्लेषण का लक्ष्य और निर्णय का लक्ष्य भी है। मेरे विचार से निर्णय लेने की मीमांसा आधारभूत नीतिपरक समस्या है।

प्रश्न करना अपने स्वतः से निर्णय लेना है। दूसरों पर तार्किक रूप से प्रश्न करना शीघ्र ही एक प्रकार से दूसरों को मूल्यांकित करने जैसा हो जाता है। यह नहीं है कि यह निर्णय लेना स्वतः ही गलत है क्योंकि अन्ततः अनेक कार्य हैं,जिन्हें हमें गलत कहना ही चाहिए। परन्तु लोकहित बुद्धिजीवी के सन्दर्भ में तार्किक पृच्छा और मूल्यांकन विचारों में अन्तर की सम्भावना की ओर ले जाता है। लोकहित बुद्धिजीवी होने का अर्थ है कि वह किन्हीं निश्चित क्रियाओं के सम्बन्ध में अवस्थान ले परन्तु निर्णायक के रूप में नहीं। यह कैसे सम्भव हो? यहाँ दूसरी विधि महत्त्वपूर्ण हो जाती है जिसमें दूसरे के साथ व्यस्त रहना दूसरे के बारे में अनुमान लगाने द्वारा होता है। दूसरे के बारे में अनुमान लगाना दूसरे तक पहुँचने की अन्य रीति है। दूसरे के बारे में 'जानना' जो तार्किक प्रश्न करने से जानी जा सकती है, दूसरे के बारे में अनुमान लगाना दूसरे को 'समझने' जैसा है। मैं नृत्य से एक छवि लूँगा जिससे बतला सकूँ कि मैं क्या कर रहा हूँ। जयचन्द्रन प्लाजे जो एक प्रसिद्ध नर्तक और कोरियोग्राफर (नृत्यरचनाकार) हैं, नृत्य को परिभाषित करते हुए कहते हैं कि यह शरीर की सीमा से बाहर जाने जैसा है, मुद्रा और बोध (प्रतिपत्ति) दोनों दृष्टि से। उदाहरण के लिए, जब कोई नर्तक अपनी बाँहें फैलाता है तो इस क्रिया में ध्यान मात्र बाँहों पर न होकर उससे आगे बढ़कर कहीं और है। नर्तक की गति की सारी क्रियाएँ साँस लेने तक हाथ की चाल से आगे बढ़कर कहीं और तक जाती है। यह 'कहीं और तक' जाने की सामर्थ्य जो प्लाजे के लिए नृत्य की कल्पना (नवीनता के साथ सोचने की क्षमता) का केन्द्रीय अवयव है, मैं अन्य की कल्पना के सन्दर्भ में इसका आह्वान करना चाहूँगा। इस प्रतीक का प्रयोग करते हुए मैं कहना चाहूँगा कि 'अन्य की कल्पना' सदा अन्य की आसन्न सीमाओं से आगे तक जाती है, दोनों प्रकार से इनकी कायिकता के अर्थों में, और साथ ही इनकी प्रतिक्रियाओं के सन्दर्भों में भी। शाब्दिक अर्थों में इसका तात्पर्य है कि दूसरे के बारे में नवीनता के साथ सोचने का कार्य सदा दूसरे से परे तक देखना है, दूसरे से ज़्यादा अधिक और उसके कार्यों से अधिक तक देखना है। यह 'अधिक तक जाने' की कल्पना देश और काल दोनों विस्तारों तक हो सकती है। किसी जनहित बुद्धिजीवी का अनिवार्य कर्तव्य उन विचार-सीमाओं को प्रगट करना और उनको विस्तृत करना है जो किसी समाजपरक कृत्य के 'आगे जाने तक' के अवयवी हैं। यदि 'समझ' (समाजशास्त्रों की लम्बी परम्परा के पालन में) 'मात्र जानने' से वास्तव में अधिक एषणीय है तो किसी लोकहित बुद्धिजीवी के लिए यह अनिवार्य है कि वह इन दोनों प्रकार की प्रश्न करने की रीति और साथ ही दूसरे के प्रतिरूपण का प्राधिकार करें।

मैं इन माँगों को मात्र जनहित बुद्धिजीवियों तक ही सीमित नहीं रखना चाहूँगा अपितु इनका विस्तार जनसाधारण नागरिक वर्ग तक करना चाहूँगा। और किसी सार्थक रूप में इन जिज्ञासाओं को पूर्ण करने के लिए मैं प्रश्न करने की विपरीत 'आदत' का सहारा लेना चाहूँगा। जनसाधारण की मीमांसावृत्तियों से परिभाषित होते हैं—सामाजिक संस्कार। यह कर्मवृत्तियों की अभिव्यक्ति ही है। तो मैं थापर की जनहित बुद्धिजीवियों की माँग को कुछ निश्चित वृत्तियों को पल्लवित करने की माँग के समकक्ष मानता हूँ और जो दो वृत्तियाँ अनिवार्य हैं, वे हैं—दूसरे से प्रश्न करना और दूसरे का प्रतिरूपण। जब ये रीतियाँ वृत्ति बन जाती हैं, तब सामाजिक और सार्वजनिक गम्भीर चर्चा स्वतः परिवर्तित हो जायेगी। यदि वे सफलतापूर्वक किसी समाज की सामाजिक वृत्ति बन जाती हैं तो उस समाज को किसी जनहित बुद्धिजीवी की आवश्यकता नहीं होगी परन्तु जब तक ऐसी स्थिति नहीं बनती है, तब तक जनहित बुद्धिजीवी की भूमिका इन वृत्तियों को बढ़ावा देने का प्रयत्न करते रहना होगा।

यह शायद जनहित बुद्धिजीवी का असली सत्त्व होगा जो जनसाधारण के निर्माण का कार्य करे, जहाँ उसकी अपनी भूमिका अनावश्यक और फालतू हो जायेगी।

विज्ञान और जनतन्त्र

ध्रुव रैना

अपनी एक अन्तिम पुस्तकों में, विज्ञान नीति विश्लेषक बने वैज्ञानिक जॉन ज़िमान लिखते हैं—"विज्ञान पर आघात हो रहा है। लोग इसकी शक्ति-सामर्थ्यों में अपना विश्वास खो रहे हैं। छद्म वैज्ञानिक विश्वास पनप रहे हैं। सार्वजनिक बहसों में विज्ञान के विरोध में बोलने वाले जीत रहे हैं। औद्योगिक प्रतिष्ठान प्रौद्योगिकी का गलत इस्तेमाल कर रहे हैं। चुने हुए प्रतिनिधि प्रयोगों को रोक रहे हैं। सरकारें शोध के लिए राशि के आवंटन में कटौती कर रही हैं। यहाँ तक कि साथी विद्वान विज्ञान के दावों पर शंका कर रहे हैं। फिर भी जनमत सर्वेक्षण बड़ी संख्या में इसके समर्थन में है। सभी स्तरों पर विज्ञान-शिक्षा का प्रसार हो रहा है। लोगों की समझ को लेखक और उद्घोषक बढ़ावा दे रहे हैं। शोध में लगी प्रयोगशालाओं से उत्साह देने वाली खोजें और उपयोगी आविष्कार हो रहे हैं। इससे पहले विज्ञान इतना प्रसिद्ध या प्रभावी नहीं रहा है।" एलन ब्लूम अपनी पुस्तक 'द क्लोजिंग ऑफ़ द अमेरिकन माइंड' में इंगित करते हैं कि हमारे समय में मुख्य प्रश्न उस त्रिकोणीय सम्बन्ध से है जो तर्क, विज्ञान और मानव-कल्याण के बीच है।

प्रोफ़ेसर रोमिला थापर के निबन्ध के उत्तर में मैं विज्ञान की समसामयिक दुनिया के बारे में ज़्यादा बातें करूँगा और यह तर्क दूँगा कि पिछले कुछ दशकों में विज्ञान के संस्थागत बदलाव ने विज्ञान और जनसाधारण के सम्बन्धों और विज्ञान और समाज पर तार्किक संवाद को भी को बदल दिया है। मेरे निबन्ध के तर्कों तथा प्रोफ़ेसर थापर के प्रश्न के विस्तृत सरोकारों में प्रमुख वैज्ञानिक रीतियों के पथ-प्रदर्शक के रूप में संशयवाद केन्द्रीय और अन्तर्निहित मानक रहा है। विज्ञान के दार्शनिकों ने इसी के चारों ओर तार्किक बुद्धिवाद की दिमाग़ी योजना बनायी है। मैं जिस बिन्दु पर ज़ोर देना चाहूँगा, वह है हमारे समय में वैज्ञानिक रीतियों और प्रजातन्त्रिक प्रक्रिया के बीच जो अन्तर्निहित सम्बन्ध है, उसे स्वतः सिद्ध नहीं

माना जा सकता। इन दोनों की पृथकता का परिणाम होगा कि विज्ञान के लिए जनतान्त्रिक अनुप्राण बाहर से आयेगा।

आधुनिक विज्ञान की वृद्धि के सम्बन्ध में यह कहा जा सकता है कि विभिन्न विज्ञानों ने जो चुनौती रूढ़िवाद को दी है, उससे इसकी शुरुआत हुई है। यह कथा है—कृत्रिम ईश्वर (धर्म) की निन्दा, प्रचालित विचारधारा के प्रति प्रतिकूल विश्वास, बन्धन और auto de fe तो भी अन्त में विज्ञान की सच्चाई ही प्रबल रहती है, कुछ वाक्छल के बावजूद भी, क्योंकि विज्ञान से जुड़े लोग ज्ञान और उसकी प्रणाली के प्रति अपनी प्रतिबद्धताओं से संचालित होते हैं। विज्ञान-इतिहासकारों ने पिछले कुछ दशकों में इस शब्द-चित्रण की अर्थछाया को परिष्कृत करने में काफ़ी कुछ किया है। परन्तु मूल मिथक को उखाड़ फेंकना काफ़ी कठिन हो जाता है, जब वह एक बार जम जाता है और विज्ञान-प्रेमियों को प्रेरित करता रहता है तथा विज्ञान की प्रतिछाया आलोचनात्मक तर्क की आवाज़ बनकर उसकी विस्तारक हो जाती है। यह मनगढ़न्त ख़यालीपन इतना शक्तिशाली है कि जब कभी भी वैज्ञानिक विवादों में भी ज्ञानमीमांसीय या व्यवस्थापरक संचयन होता है या जब 'विज्ञान को कठघरे में खड़ा किया जाता है' तो किसी मानक के अतिक्रमण में इस समीक्षात्मक तर्क की आवाज़ का सहारा लिया जाता है।

तर्क के लिए बार-बार इस पुकार का क्या अर्थ है? इसका इतना महत्त्व क्यों है? एक तो यह तर्क दिया जाता है कि इस प्रकार में हमारी यह वचनबद्धता है कि दावे के प्रति हमारी तटस्थता (निष्काम भाव) है। इसमें कोई भी निजी स्वार्थ नहीं है और यह प्रश्न करना स्वयमेव ताक़तवर सिद्धान्तों के तथाकथित श्रेष्ठ कारण पर आधारित है। यह फिर दो निजी दृष्टिकोण पर आधारित प्राक्कलनों की पहचान पर आधारित है। पहले का सम्बन्ध सार्वजनिक लम्बी बहसों में अच्छे तर्क देने के महत्त्व से है जो बाद में दूसरे सिद्धान्तों की अपेक्षा कुछ निश्चित सिद्धान्तों (शायद प्रजातान्त्रिक सिद्धान्तों) के अन्तर्निहित गुणों के आधार-वाक्यों (आमुख) पर टिका है।

आधुनिकता की रचना में गैलीलियो और न्यूटन समय के विज्ञान के ऐतिहासिक अन्तर के सभी पहलुओं पर पड़ताल किये बिना यह कहा जा सकता है कि यूरोपीय इतिहास में प्राचीन और आधुनिक के बीच तथाकथित विवाद में विज्ञान को प्रायः यह सिद्ध करने के लिए लाया जाता था कि वह मात्र तार्किक दृष्टि ही नहीं है अपितु अनेक खोजों की प्रणाली भी है। तर्क की इस भिड़न्त की वाणी में वॉल्टेयर विगत की खोजों को कमतर आँकता है। यहाँ यह हमारा काम नहीं है कि हम इस बात पर बहस करें कि क्या दार्शनिक आवश्यकता से

कहीं अधिक विध्वंसक क्षमता के दोषी थे। अधिक महत्त्वपूर्ण बिन्दु यह है कि वॉल्टेयर डेनिस डिडिरोट और जीन ले रॉण्ड डी' एलम्बर्ट (Jean Le Rond D' Alembert) से लेकर; फ्रेंच क्रान्ति के पिछले दशकों से लेकर Francois Arago तक, क्रान्ति पश्चात् से लेकर ये ज्ञानवान मात्र नये विज्ञान-प्रचारक (फ्रेंच में Vulgarisation de Sciences), समाज में विज्ञान के स्थान को निर्धारित करने के लिए सार्वजनिक बहसों में मात्र प्रतिभागी ही न थे अपितु कैसा समाज वे बनाना चाहते हैं, इसके लिए भी ज़िम्मेदारी उठाये हुए थे। इस अर्थ में रोलेण्ड बार्थस (Roland Barthes) वॉल्टेयर को आलोचनात्मक तर्क के पक्षधर प्रसिद्ध योद्धाओं में गिनता है। बाद के दशकों में तर्क और क्रान्तिकारी राजनीति के इस परिस्थितिजनक योग ने प्रगतिशील राजनीतिक सिद्धान्त का निर्माण किया; इसके साथ यह दृष्टि भी की कि हम मात्र विज्ञान और समाज के लम्बे संवादों का परीक्षण ही न करें अपितु आदर्श सामाजिक व राजनीतिक दृष्टि के स्वप्नदर्शी चिन्तक भी बनें।

आगे जो चर्चा होगी, उसके सम्बन्ध में एक स्पष्टीकरण आवश्यक है कि 'तर्क' शब्द से हम वर्तमान विश्वासों और वचनबद्धता को स्पष्ट करने की क्षमता से आगे बढ़कर क्या अर्थ लेते हैं। विशेषकर, जब हम ऐतिहासिक तर्क या वैज्ञानिक तर्क की बात करते हैं तो विशेष प्रणालियों, सूचना के स्रोतों और प्रथाओं सम्बन्धी विशिष्ट ज्ञान का स्मरण करते हैं। ये प्रथाएँ तार्किक निष्कर्ष और नियन्त्रित निरीक्षण से अधिकृत हैं, मात्र निष्कर्ष या इन्द्रियबोध पर नहीं। इन सन्धि-पत्रों की सफलता वैज्ञानिक अभ्यास को तर्क के अनुकरण योग्य बनाती है।

यदि दार्शनिकों और ज्ञानियों के लिए आलोचनात्मक तर्क और प्रयोगात्मक विधि की आवाज़ को समाज और राजनीति पर उनके विचारों से अलग नहीं किया जा सकता तो यह कहा जा सकता है कि विज्ञान की अचेतनता इसे दूसरी ओर ले जा रही है, जैसा कि दार्शनिक सैण्ड्रा हार्डिग कहता है कि विज्ञान का एक अचेतन (पक्ष) भी है। शायद यह सामाजिक-राजनीतिक (स्थिति) से दूर ले जा रही है। इतनी दूर कि उन्नीसवीं सदी के अन्तिम दशकों में इतिहास और विज्ञान का दर्शन, विज्ञान के इस विचार अमूर्त तर्क के रूप में प्रतिभाषित करने लगा। कुछ ज़्यादा कल्पनाशीलता में, विज्ञान की इस अचेतावस्था के आन्दोलन का प्रभाव सामाजिक-राजनीतिक से विलग प्रभाव के रूप में देखा जा सकता है ताकि वह अपने सार्वजनिक और निरपेक्ष ज्ञान के दावे को दृढ़ कर सके। बोध-प्रक्रिया सम्बन्धी और सामाजिक आन्दोलन, प्रत्यक्षवाद और तार्किक निश्चयात्मकवाद एकसूत्र में बँधे हैं क्योंकि वे मानव के ज्ञान को सार्वजनीनता और निरपेक्षता के

विचारों पर आधारित वैज्ञानिक सिद्धान्तों पर व्यवस्थापूर्वक ढालना चाहते हैं। परन्तु यह पृथक्करण प्रथम विश्वयुद्ध और उसकी विभीषिका के बाद पुनः विज्ञान की दुनिया की फेरी लगाने लगा। परन्तु इस समय के आसपास विज्ञान की निष्पक्षता की इस विचारधारा ने सामाजिक काल्पनिकता से अपना गहरा नाता जोड़ लिया।

क्या वैज्ञानिक पूँजीपतियों और सर्वाधिकारवादी शासनों द्वारा अपने परिणामों के दुरुपयोग के दंश से दबे हैं? इस दुविधा ने जे.डी. बरनाल और दूसरे वामपन्थी वैज्ञानिकों को निरपेक्षता के इस मुद्दे को सुलझाने के लिए सामाजिकता से जुड़े वैज्ञानिकों और विज्ञान-कार्यकर्ताओं को बड़े आन्दोलन करने के लिए बाध्य किया—यह भारत में 'जनसाधारण के लिए विज्ञान' आन्दोलनों की प्रेरणा के लिए विरासत बना। सन् 1938 के आसपास एटलाण्टिक के पार विज्ञान के समाजशास्त्री रॉबर्ट मैरटन विज्ञान को सामाजिक गुणों से जोड़ रहे थे, जैसे—सामुदायीकरण, मौलिकता, असम्बद्धता और संशयवाद। दूसरे शब्दों में, इस काल में एक पुराने विचार की ओर लौटना हुआ परन्तु स्वभावतः अनेक पक्षीय संरचनाओं में और नये सामाजिक सन्दर्भ में पुनर्गठित। अमरीका में दार्शनिक जॉन डेवी ने वैज्ञानिक प्रविधि के राजनीतिक मसलों को हल करने का सार्थक तरीका बतलाया और साथ ही अनुभव की सत्यता को उपयुक्त बताते हुए प्रजातन्त्र को दार्शनिक कारणवाद से जोड़ा। अतः डेवी और अन्यों के लिए 'विज्ञान का संगठन' या 'अधिगम का गणतन्त्र' के मानक राजनीतिक जनतन्त्र के सामान्य प्रतिरूप के रूप में देखे जा सकते हैं। इस बहस की शृंखला में विज्ञान और जनतन्त्र में समानान्तरता के सन्दर्भ में शैला जैसेनोफ़ (Sheila Jasanoff) कहती हैं :

"यह कोई अचानक हुई घटना नहीं है क्योंकि वे गुण जो किसी जनतन्त्र को कार्यशील बनाते हैं, वे ही तत्त्व विज्ञान के सन्दर्भ में काम करते हैं अर्थात् तर्क और पारदर्शिता के प्रति आग्रह; समीक्षात्मक जाँच-पड़ताल के प्रति खुलापन, उन माँगों के प्रति संशयात्मा जो आधिपत्य मूल्यों को समर्थन देते हैं, परस्पर विरोधी विचारों को सुनने के प्रति खुलापन (राजी); अनिश्चितता और अनभिज्ञता को स्वीकारने के प्रति तैयारी, और तत्क्षण सर्वश्रेष्ठ स्वीकृत अभ्यासों द्वारा एकत्रित तथ्यों के प्रति श्रद्धा।"

सामाजिक सद्गुण मात्र विज्ञान के लक्षण ही नहीं हैं परन्तु जैसा जैसेनोफ़ (Jasanoff) कहती हैं कि यह आधुनिक प्रयोगात्मक विज्ञान और राजनीति में प्रजातान्त्रिक जवाबदेही में बढ़ोतरी के ऐतिहासिक रूप से संयुक्त उत्पादन के उत्पाद हैं, यह वह बिन्दु है, जहाँ हमारी समसामयिक समझ पृथक् होती है। बीसवीं सदी के भारत में औपनिवेशिक शासन के अन्तिम दिनों से बीसवीं सदी के अन्तिम

दशक में सामाजिक मुद्दों से जुड़े वैज्ञानिकों की महत्त्वपूर्ण परम्परा रही है, जिन्होंने विज्ञान और जनतन्त्र के परस्पर सम्बन्ध और समानान्तरता पर ज़ोर दिया है। यद्यपि एक समय था जब वैज्ञानिक शिखर पर थे और इस पर बल दे रहे थे कि यह दिशा विज्ञान से जनतन्त्र की ओर है। परन्तु यह प्रवृत्ति शीघ्र ही विज्ञान और समाज के मुद्दों पर बहस की सर्वव्यापी प्रकृति द्वारा नियन्त्रित कर ली गयी। यह दुर्भाग्य से आज भी बनी हुई है। वास्तव में जनतान्त्रिक जगह वह स्थल है, जहाँ विज्ञान की समालोचना पर बहस हो सकती है परन्तु वह स्थल भी, जहाँ वैज्ञानिक अपने वैज्ञानिक प्रयोगों और बड़ी-बड़ी विकास सम्बन्धी परियोजनाओं का परीक्षण और उनका प्रतिबिम्बन कर सकते हैं। यह परम्परा मेघनाथ साह, होमी भाभा, डी.डी. कौशाम्बी, सतीश धवन, सी.वी. शोषाद्रि, ए.के.एन. रेड्डी और माधव गाडगिल तक; और विज्ञान एवं वैकल्पिक विज्ञान आन्दोलन तक देखी जा सकती है। आज के सन्दर्भ में संवाद की इस परम्परा को हम खो चुके हैं। ऐसा लगता है कि जनहित बुद्धिजीवी के रूप में विज्ञानी लुप्त हो गया है। अमूल्य रेड्डी कहा करते थे कि सतीश धवन उन्हें प्यार से विज्ञान की सामाजिक चेतना कहा करते थे (as the social conscience of science)। विज्ञान की इन लोकहित आवाज़ों की चुप्पी से, जहाँ कोई वैज्ञानिक राज्यसत्ता के विपरीत जनसाधारण के लिए बोलता था, कहाँ विज्ञान की सामाजिक चेतना छिप गयी?

बहुत तेज़ी से बदलती राजनीतिक अर्थव्यवस्था में इस दयनीय संसार में बीती बातों की याद सताने का सिलसिला शुरू न करते हुए, मैं विज्ञान की दुनिया में संस्थागत बदलाव के कारण प्रस्तुत करूँगा; ऐसा बदलाव जहाँ समीक्षा और संशय का विस्तार सीमित है। दूसरे शब्दों में, प्रश्न यह नहीं है कि क्या यह समाज के लिए श्रेयकर है, बल्कि प्रश्न यह किया जा सकता है कि क्या यह विज्ञान के लिए भी श्रेयकर है (या नहीं)? दूसरे शब्दों में, जो विज्ञान के लिए श्रेयकर नहीं है, वह निश्चित रूप से समाज के लिए भी अच्छा नहीं होगा। अनेक वर्षों पूर्व हेल्गा नवोटनी (Helga Nowotny) ने एक प्रश्न उठाया था कि क्या योग्य लोग अहितकारी विज्ञान बना सकते हैं। इसका उत्तर सृजन विज्ञान के इतिहास और बीती सदी से स्पष्ट है। परन्तु एक महत्त्वपूर्ण प्रश्न रह जाता है—विज्ञान की दुनिया में जनतान्त्रिक परख की संस्कृति को पुनःस्थापित करने के लिए क्या किया जाये? (सृजन विज्ञान मानव जाति का उन्नति-विषयक शास्त्र माना जाता है।)

मार्टन की रूपावली के लक्षणों में एक लक्षण मौलिकता के मानक के विशिष्ट स्थान की स्वीकार्यता थी—मौलिकता को केन्द्रीय मानक का स्थान देना विज्ञान की दुनिया की मुख्यधारा की विचारधारा से भिन्न इसे साहसी क़दम माना

गया तथा विज्ञान की परम्परा के लिए ख़तरा नहीं माना गया। एक सामाजिक व्यवस्था के रूप में मार्टन की रूपावली ने विज्ञान के समाजपरक आचार-विचार में व्यापक परिवर्तन नहीं करने दिया। जिसका तात्पर्य था कि यद्यपि ढाँचा स्थिर था, मौलिकता की साहसिकता या मानक से विचलन, विलक्षण था। जॉन ज़ियान हमें स्मरण दिलाता है कि किसी सामाजिक व्यवस्था में नैतिक नियम मानक और उसके समवर्ती प्रतिकूल मानकों के बीच रचनात्मक तनाव रहता है। मार्टन के मानकों को अनुरूप बनाना अधिकाधिक कठिन था और प्रायः ही वे मानक वर्ग निष्ठा और संसृजन के बीच संघर्ष में थे। इसके परिणामस्वरूप गैलीलियो, सरवारोव और ओरलोव जैसे लोगों को उनके समय में उन्हें देशद्रोही बतलाया गया, 'हीरो' नहीं जैसा कि बाद के समय में माने गये। मैं अमूल्य रेड्डी के साथ हुई कई बहसों को याद करता हूँ जो इस बात से अत्यधिक भ्रमित हो जाता था कि वैज्ञानिकों के समूह द्वारा या प्रभावित हुए सामाजिक समुदायों या समूहों द्वारा विज्ञान की आलोचना करने पर यकायक उन्हें विज्ञान-विरोधी कह दिया जाता था।

विश्वविद्यालयी व्यवस्था के अन्तर्गत विज्ञान के संसार को लेकर मुख्य चिन्तादायक प्रश्न है शुद्ध शोध की स्वायत्तता। विज्ञान के संसार और शोध में हुए व्यवस्थित बदलाव ने विज्ञान और जनता के रिश्ते को बदल दिया है। यह मुख्य मुद्दा विज्ञान की प्रकृति के जनतान्त्रिक की सम्भावना को लेकर चिन्ता से सम्बन्धित है। यह मुद्दा विज्ञान के बदलते सामाजिक समझौते का दो दशकों से चले आ रहे विचार-विमर्श और शोध-संलग्नता से प्रमाणित होने का है। अनिश्चितता के इस वातावरण में विज्ञान के संसार का उत्तरदायित्व ही दाँव पर नहीं है अपितु सामाजिक ज़िम्मेदारी भी दाँव पर है। असहमति की आवाज़ या विमत कल्पना की कमी को लेकर यह तर्क दिया जा सकता है कि यह विज्ञान के स्वसंचालित व्यवस्था का यान्त्रिक वस्तुपरक उत्पादन की व्यवस्था में बदलाव का परिणाम है। यद्यपि बदलाव की इस प्रक्रिया का फलक पूर्ण या पूर्णता के आसपास नहीं है। यह ऐतिहासिक बदलाव जिसकी भावना कार्ल पोपर द्वारा प्रतिपादित अत्यधिक ग्राह्य सिद्धान्त कि विज्ञान-दर्शन की रचना तार्किक बुद्धिवाद है; के विरोध में है। इसे आन्तरिक और बाह्य दोनों प्रकार से समझने की ज़रूरत है। बहुत से लोग प्रश्न करेंगे कि क्या विज्ञान के अन्दर से जनित प्रभावों को उन प्रभावों से पृथक् किया जा सकता है जो समाज से उभरते हैं। यद्यपि विज्ञान पूर्णतः सामाजिक है, यह भेद विज्ञान के बोध-प्रक्रिया सम्बन्धी पक्ष का मात्र समाजशास्त्रीय या राजनीतिशास्त्रीय कोटियों के बदलाव को टालता है।

विज्ञान की स्वायत्तता के प्रति चुनौती के समर्थन को विज्ञान के लिए पर्याप्त

मात्रा में राशि के आवंटन और इसकी गतिविधियों के विस्तार के रूप में देखा जा सकता है। इस कारण से बाह्य दबाव स्वसंचालित क्रियाविधि की मदद करने लगते हैं जिससे शोधकर्ता के प्रकृत अधिकार के रूप में स्वायत्तता से समझौता करना पड़ता है। विज्ञान और समाज का प्रकृति सम्बन्धी अध्ययन, वैज्ञानिकता और सामाजिकता के परस्पर गहरे और जटिल सम्बन्धों से उद्‌भाषित होता है। इनमें से कुछ अध्ययनों की जड़ें शैक्षणिक व्यावसायिकता में हैं, साथ ही एक इतनी ही महत्त्वपूर्ण वंशावली 'विज्ञान की सामाजिक ज़िम्मेदारी' के प्रति समर्पित आन्दोलनों से प्रभावित है और इसे क्रान्तिक या सक्रियतावादी कहा गया है। भारत में, पुनः, हम जानते हैं कि इस बौद्धिक वसीयत ने विज्ञान संस्कृति और विज्ञान विषयों में जाँच और सन्तुलन की व्यवस्था को बनाने में महत्त्वपूर्ण भूमिका निभायी है और जिसका सामाजिक और पर्यावरणीय गहरा और दीर्घकालिक प्रभाव पड़ा है। इनमें से कुछ का वास्ता मात्र राज्यस्तरीय मुद्दों से ही नहीं है जैसे—साइलेण्ट वैली विवाद, काइगा के लिए स्थल-निर्धारण या नर्मदा बचाओ आन्दोलन; बल्कि राष्ट्रीय और अन्तर्राष्ट्रीय मुद्दों से भी है। 1950 के बाद विज्ञान के सार्वभौमिक पक्ष पर अत्यधिक बल दिया जाने लगा, जबकि वैज्ञानिक और समाज सम्बन्धी आन्दोलन मात्र परमाणु शक्ति के वैश्विक मतभेदों से उलझे नहीं रहे अपितु उन्होंने प्राकृतिक संसाधनों और पर्यावरण जैसे उतने ही महत्त्वपूर्ण केन्द्रीय (मुख्य) बिन्दु उठाये। इनसे जुड़े सक्रियतावादी और प्रतिवादी आन्दोलनों ने प्रभावित समुदायों के कमज़ोर पक्ष को ही नहीं दिखाया अपितु विज्ञान को भी समृद्ध किया। इसे विज्ञान के समाजशास्त्र में स्वीकृति मिली है, जहाँ विज्ञान के इर्द-गिर्द नये सामाजिक आन्दोलनों को वैज्ञानिक ज्ञान के सृजक के रूप में गिना गया। इस गिनती में भारत में 'सेण्टर फॉर साइंस एण्ड एनवॉयरमेंट' की अद्‌भुत भूमिका को गिना जा सकता है जो मात्र नागरिकों का विज्ञान ही नहीं है अपितु उतना ही महत्त्वपूर्ण स्वयमेव विज्ञान है।

दूसरे शब्दों में, नागरिकों के विज्ञान (सिटिज़न साइंस) और विज्ञान के सामाजिक अध्ययन ने विज्ञान की राजनीतिक अर्थव्यवस्था पर प्रश्न उठाये हैं ताकि आम लोगों, समुदायों और सामाजिक संगठनों के कल्याण और हित केन्द्र में ले आयें। शीतयुद्ध के समय लौह दीवार के दोनों ओर विज्ञान समीक्षाओं ने सैद्धान्तिक मतभेदों के सम्मिलन से drigime और स्वतः संचालन के बीच एक मध्यम मार्ग अपनाया। इसके परिणामस्वरूप नीति सम्बन्धी लम्बे संवाद और विज्ञान की बाद की सार्वजनिक पहचान, विज्ञान की सामर्थ्य के प्रति अज्ञानता और वैज्ञानिक समुदाय की यह स्व-आस्था कि विज्ञानबोध प्रक्रियात्मक जाँच के लिए आन्तरिक गठनात्मक

व्यवस्था है, से निर्मित है या फिर यह विचार कि विज्ञान और प्रौद्योगिकी तर्क और युक्ति संगत रूप में स्थिर है जो उनके मात्र प्रायोगिक पक्ष से अधिकृत है। सन् 1930 के आसपास विज्ञान और समाज पर हुई बहसों में ये केन्द्रीय ध्रुवीयता रहीं। जहाँ उदारवादियों ने विज्ञान की स्वायत्तता और स्वाधीनता के मत का समर्थन किया। दूसरी ओर वर्नाल से प्रभावित लेखकों ने लम्बे समय के लिए विज्ञान की योजना के लिए विज्ञान का मत प्रस्तुत किया। दूसरे शब्दों में, विज्ञान बृहत्तर सामाजिक सन्दर्भ का हिस्सा है। ऊपर वर्णित मध्य मार्ग विज्ञान और समाज के समझौतावादी सम्बन्ध का प्रतीकात्मक रूप है, जहाँ आधारभूत या शुद्ध विज्ञानों को पूर्ण स्वायत्तता प्रदान की जायेगी और प्रायोगिक विज्ञान को सामाजिकता से जोड़ा जायेगा। और वह व्यावहारिक सामाजिक लक्ष्यों से सम्बद्ध होगा। सामाजिकता से सम्बद्ध इस विज्ञान का प्रौद्योगिकी प्रयोग से जुड़ाव यह सुनिश्चित करता है कि इसे पर्याप्त मात्रा में अनुदान मिलता है, यदि हम इसके परिणामों को प्रसारित करने के लिए इसके मीडिया से रिश्ते की बात न भी करें। मीडिया से बढ़ते सम्बन्धों के कारण विज्ञान ने स्वयं संचालित आन्तरिक मानकों को स्वयमेव बदल दिया है। ऐसे नये प्रकार के ज्ञान के लक्ष्य प्रकृति के सामान्य नियमों या सामान्यीकृत सिद्धान्तों को व्याख्यायित करने से, जो उनकी प्रामाणिकता के स्रोत हैं और प्राथमिकता निर्धारित करने के स्थल हैं, उतना सम्बद्ध नहीं है जितना परामर्श देने, बड़े-बड़े औद्योगिक घरानों के बैठकों के कमरों और विचारण-ताल से सम्बद्ध हैं। इस प्रकार के विज्ञान के स्वभाव की चर्चा पर्याप्त विस्तार से 'द न्यू प्रोडक्शन ऑफ़ नॉलिज' और उसके बाद की रचनाओं में मिलती है। परन्तु विज्ञान की दुनिया में इस परिवर्तन की आरम्भिक अवस्था में विज्ञान के दार्शनिकों ने यह स्वीकारना शुरू किया कि इस प्रकार की दशाओं में प्रामाणिकता के मानकों में ये निकट भविष्य में ज्ञानाश्रित भटकाव देखा गया था।

यह समस्या गम्भीर है। इसी कारण विज्ञान की पत्रिका 'नेचर' ने इस पर एक सम्पादकीय लिखा। अचम्भे में इस सम्पादकीय का शीर्षक था : " 'शुरू' ('इन द बिगिनिंग') यह स्पष्टतः सत्रहवीं सदी में स्थापित रॉयल सोसायटी द्वारा खोजी गयी विज्ञान की नयी सामाजिक प्रौद्योगिकियों के प्रति संकेत था। इस सम्पादकीय की शुरुआत 'फिलोसोफिकल ट्रान्जेक्शन्स' की 350वीं वर्षगाँठ का उत्सव मनाते हुए होती है जो प्रथम प्रकाशित और लम्बे समय से चली आती दैनन्दिनी है। यह अंशतः 'परिप्रष्टा मन के लोगों' द्वारा सम्पादित एक दैनन्दिनी है जिन्होंने सच्चे मन और संसार के याचित प्रश्नों की बेड़ियों को निकाल फेंका है, और आंशिक रूप से यह एक पत्रिका है जो एक बेहतर संसार के शास्त्र-रूढ़

अनुसरण के समर्थन में है जिस संसार को स्वतः स्वीकृत नहीं माना जा सकता। परन्तु यह सम्पादकीय चेतावनी देता है—"48 ईसा पूर्व और 642 ईसवी के बीच अलेक्ज़ेण्ड्रिया की आज़ादी पर भिन्न-भिन्न समयों में आक्रमण किया गया और उसे नष्ट किया गया। जो इस प्रकार की अकारण विध्वंसक बर्बरता को प्राचीन इतिहास कहकर ख़ारिज करना चाहते हैं, वे अमरीका और अन्यत्र विज्ञान के उस अतिरंजित प्रभावशाली (व्यापक) सतत प्रयासों को देखें जो जलवायु परिवर्तन से लेकर क्रमिक विकास तक फैले हैं...अतार्किकता की शक्तियाँ बलशाली हो रही हैं—अतः कोई निश्चिन्त कैसे रह सकता है।" इसे ब्रिटिश वैज्ञानिक समुदाय की मात्र चिन्ता की अभिव्यक्ति के रूप में न देखा जाये, अपितु यह अधिक उपयोगी होगा कि इसे 'बृहत्तर व्यवस्थित बदलाव के प्रतिरोध' के रूप में देखा जाये।

कुछ समय बाद एक अन्य सम्पादकीय 'नेचर' में छपा जिसका शीर्षक था—'संवाद का भंग होना' (कम्यूनिकेशन ब्रेक डाउन) जिसमें ब्रिटेन में सिविल सेवा नियमावली में हुए संशोधन के प्रति चेतावनी की घण्टी जैसा माना गया जिसके अन्तर्गत वैज्ञानिकों को मीडिया से बात करने के लिए मैत्री स्तर के अनुमोदन को अनिवार्य किया गया। ब्रिटिश वैज्ञानिक कार्यकर्ताओं के संघ ने स्वभावतः वैज्ञानिकों द्वारा मीडिया से बात करने के इस प्रतिबन्ध का विरोध किया। सम्पादकीय ने ब्रिटिश चुनावों के पहले की इस समयावधि में टिप्पणी की कि "विज्ञान असम्भाव्य प्राथगिकता नहीं है, वैज्ञानिकों को...अपनी आवाज़ फिर उठानी पड़ेगी। और सरकारों को उनका मुँह बन्द नहीं कराना चाहिए।" इस तरह के प्रतिबन्ध में ब्रिटेन ही अकेला नहीं है। और जैसा कि सम्पादकीय में कहा गया है कि वैज्ञानिकों और विद्वत्‌जनों का मुँह कनाडा में भी बन्द किया जा रहा है। मुझे कनाडा के एक विश्वविद्यालय से एक वरिष्ठ सहयोगी का पत्र मिला। इस पत्र में प्रोफ़ेसर लिखते हैं—"मुझे सोमवार से मीडिया से बात करने से मना किया जा रहा है। हमारे वेतन में क्रूरतापूर्वक कटौती और मेरी मूल संस्था में बजट में कटौती के बाद हमारी सरकार एक नया विधेयक 'विश्वविद्यालयों को प्राणवान बनाने का विधेयक' (यूनिवर्सिटीज़ रीवाइटलाइजेशन बिल) पारित करना चाहती है। जिसके अनुसार कर्मचारियों को यूनियन बनाने, मोल-भाव करने और शिकायतें दाखिल करने के अधिकार से वंचित कर दिया जायेगा और यह घोषणा की जायेगी कि सभी प्रकार का शोध और शिक्षण उद्योग और उद्यमवृत्ति को समर्पित होगा।" हमारे देश में भी यही स्थिति है। हमें बहुत दूर जाने की आवश्यकता नहीं है कि इस देश में विज्ञान की आवाज़ है और विशेषकर जनसाधारण के लिए विज्ञान की आवाज़ कैसे कुचली जाती है। ग्रीनपीस को

आपना कारोबार समेटने के लिए बाध्य किया जा रहा है। विज्ञान और जनतन्त्र के अलगाव की परिकल्पना करते हुए ब्रूनो लैटुअर (Bruno Latour) वाक्पटुतापूर्वक पूछता है कि कैसे विज्ञान को जनतन्त्रीय प्रक्रिया में सम्मिलित किया जा सकता है। उसके अनुसार, राजनीतिक परिस्थिति के अवसान को समझने के लिए उन शक्तिशाली हितों को जानकारी में लाना होगा जो इसको चारों ओर से घेरे हुए हैं। इसके बराबर ही यह बहुत विस्तृत आन्दोलन के रूप में उस प्रथा से प्रतियोगिता नहीं कर सका है, जहाँ 'राजनीति तो ऐसी होती ही है' की बहुत पुरानी चाल जारी है।

यह विज्ञान की स्वायत्तता को कैसे प्रभावित करती है। स्वायत्तता परस्पर सम्बन्धपरक धारणा है जो समय और सन्दर्भ से बदलती रहती है। स्वायत्तता की गारण्टी देने का कोई सामान्य नियम नहीं है, क्योंकि किसी एक निश्चित समय में यह संस्थागत गठनों और नीतिपरक वातावरण के जटिल जाल में उलझी रहती है। इस जटिलता में जो मुद्दे समाहित हैं, उन्हें उजागर करने के लिए हमारे पास ऐतिहासिक पूर्व घटनाएँ हैं जहाँ यह ज्ञानमीमांसीय स्वतन्त्र विज्ञान किसी विशिष्ट निर्दयतापूर्ण स्थितियों में जारी रखा गया। समय-समय पर जैसा कि इतिहासकारों और विज्ञान के समाजशास्त्रियों ने उल्लेख किया है, वैज्ञानिक शोध की रीतियाँ वैधता के संकट से गुज़र रही हैं या फिर जैसा—भारत में सन् 1970 के आसपास हुआ—कभी-कभी अपक्रिया से भी गुज़री हैं। यह संकट विज्ञान के आन्तरिक आधारों की वैधता के आमुख से प्राप्त स्वायत्तता और दूसरी ओर सामाजिक लाभों के परिणामस्वरूप बाह्य औचित्य पर आधारित परतन्त्रता के बीच रचनात्मक तनाव से पैदा हुए हैं। विज्ञान के नाम पर और विज्ञान के स्वतः संचालित मानकों की उद्यमिता पर विचारपूर्वक बोलते हुए विज्ञान के सामाजिक लक्ष्यों की वैबर के आदर्शों पर आश्रित स्वायत्तता को या फिर उन तर्कों को जो प्रौद्योगिकी या सामाजिक संगत के साक्ष्य प्रस्तुत करते हैं, खोजते हुए स्वायत्तता का पक्षधर होना होगा परन्तु 'स्वायत्त विज्ञान' के अनुसरण के लिए स्थान को बनाये रखने के लिए भी प्रयत्न करते रहना होगा।

कम-से-कम पिछले दो सौ वर्षों में विश्वविद्यालयों में वैज्ञानिक शोध बहुत बड़ी मात्रा में व बड़ी लगन से होते रहे और यही ज्ञान के उत्पादन का प्राथमिक स्थल रहा है। और विश्वविद्यालयों के सन्दर्भ में विज्ञान ने जो स्वायत्तता अर्जित की है, वह सतत अनुशासनवादी (शिष्टतावादी) असमानीकरण (विभेदीकरण) की प्रक्रिया से प्राप्त है—सत्रहवीं शताब्दी में धार्मिकता से और बाद में दार्शनिकता से। कुछ मात्रा में बोध-प्रक्रिया से सम्बन्धित स्वायत्तता से सहायता-प्राप्त ज्ञान के

उत्पादन की इस व्यवस्था ने बीसवीं सदी के तीसरे चतुर्थांश में अपनी सीमाओं का सामना किया। परन्तु ज्ञान के जटिल जाल ने स्वयमेव और ज्ञान-उत्पादन की नयी रीतियों ने यह लगभग असम्भव कर दिया है कि कोई वैज्ञानिक विज्ञान के नाम पर बोल सके। अंग्रेज़ी बोलने वाले देशों के अन्तर्गत कुछ वैज्ञानिकों ने विज्ञान-विधाओं की उन्नति पर विलाप करते हुए कहा कि इसने विज्ञान को ज्ञानमीमांसीयता से वंचित कर दिया है। यद्यपि यह विवादास्पद मुद्दा है तो भी विज्ञान-विधाओं ने जो किया है, वह वैज्ञानिक परम्पराओं और विधियों की बहुविविधता का प्रगटीकरण है। अत्यधिक सूक्ष्म अन्तर करने की प्रवृत्ति ने विज्ञान की सफलताओं को विज्ञान और समाज के मुद्दों पर बोलने वाले वैज्ञानिकों की कुशलता को वैज्ञानिक फलक के बहुत छोटे वातायन तक सीमित कर दिया है।

इस उपमहाद्वीप में यह चिन्ता का विषय है कि विज्ञान की जनतान्त्रिक भावना का पर्याप्त ह्रास हुआ है। विज्ञान की सामाजिक पहुँच के प्रजातन्त्रीकरण और विस्तार के परिणामस्वरूप वैज्ञानिक समुदाय की उसे सँभाले रखने की असमर्थता ने वैज्ञानिक समुदाय की निश्चित अधिकारवादी प्रवृत्तियों को प्रबल किया है जो वैज्ञानिक कुशलता के उनके अधिकारपरक व एकमात्र दावों के आग्रह से प्रगट होता है। विभिन्न विकल्पों के मध्य विज्ञान की निर्णायक भूमिका को यह कमतर करता है। विज्ञान के अन्दर अपने आन्तरिक मतभेद और विवाद अनेक मीडिया स्रोतों द्वारा जनता तक पहुँचते हैं। ऐसे में मीडिया के प्रमुख लोग मुद्दों के दलाल बन जाते हैं और ये मुद्दे मात्र भली-भाँति स्थापित राजनीतिक क्षेत्रों से सम्बन्धित ही नहीं होते अपितु उनके अपने स्वार्थों के भी होते हैं। विज्ञान की सत्ता को जो महत्त्व दिया गया है, वह आंशिक रूप से मूल्य-निरपेक्षता की काल्पनिकता से जनित है। विज्ञान से जुड़े सार्वजनिक विवाद जब बढ़ते हैं—जो विज्ञान के समाजीकरण को दर्शाते हैं—तो विज्ञान के संसार में जनतन्त्र और विमत की आवाज़ खो जाती है। इस प्रकार की स्थिति में, विशेषज्ञ असहमत लोग—भारतीय सखारोव—कहाँ हैं जो विज्ञान और समाज के परस्पर सम्बन्धों का तार्किक रूप से परीक्षण कर सकें। यह अभाव संवाद को अवरुद्ध करता है, जैसा कि इसने समाज में उपलब्ध सांस्कृतिक स्रोतों और विभिन्न प्रकार के कौशलों के बीच किया है।

मैं अपना उत्तर रूढ़ियों में विश्वास न करने वाले खुले विचारों के एक वैज्ञानिक के भाषण के बारे में बात करके समाप्त करूँगा जिसकी अनुपस्थिति पर आज हममें से ज़्यादातर लोग शोक प्रगट कर रहे हैं। सन् 2000 में अमूल्य कुमार नारायण रेड्डी ने नयी दिल्ली में सआदत हसन मण्टो पर भाषण दिया था। भाषण का विषय पोलैण्ड में ऊर्जा-निर्धारण पर हुई एक बैठक से उभरा, था जिसमें रेड्डी

ने भी भाग लिया था। पोलैण्ड में रहते हुए वे समय निकालकर Auschwitz और Birkenau देखने गये थे। रेड्डी या जिन्होंने बैंगलोर में उनके साथ काम किया है, उनके लिए 'प्रोफेसर' विज्ञान और प्रौद्योगिकी की आलोचना से लम्बे समय से उद्वेलित थे और वे विषय की अपनी समझ के सतत पुनर्चिन्तन की प्रक्रिया में लगे थे। Auschwitz की यात्रा उनके लिए आँखें खोल देने वाली थी, जैसा कि उन्होंने समझा कि 'हिंसा के लिए प्रौद्योगिकी' जनित प्रौद्योगिकी किस प्रकार मूल्यों से प्रत्यक्षतः विमुख हो गयी है। जैसा कि उन्होंने लिखा–"Auschwitz में हुए जाति-संहार के दृश्य से विचलित, मैं इसके ऐतिहासिक समानान्तर घटनाओं के बारे में सोचने लगा। विशेषकर, मैं सोचता हूँ कि क्या नाज़ी बन्दी शिविरों और लॉस एलामॉस (Los Alamos) में विकसित आणविक बमों के बीच कोई अन्तर है, एलमोगोर्डो (Almogordo) में हुए परीक्षण और हिरोशिमा व नागासाकी में गिराये बमों से तत्काल मानो लाखों नागरिकों का सर्वनाश हो गया।" उनका तर्क था कि किसी वैज्ञानिक की यह भूमिका है कि विज्ञान और नैतिकता के परस्पर सम्बन्धों को उजागर करते हुए वह विज्ञान को महाविनाश (महासंहार) का तन्त्र होने से बचाये। विज्ञान के संसार को उन आवाज़ों की ज़रूरत है जो विज्ञान के समुदाय से स्वयमेव उठें जिससे विज्ञान की आन्तरिक स्वायत्तता और सख़्ती को बनाये रखा जा सके। इस दुविधा को रेड्डी ने अपनी वाणी दी और यह आज भी उतनी ही वैध है, जितनी तब थी।

भारतीय विज्ञान के असाधारण योग्यतासम्पन्न महानुभाव सी.वी. रमण और मेघनाथ साहा, सन् 1947 के तत्काल बाद शासन से अपनी स्वतन्त्रता को अभिमान के रूप में देखते थे। परन्तु उनके बाद के वैज्ञानिकों के लिए अधिकार (शक्ति) अत्यधिक सम्मोहक इच्छा रही। और यह इच्छा विज्ञान सम्बन्धी मन्त्रालयों और उनके सचिवों के माध्यम से शासन से याचना करके ही प्राप्त की जा सकती थी। विज्ञान सम्बन्धी अकादमियों ने विज्ञान सम्बन्धी मन्त्रालयों के सचिवों की याचना करके उन्हें अपना अध्यक्ष या पदाधिकारी बनाया। इस बात पर उन्हें कोई खेद या अपराधबोध न रहा कि इससे इन अकादमियों की स्वायत्तता पर आँच आती है या फिर उनकी आवाज़ सरकारी आवाज़ से अभिन्न नहीं रह पायेगी। यह खोखलापन (त्रुटि) इस देश में है, जहाँ ऐसी बहुत कम संस्थाएँ हैं जो इतनी स्वायत्त (स्वतन्त्र) हैं कि शासन से विपरीत अपना पक्ष (अपनी धारणा) रख सकें।

मुझे आश्चर्य हुआ कि एक सामाजिक सन्दर्भ में रेड्डी उसी विकट पराजय की बात कर रहे थे जिससे आधी सदी पूर्व सी.वी.रमण परेशान थे। एक बेचैनी होती है इसे स्वीकारते हुए कि दो विश्वयुद्धों के बीच विज्ञान और जनतन्त्र के

परस्पर सम्बन्धों में कुछ आधारभूत अन्तर आ गया है। मद्रास में सन् 1966 में आई.आई.टी. में दीक्षान्त भाषण देते हुए उन्होंने कहा कि बीसवीं सदी की शुरुआत से लेकर विज्ञान में हुई प्रभावशाली वृद्धि के लिए तीन कारण ज़िम्मेदार हैं। उनमें से प्रथम दो कारणों को विस्तार से समझाते हुए उन्होंने कहा–"परन्तु एक तीसरा और ज़्यादा घृणित तरीका है जिसमें पिछले साठ सालों में विज्ञान पल्लवित हुआ है। और वह है बहुत ही विरल रूप से वेष बदलकर विज्ञान का युद्ध में प्रयोग...यह सैन्यीकरण के अलावा और कुछ नहीं है। यही आज हो रहा है। यह बहुत दुःख की बात है कि हमारा विज्ञान उस दिशा की ओर जा रहा है...इन देशों में भी कुछ संवेदनशील विवेकवान लोग हैं जो ऐसी सोच का कड़ा विरोध करते हैं...और विज्ञान के इस दुरुपयोग का भी यह कहाँ जाकर समाप्त होगा?" स्पष्टतः रमण विज्ञान के सैन्यीकरण की इस मज़बूत पकड़ के बहाव पर आपत्ति उठा रहे थे। यह उस विकास की भी प्रतिछाया थी जो दो विश्वयुद्ध ों के बीच विकसित हुई और जो ज़्यादा घातक रूप से शीतयुद्ध के दौरान और अधिक बढ़ी। अतः उन्होंने उन उत्तीर्ण हुए विद्यार्थियों को सलाह देते हुए कहा कि उन्होंने जो भी प्रतिभा यहाँ पायी है, उस पर सन्देह करें क्योंकि कोई भी अचूक नहीं है (जिससे कोई गलती न हो), वे भी नहीं जो उनके (रमण के) हीरो हैं, जैसे–हरमन वोन हेल्महोल्टज़ (Hermann Von Helmholtz) और अलबर्ट आइंसटाइन; 'क्योंकि नया ज्ञान उसे अस्त-व्यस्त कर सकता कर है जो विगत में था, और पूरी तरह से उसे उखाड़ ही फेंके जो पहले किया गया था।' तो रमण के अनुसार जिसकी आवश्यकता है, वह है निडर होकर स्वतन्त्र चिन्तन जिसका अभाव उनकी दृष्टि में विकास के मार्ग में बाधक है।

संक्षेप में, हम जिससे जूझ रहे हैं वह है उच्च कोटि का विज्ञान (बिग साइन्स) जिसके लिए अत्यधिक बड़ी मात्रा में धन के आवंटन की आवश्यकता होती है। यह वैज्ञानिकों को तभी प्राप्त हो सकता है, जब वे सरकर या फिर बड़े औद्योगिक घरानों के आसपास नीति-निर्धारकों पर दबाव बना सकें। और जैसा कि देखा गया है पैरोकारी और नीति-निर्धारकों पर प्रभाव डालने या दबाव बनाने का यह प्रयास वैचारिक सहमति और सुदृढ़ता को, जो किसी बड़ी अच्छाई के लिए समर्पित वैज्ञानिक समुदाय को जोड़े हुए है, टुकड़े-टुकड़े कर देगी। इसके बदले यह प्रतियोगी परियोजनाओं के समूहों में वितरित श्रेष्ठ विशेषज्ञों को बनाते हैं। इसके फलस्वरूप यह तर्क दिया जा सकता है कि निजी विज्ञान और सार्वजनिक ज्ञान के बीच विज्ञान की लड़ाई ज्ञान के अनुसरण में प्रोत्साहन पर आकर उत्प्रेषणित हो जाती है (जो अब तक सबके लिए अच्छा है)। अब इसे

अन्य प्रकार से पुरस्कृत किया जा रहा है और इस बार बौद्धिक सम्पदा के रूप में। वैचारिक सहमतियुक्त दृढ़ता से अधीदेशाधीन प्रतियोगिता में यह बदलाव विज्ञान की दुनिया में आन्तरिक अनुकूलन चाहता है जैस मैन्सफील्ड कहता है–'जनतन्त्र की संयोगिता जहाँ विज्ञान जनतन्त्रीय समुदाय में गुणकारी प्रतिरूप का अब प्रतिनिधित्व नहीं कर सकता'। जैसा कि इसके ज्ञानसम्पन्न प्रवक्ता और दार्शनिकों ने पहले सोचा था।

तो अन्त में, समापन करते हुए, हमने उस बिन्दु से शुरू किया था, जहाँ आधुनिक विज्ञान और जनतान्त्रिक प्रक्रियाएँ पिछली कुछ शताब्दियों में एक साथ विकसित और पल्लवित हुईं। इक्कीसवीं शताब्दी में दोनों के बीच पृथकता के मार्ग बढ़ते जा रहे हैं। इसका तात्पर्य यह नहीं कि वैज्ञानिक अभ्यास ने अपूर्ण रहते हुए भी अपने स्वनियामक मानकों को, जिन्हें जनतान्त्रिक कहा जा सकता है, त्याग दिया है। इसके विपरीत विज्ञान के परिवर्तनशील सामाजिक समझौते और विज्ञान के संस्थागत और संगठनात्मक विस्तार को बाह्य संचालन को सुभेद्य बना दिया और इसकी समीक्षात्मक वाणी को आंशिक रूप से मूक बना दिया है। परन्तु किसी भी वैज्ञानिक गतिविधि के लिए यह वाणी अपने आपमें आवश्यक है जो शक्तिशाली ज्ञान के निर्माण के लिए केन्द्रीय लक्षण है, साथ ही जनतान्त्रिक नागरिकता के निर्माण में भी मानसिक दृष्टिकोण है। क्या विज्ञान के पास अपने आन्तरिक स्रोत हैं, जैसा कि विगत में रहा था ताकि वह इस तार्किक आवाज़ को प्रबल कर सके।

विचार और कर्म के बीच जीवन

पीटर रोनाल्ड डिसूज़ा

रोमिला थापर के अनुसार 'जनहित बुद्धिजीवी वह है जिसे सत्ता में बैठे लोगों से स्वतन्त्र अपनी स्थिति बनाये रखनी चाहिए जिससे वह विवादित विचारों पर इस बात की परवाह किये बिना प्रश्न कर सके कि ऐसे विचार कौन प्रस्तावित कर रहा है। जनहित बुद्धिजीवी को स्वयं को, जितना सम्भव है उतना, स्वायत्त समझना चाहिए...और साथ ही नागरिकों के अधिकारों के प्रति उसे चिन्ता होनी चाहिए...विशेषकर सामाजिक न्याय के मुद्दों पर।'

इस परिभाषा में स्पष्टतः दो सुस्पष्ट विचार हैं : वह हैं 'स्वायत्त चिन्तक' और 'सामाजिक न्याय का पक्षधर'। थापर सोचती हैं कि इन दो पात्रों को आसानी से पंक्तिबद्ध किया जा सकता है (जोड़ा जा सकता है) और इस प्रकार इनके संयोग से जनहित बुद्धिजीवी के सामाजिक और बौद्धिक शक्ति को स्थापित किया जा सकता है। इसके विपरीत मेरा सोचना है कि इस प्रकार का जुड़ाव उतना सीधा-सरल और समस्या रहित नहीं है, जितना सरल सुझाया गया है और वास्तव में इन दोनों के बीच रचनापरक तनाव है। दोनों ही भिन्न तर्क पर आधारित हैं। 'स्वायत्त बुद्धिजीवी' की भावना उस ज्ञानमीमांसीय तर्क पर आधारित है जिसे कोई व्यक्ति अपने दावे की वैधता को मूल्यांकन की प्रच्छन्न शिष्ट रीतियों पर स्वयं से निरपेक्ष होकर तय करता है, जबकि 'सामाजिक न्याय का पक्षधर' उस शीलाचारयुक्त तर्क से प्रेरित होता है जो समाज के गठनों का परीक्षण करके यह तय करता है कि समाज के साधनों का किस हद तक उचित और नियमानुसार के सिद्धान्त पर वितरण हुआ है।

यह महत्त्वपूर्ण अन्तर है क्योंकि यह अन्तर स्वीकार करता है कि दोनों ही सामाजिक ऊर्जा और वितरणात्मक प्रक्रिया के मूल्यांकन में अलग-अलग नवाचार अपनाते हैं। नीतियों और संस्थाओं की आलोचना या समर्थन में निश्चित दृढ़ साक्ष्यों को खोजते हुए यूँ दोनों एक ही प्रस्थान-बिन्दु से शुरू होते हैं, परन्तु बाद

में उनके रास्ते पृथक्-पृथक् हो जाते हैं। इसमें से एक, प्रस्तावों के प्रयोगात्मकता के समर्थन के कारण जाँच-पड़ताल के निष्कर्षों के प्रति अज्ञेयवादी (नास्तिकवादी) है, जबकि दूसरा जाँच-पड़ताल को बन्द करने और कार्य करने की अवस्था के गमनागमन को तैयार है क्योंकि ये जाँच-पड़तालें विभेद की एक स्थिति तक, सन्तुष्टि के मापदण्ड के साथ मिलती हैं अर्थात् यह अन्याय की स्थिति को स्थापित करने के लिए पर्याप्त है। इसके परिणामस्वरूप एक समय आ सकता है जब दोनों परस्पर एक-दूसरे के साथ विरोध में हों। मैं इस मुद्दे को इस रूप में प्रस्तुत नहीं करना चाहतीं कि इन दो पात्रों (मुख़बिरों) के बीच ध्रुवीयता है क्योंकि मेरा विश्वास है कि किसी जनहित बुद्धिजीवी में दोनों तत्त्व हैं—वह स्वायत्त बुद्धिजीवी भी है और सामाजिक न्याय का पक्षधर भी है। यह एक प्रकार की विश्राम रहित संगति है जो भारत में किसी बुद्धिजीवी के विखण्डित मनस्ताप की स्थिति है।

मैंने यह भेद यहाँ किया है जो मुख्यतः विश्लेषणात्मक है, न कि अस्तित्वपरक क्योंकि मैं जनहित बुद्धिजीवी के सन्दर्भ में चर्चा करते समय उन अलग तर्कों की बात करूँगा जो उसे बनाते हैं। इसका अर्थ है कि जब सार्वजनिक क्षेत्र में कोई बुद्धिजीवी हस्तक्षेप करता है तो उसे किसी एक पात्र को दूसरे पात्र पर हावी होने देना पड़ेगा। इस बिन्दु पर जहाँ एक पात्र दूसरे पात्र के दबाव में आ जाता है, 'सीमान्त बिन्दु' को समझना होगा। किसी समाज या राज्य-व्यवस्था में, जैसा कि भारत में, जहाँ प्रजातन्त्र के अनाड़ी लोगों द्वारा शक्ति गठन की पुरानी व्यवस्था को चुनौती दी जा रही है, जो प्रजातन्त्र द्वारा स्थापित सर्वहारा दृष्टिकोण को आसानी से बिना सन्धि किये मानने के लिए तैयार नहीं है। इस प्रकार की शक्तियों (सम्भवतः मध्यवर्ती) को उभारती है जो अपनी अभिव्यक्ति में अत्याचारी और कार्यान्वियन में मनमानी है तो जनहित बुद्धिजीवी को सामाजिक चिन्तक होना होगा। इसका तात्पर्य यह है कि वह मिथ्या (और सार्वजनिक संवादों में पर्याप्त मात्रा में मिथ्या है जो प्रत्यक्षण के साधनों-स्वामियों द्वारा जनित है) का अनावृत्त करने वाला होगा और साथ ही सामाजिक न्याय का पक्षधर होगा। जनहित बुद्धिजीवी को दोनों पात्रों की भूमिका निभानी पड़ेगी, वह स्वायत्तशासी बुद्धिजीवी होगा और सामाजिक हेतुओं का समर्थक होगा। इस रूप में कभी एक पक्ष प्रबल होगा, कभी दूसरा पक्ष प्रबल होगा।

यह तो वह प्रस्थान बिन्दु है, जहाँ वह यह तय करता है कि कब किस पक्ष को प्रश्रय देना है, जब वह राजनीतिक सन्दर्भ में यह स्वीकारता है कि किस पक्ष की भूमिका को आगे लाने की आवश्यकता है। मिथ्यापन को चुनौती देना ही नहीं, सम्भवतः प्रायः सामाजिक पैरोकारी भी है क्योंकि यह अन्यायपूर्ण व्यवस्था

झूठ से भरी पड़ी है। भारत में अपने अधिकार (शक्ति) का प्रयोग अपने आपमें फलागम बन जाता है। मिथ्या का सहारा लेना सार्वजनिक जीवन में व्यतिक्रम व्यवस्था हो जाती है। हम मीडिया में यह प्रतिदिन देखते हैं, विशेषकर इलैक्ट्रोनिक मीडिया में जहाँ अपने-अपने दल के बकवासी प्रवक्ताओं द्वारा कपटाचार किया जाता है। शासन द्वारा मिथ्या नियम हो गया है।

अतः लोकहित बुद्धिजीवी को सतत यह सिद्ध करते रहना होगा कि दूसरी दुनिया भारत में सम्भव है। विचित्रतापूर्वक लोकहित बुद्धिजीवी की यह ज़िम्मेदारी मात्र भारत के नागरिकों के प्रति ही नहीं है अपितु यह ज़िम्मेदारी पूरे विश्व के लोगों के लिए है। यदि भारत यह प्रदर्शित कर सकता है कि एक अलग ज़्यादा मानवीय दुनिया सम्भव है तो विश्व के पास वैश्विक पूँजी के अक्खड़पन के विरुद्ध एक विकल्प होगा। इस दृष्टि से 'सच्चाई' और 'न्याय संगति' का परस्पर सम्बन्ध जैसा समस्या रहित दिखलाया गया है, वैसा है नहीं। दोनों के बीच तनाव है जो स्तरीय सामाजिक परिवर्तनशील समाज में, जैसा भारत में है, सहज ग्राह्य है। इससे जनहित बुद्धिजीवी को इस बात के लिए संघर्ष करना पड़ता है कि कब बोलना है, कब प्रतिकार करना है, कब स्वीकार करना है या कब कोई मुक़ाबला करना है या कब चुप्पी साध लेनी है। बहुत वर्षों पूर्व प्रोफ़ेसर अर्नस्ट गैलनर की स्मृति में निकले एक मृत्यु-समाचार में उन्हें इस प्रकार वर्णित किया गया—'एक बुद्धिजीवी जानते थे कि कौन-सी लड़ाई लड़नी है और किसे जाने दें।' भारत में जनहित बुद्धिजीवी के लिए आवश्यक है कि वह जाने कि कौन-सी लड़ाई लड़नी है।

मेरे इस आलेख के तीन भाग हैं—पहले भाग में मैं उन तीन जनहित बुद्धिजीवियों पर चर्चा करूँगा जिनका मैंने आकस्मिक लाभवृत्ति (स्वर्णद्वीपीयवृत्ति, शान्त भाव) से पढ़ा है और जिनकी क्रियाओं ने बतलाया कि तीनों ने किस प्रकार पृथक्-पृथक् स्वायत्त बुद्धिजीवी और सामाजिक न्याय के पैरोकारी की दो भूमिकाओं के बीच के तनाव को सुलझाया। आज के अनिश्चित समय में यह जानना सुखद है कि ऐसी स्थिति में जब शक्तिशाली का प्रचार इतना सफल है कि वह हमारे प्रत्यक्ष ज्ञान को जोड़-तोड़ सकता है, ऐसे लोग मौजूद हैं जो शक्तिशाली के असत्य से भिड़ने के लिए तैयार हैं। इस अँधेरे समय में हमें ऐसे लोगों की आवश्यकता है जो उन आचरण सम्बन्धी और राजनीतिक मुद्दों की याद दिलायें जो सार्वजनिक जीवन से सम्बन्धित हैं। दूसरे भाग में मैं उन तत्त्वों की पड़ताल करूँगा जो बुद्धिजीवियों को उनके बौद्धिक जीवन में, भारत में, 'सार्वजनिक' होने से रोकते हैं और वे कौन से कारण हैं कि वे मात्र

बुद्धिजीवी रह जाते हैं और जनहित बुद्धिजीवी नहीं हो पाते। तीसरे भाग में यह वर्णन होगा कि ये कारक कैसे भारतीय राजनीति में सक्रिय हैं।

I

पहला वाकया ग्रीनपीस की सक्रियतावादी प्रिया पिल्लै का है जिसके पास वैध वीज़ा व टिकट था, परन्तु उसे इंलैण्ड (यूनाइटेड किंगडम) नहीं जाने दिया, जहाँ वह आदिवासी समुदाय के मानवाधिकार हननों पर अपना पक्ष रखना चाहती थीं जिनका हनन भारतीय राज्य की नीतियों के कारण हुआ है। आदिवासी प्रायः ऐसे क्षेत्रों में रहते हैं जो प्राकृतिक खनिज संसाधनों से भरपूर है। इस कारण उन्हें बड़ी संख्या में उनके पारम्परिक बसावट और आजीविका स्थलों से विस्थापित कर दिया जाता है। भारत सरकार की नयी खनिज और भूमि-नीतियाँ उन्हें और अधिक विस्थापित करेंगी। भारत सरकार ने यू.के. में पिल्लै के साक्ष्यों को भारत विरोधी गतिविधि माना और किसी संवैधानिक प्रजातन्त्र में किसी प्राधिकारी द्वारा लिये गये शर्मनाक निर्णय के अन्तर्गत 'लुक आउट' नोटिस जारी किया जिससे आप्रवासन अधिकारी हवाई अड्डे पर उन्हें वायुयान में चढ़ने से रोक सकते हैं। इस नोटिस के औचित्य पर गृह मन्त्रालय के सार्वजनिक वक्तव्यों और सरकारी प्रवक्ताओं के कथनों के अनुसार पिल्लै की कार्यवाही भारत के विरुद्ध सम्भावित प्रतिबन्धों के रूप में परिणित हो सकती है, इसलिए यह भारत-विरोधी (गतिविधि) है। दिल्ली उच्च न्यायालय में भारत सरकार के हलफ़नामे (शपथ-पत्र) में यह दावा किया गया कि उसके भाषण को प्रतिबन्धित करना राष्ट्रीय सुरक्षा के लिए आवश्यक था। भारत की स्वच्छ छवि धूमिल होगी और यह भारत के लिए प्रतिबन्धों के प्रति सुभेद्य (प्रहार सुलभ) होगी, जैसा कि उत्तरी कोरिया, ईरान और रूस जैसे देशों के साथ हुआ है। मानवाधिकार पर स्वतन्त्र वाणी को रोकने के लिए राष्ट्रीय सुरक्षा का सहारा लिया गया है। यही वह मानक प्रक्रिया है जिसे सभी अत्याचारी सरकारें अमल में लाती हैं। शक्ति के इस दम्भ के उत्तर में पिल्लै ने न्यायालय में अपना पक्ष इस प्रकार रखा : "यदि मैं यह स्वीकार करती हूँ कि शासन को यह अधिकार है कि वह मुझे यह निर्देश दे कि मैं क्या कहूँ और क्या न कहूँ तो भारत और सभी भारतवासी एक अमूल्य तत्त्व खो देंगे—मुक्त भाषण के हमारे पूर्ण अधिकार को। मैं इसे स्वीकार नहीं कर सकती, न स्वीकार करती हूँ।" उन्होंने देखा कि सरकार की यह कार्यवाही भारत के लोगों के विरुद्ध है। यही उन्होंने टी.वी. पर, समाचार-पत्रों में, सोशल मीडिया पर और न्यायालय में

कहा। यह शक्ति के प्रति सच्चाई कहने का उत्तम उदाहरण है जिसमें उन्होंने अपनी सामाजिक न्याय की पैरोकारी के साथ स्वायत्त बुद्धिजीवी होने की अपनी सार्वजनिक स्थिति को समाहित किया। उनके तर्क कि राष्ट्रीय हित कैसे निर्धारित होते हैं और शासन किसकी ओर से बोलता है–खनिज उत्खनन करने वाली कम्पनियों की ओर से या फिर आदिवासियों की ओर से–और उन्हें रोकने की सरकार की ऐच्छिक कार्यवाही, ये सब तर्क उच्चतम नैतिक अभिप्राय हैं। इस प्रकार की आलोचना का राज्य ने यह कहकर कि उन्होंने विदेशी मुद्रा नियमन एक्ट की धाराओं का उल्लंघन किया है, ग्रीनपीस को मिलने वाली विदेशी वित्तीय सहायता पर रोक लगा दी। इस कृत्य ने संस्था के संचालन को संकट में डाल दिया। शक्ति के दम्भपूर्ण प्रयोग से आदिवासियों के पक्ष में उठने वाली आवाज़ को चुप करा दिया गया। सरकार का पक्षपाती रवैया स्पष्ट है कि ग्रीनपीस विदेशी मुद्रा को प्राप्त नहीं कर सकती, जबकि राष्ट्रीय स्वयं सेवक संघ व विश्व हिन्दू परिषद् से जुड़े सक्रियतावादी धार्मिक संगठन प्राप्त कर सकते हैं।

दूसरा उदाहरण एक इज़राइली प्रोफ़ेसर Yeshayahu Leibowitz का है जो लगभग अपने सारे जीवन में फ़िलिस्तींनियों के प्रति इज़राइली नीतियों के ख़िलाफ़ लड़ते रहे हैं। उन्होंने उच्च न्यायालय के अध्यक्ष को दैत्य कहा जब उन्होंने (अध्यक्ष ने) फ़िलिस्तीनियों के विरुद्ध यातनाओं को (यदि राष्ट्रीय सुरक्षा की दृष्टि से किया जाता है तो) उचित बताया। उन्होंने इज़राइली समाज की आलोचना की और इसकी शिक्षा-व्यवस्था की भी जो पराजय में, उनके अनुसार 'यहूदी' नाज़ी पैदा करती है। प्रोफ़ेसर Yeshayahu Leibowitz एक इज़राइली जनहित बुद्धिजीवी था जो जेरुसलम के हिब्रू विश्वविद्यालय से सम्बद्ध था। उन्हें उनके यहूदी धर्म, नैतिक शास्त्र, धर्म और राजनीति पर दो टूक विचारों के लिए जाना जाता था। वे जेरुसलम में 93 वर्ष की आयु में 18 अगस्त 1994 को मृत्यु को प्राप्त हुए। सन् 1990 में उन्होंने अपने लम्बे साक्षात्कार में तीन प्रश्नों के उत्तर दिये :

प्रश्न : आप सदा द्वितीय विश्वयुद्ध की बात करने लगते हैं और 'यहूदी नाज़ी' जैसे शब्दों का प्रयोग करते हैं! क्यों?

उत्तर : रक्षामन्त्री (Yitzhak Rabin) जिन्होंने फ़िलिस्तीनी क़ैदियों के हाथ-पैर तोड़ने का आदेश दिया था, एक नाज़ी था। और उच्च न्यायालय के अध्यक्ष (Moshe Landau), जिसने क़ैदियों पर यातनाओं को सही ठहराया, एक नाज़ी है।

प्रश्न : परन्तु यहाँ, इज़राइल में, कैसे ये 'यहूदी नाज़ी' पलते हैं?

उत्तर : क्योंकि उनके लिए देशभक्ति के अतिरिक्त और कोई मूल्य नहीं

है। कोई दूसरा मूल्य नहीं। इज़राइली राज्य के लोगों के लिए उनकी देशभक्ति से बढ़कर और कोई मूल्य नहीं है।

प्रश्न : तो क्या 'यादगार' के लिए समर्पित ये सारे दिन क्या विरचना मात्र हैं? क्या यह उसका हिस्सा है जो मानवता से शुरू होकर राष्ट्रीयता के मार्ग से बर्बरता में जाकर समाप्त होता है?

उत्तर : पशुता में समाप्त होता है। उसी शब्दावली के प्रयोग से परहेज़ मत करो। उसने विशेषकर 'पशुता' की ही बात की है। हाँ, जब कोई यह आदेश पाता है कि किसी दूसरे आदमी के हाथ-पैर तोड़ दो और वह इस आदेश का पालन करता है तो यह पशुता ही है। बिना किसी झिझक के पशुता ही है।

इज़राइली शासन के प्रति ही नहीं अपितु इज़राइली समाज के प्रति भी अपनी इस बात पर डटे रहना काफ़ी साहसी और काफ़ी एकाकी क़दम था। उनके अनुसार ये दोनों—इज़राइली शासन और इज़राइली समाज ही अपना नैतिक आधार खो बैठे हैं। इज़राइल में उस समय 'राष्ट्रीयता' को लेकर जो प्रबल लहर थी, वैसी स्थिति राज्य और समाज दोनों के द्वारा इनको लक्ष्य बनाना निश्चित ही था। और अन्त समय तक वे दृढ़ रहे और अपनी बात पर टिके रहकर इज़राइली शासन के झूठ का पर्दाफ़ाश करते रहे तथा फ़िलिस्तीनियों के विरुद्ध राज्य-शासन की अन्यायपूर्ण कार्यवाही का भाँड़ा फोड़ते रहे। यह दुर्भाग्यपूर्ण ही था कि इस प्रकार के अन्याय में इज़राइली समाज की भी मिलीभगत थी। उनका विश्वास था—और जैसा कि हम सब लोगों का है कि जो उन निर्दोषों के लिए शोक मनाते हैं जो गैस चैम्बर में मारे गये—कि इतिहास ने इज़राइली जनता पर यह एक बड़ी ज़िम्मेदारी सौंपी है कि वह मानवतावाद और शीलता के सिद्धान्तों को बढ़ावा दे। उच्च न्यायालय के अध्यक्ष के लिए 'यहूदी-नाज़ी' और 'नरभक्षी' जैसे शब्दों का गढ़ना और इज़राइल में ऐसे 'टैबू' शब्दों के खुलेआम प्रयोग ने अवश्य ही उनकी शान्त आत्मा को झकझोर दिया होगा। ये शब्द अवश्य ही नाज़ियों द्वारा किये गये सर्वनाश के परिणामस्वरूप उभरे होंगे। इस प्रकार के वर्जित शब्दों का प्रयोग करते समय अवश्य ही नैतिकता की इस गहरी गिरावट ने उन्हें अशान्त किया होगा। हमें अपने अन्दर की, नैतिक बेचैनी के प्रति सजग रहना होगा। इसी को गाँधी ने 'अन्तरात्मा की पुकार' कहा है। किसी जनहित बुद्धिजीवी के लिए अपनी अन्तरात्मा को सुनना आवश्यक है।

तीसरा प्रकरण, समाचार-पत्रों में 28 फरवरी 2015 को छपा जिसमें एक बांग्लादेशी मूल के ब्लॉगर अभिजीत राय का उल्लेख है जो अमरीका से कुछ दिनों के लिए अपने देश आया था। उसके पिता ने उसे इस यात्रा के लिए मना

किया था क्योंकि उसके जीवन को ख़तरा था। उसे धार्मिक उत्पादियों ने मौत के घाट उतार दिया क्योंकि वह धर्मनिरपेक्ष बांग्लादेश और मुक्त विचारों के पक्ष में अपने ब्लॉग में लिखता था। निरीश्वरवादी होने के कारण वह धार्मिक विश्वासों पर प्रश्नचिह्न लगाता था, विशेषकर अपनी पुस्तक 'बिश्बासेर वाइरस' और अपने उस ब्लॉग में जिसका शीर्षक था—'क्या कुरान में कोई वैज्ञानिक चमत्कार है।' जब अभिजीत और उसकी पत्नी एक पुस्तक-प्रदर्शनी से लौट रहे थे—ऐसी पुस्तक प्रदर्शनी जो बांग्लादेश में रूढ़िभंजन घटना थी—उन्हें तलवारधारी लोगों ने आघात पहुँचाया। वे एक रूढ़िवादी मानसिकता से लड़ रहे थे और अपने विश्वासों के प्रति दृढ़ आस्था के कारण उन्हें अपने प्राण गँवाने पड़े। उनकी पत्नी को भी चोटें आयीं। उस दिन तार्किकता और मुक्त विचार को तलवार की धार पर मिटना पड़ा। उनकी मृत्यु से कुछ दिन पूर्व कोल्हापुर में कामरेड गोविन्द पनसारे को ऐसे ही कारणों से गोली मार दी गयी। वे भी समीक्षापरक विचारों के पक्षधर थे। किसी जनहित बुद्धिजीवी को मात्र किसी अत्याचारी शासन-व्यवस्था की शक्ति से ही नहीं डरना है अपितु असहिष्णु समाज की शक्ति से भी डरना है, परन्तु फिर भी उसे इस शक्ति के विरुद्ध सच का **साथ** देना है। कभी-कभी ऐसे व्यक्ति का जीवन ख़तरे में पड़ जाता है। प्रजातन्त्र की माँग है कि यह 'कभी-कभी' 'आमतौर पर' न बन जाये, 'बहुत दुर्लभ' ही रहे। यह हवा आज विपरीत दिशा में बह रही है क्योंकि दुर्भाग्य से, जो बोल सकते हैं, उन्होंने चुप्पी साध ली है।

II

यदि वे तीन कारक जिनका वर्णन ऊपर किया गया है, अपने आधार पर टिके रहें, शासन और समाज दोनों के विरोध के बाद भी, तो क्या कारण है कि हममें से ज़्यादातर लोग उनका अनुकरण नहीं करना चाहते? मैं सोचता हूँ कि आज हमारे संसार में सेंसरशिप के चार स्रोत हैं। सार्वजनिक क्षेत्रों में जिनके समाजशास्त्रीय प्रभाव के बारे में हमें परीक्षण करना चाहिए। ये हैं : (1) सरकारी सत्ता, (2) सामाजिक समूह, (3) किसी का समकक्षी समुदाय और (4) अपने जैसों का समूह। ये हमारे अन्दर भय पैदा करते और हमारी अभिव्यक्ति को अवरुद्ध करते हैं। जनहित बुद्धिजीवी के बारे में हमारी समझ के सन्दर्भ में यह आवश्यक है कि हम इस डर की जड़ को समझें। थापर ने जिन बिन्दुओं पर बात की है, उसमें डर भी एक है।

अकादमिक लोग आज उस अधिकार की रक्षा के प्रति भी संकोची हैं जिसे सामान्यतः वैकल्पिक कहा जाता है, यदि उन्हें तर्कसंगत व्याख्या न भी कहें—चाहे कितनी ही संवेदनशीलता से उसे व्यक्त किया गया हो। यह बात इस तथ्य से स्पष्ट होती है कि कितनी आसानी से पुस्तकों को प्रतिबन्धित किया जाता है या फिर उनको लुगदी बना दिया जाता है या फिर उन्हें जला देने की माँग उठती है; राजनीतिक और धार्मिक दबावों के चलते या फिर शासन के हस्तक्षेप से पाठ्यक्रम बदल दिये जाते हैं। ऐसा क्यों है कि अकादमिकों और पेशेवर लोगों की ओर से ऐसे मुद्दों पर इतनी कम प्रतिक्रिया होती है? आमतौर पर इसका जो उत्तर दिया जाता है, वह यह है कि वे उपद्रवियों से भयभीत रहते हैं, जिन्हें राजनीतिक संरक्षण प्राप्त है। (पर) क्या यही एकमात्र उत्तर है?

तो मैं इस महत्त्वपूर्ण प्रश्न पर कुछ विस्तार से अपनी बात कहूँगा। पहले मैं सरकारी सत्ता से डर की बात कहूँगा। जब कोई बुद्धिजीवी भारत में सरकारी सत्ता से टकाराता है तो वह स्वयं ही अपने को अभिविवेचित करने की नीति अपना लेता है क्योंकि उसे परिणामस्वरूप कोई काल्पनिक डर सताता है। परन्तु यह मात्र डर ही नहीं है जो राज्य की असीम शक्ति को पहचानते हुए बुद्धिजीवियों को अन्याय और असत्य के प्रति बोलने से रोकता है ताकि ऐसी शक्तियाँ उन्हें प्रताड़ित न करें। विधिपरक और राजनीतिक चिन्तन में यही मान्यता है जो सदियों से अन्याय को सीमित करने और नियन्त्रित करने में सहायक है। प्रिया पिल्लै के मामले से जान पड़ता है कि क़ानून के नाम पर बेपरवाह होकर राज्य को यह शक्ति प्राप्त है कि वह किसी को भी तंग कर सकता है, दण्डित कर सकता है या फिर उसे प्रताड़ित कर सकता है। तंग करने का डर ही इतना है कि वह दूरदर्शिता को मन में ही रहने देने के लिए पर्याप्त है। परन्तु दूरदर्शिता का यह पैमाना अन्य सरकारी स्तम्भों पर भी लागू होता है। यह निराशाजनक स्थिति है। हम भारत में ऐसे वातावरण में रहते हैं, जहाँ सरकारी सत्ता का डर हमेशा बना रहता है। विशेष रूप से उस व्यक्ति के लिए और उसके परिवारजनों के लिए भी और उसके निकट के लोगों के लिए भी, घातक परिणामों में देखा जा सकता है। इनके क्या परिणाम होंगे, इनको प्रायः धुँधले रूप में ही देखा जा सकता है। सभी प्रकार की सरकारी सत्ता से गुप्त डर बना रहता है। व्यतिक्रम की अवस्था में भारत में आज, विशेषकर राष्ट्रीय स्वयं सेवक संघ परिवार की बहुमत की राजनीति के चलते दूरदर्शिता ही शायद बेहतर रास्ता है। केवल राज्य-शासन का ही डर नहीं सताता अपितु सभी सरकारी सत्ताओं का डर बना रहता है। चेतावनी के रूप में ऐसी दुनियादारी सभी जगह दिखलाई पड़ती है, उन स्थानों पर भी

जो (नये) विचारों के जन्मदाता और उसके विस्तारक हैं, जैसे–विश्वविद्यालय, समाचार-पत्र, शोध संस्थान, न्यायालय आदि।

इस प्रकार के डर का दृश्यमान तथ्य क्या है? यह इतना फैला हुआ क्यों है? यह कैसे पैदा हुआ है? वह कौन-सी सीमा है जिसके ऊपर जाकर वाणी अभिविवेचित (सेंसर) हो जाती है? क्या विमत के लिए सार्वजनिक संस्कृति दुर्बल है? ऐसे और इसी प्रकार के दूसरे प्रश्नों के परीक्षण की आवश्यकता है। बुद्धिजीवियों में डर के भाव का जो भी कारण हो, ये इतने प्रबल हैं कि उनके अपने विचारों के प्रति उनकी आस्था को धुँधला कर देते हैं और किसी मुद्दे पर उनकी अपनी धारणा की गहराई को बट्टे में डाल देते हैं और इस प्रकार वे चुप्पी साध लेते हैं या फिर अपने विचारों को प्रगट करने के लिए 'सुरक्षित समय' के इन्तज़ार में टाल देते हैं। वास्तव में, ऐसा 'सुरक्षित समय' कभी नहीं आता। परन्तु आत्म-प्रवंचना जारी रहती है। इन चुप्पी साधे प्राज्ञों के लिए आत्म-प्रवंचना से उनकी अपनी प्रतिष्ठा बची रहती है। बड़े-बड़े विश्वविद्यालयों में और छोटे क्षेत्रीय संस्थानों में छोटे या बडे मसलों पर यही देखने को मिलता है। यह काफ़ी व्यापक है।

इस प्रकार के डर के उदाहरण हैं–दिल्ली विश्वविद्यालय में ए.के. रामानुजन के निबन्ध 'थ्री हंड्रेड रामायणाज़' या मुम्बई विश्वविद्यालय में रोहिन टाँज मिस्त्री के निबन्ध 'सच ए लॉन्ग जर्नी' को पाठ्यक्रमों से निकाला जाना, जिन्हें अकादमिक समितियों ने प्रस्तावित किया था। कट्टरवादी समुदायों की धमकी और विरोधों के चलते शैक्षणिक निर्णय रद्द कर दिये जाते हैं। जब कट्टरवादी निषेधाधिकार का प्रयोग करते हैं, ऐसा निषेधाधिकार राजनीतिक समुदायों के संरक्षण में पनपता है तो हम समझते हैं कि हम आपातकाल में जी रहे हैं। यही डर है जो फैलता है और हमारे बौद्धिक जीवन की पृष्ठपीठिका बनता है। विलहेल्म रीच (Wilhelm Reich) अपने निबन्ध 'लिसिन, लिटिल मैन' इस प्रकार के डर के परिणामों के बारे में बतलाते हैं। हम एक ऐसे माहौल में रहते हैं, जहाँ हम सुरक्षा के साथ साहसिकता चाहते हैं।

अभिविवेचन का दूसरा स्रोत वह है जिसे सामाजिक समुदायों द्वारा चिर स्थायी बनाया जाता है। भारत के विविधतापूर्ण जनतन्त्र में हम देखते हैं कि अल्पसंख्यक अपने निषेधाधिकार का प्रयोग करते हैं, ऐसे विचारों के प्रति जो उन्हें पसन्द नहीं हैं। जबकि अपनी पुस्तक 'डेमोक्रेसी इन अमेरिका' में Alexis de Tocqueville को भय है कि बहुसंख्यकों की धारणा (राय/मत) अल्पसंख्यकों की धारणा को निषिद्ध कर देगी। वहीं भारत में हम देखते हैं कि उन धारणाओं के

प्रति अल्पसंख्यक अपने निषेधाधिकार का प्रयोग करते हैं जो उन्हें पसन्द नहीं हैं और जिनके लिए वे हिंसा का प्रयोग करते हैं; यदि उन अभिव्यक्तियों को वापस नहीं लिया जाता या उन्हें अवरुद्ध नहीं किया जाता, जिन्हें वे पसन्द नहीं करते मैं उन सैकड़ों उदाहरणों में से केवल एक उदाहरण देना चाहूँगा, जहाँ इस प्रकार के अभिविवेचन हुए हैं। यह सन् 2011 के भारतीय चित्रकला के शीर्ष सम्मेलन (इण्डियन आर्ट समिट) से सम्बन्धित है। दक्षिणपन्थी धार्मिक संगठनों की धमकी के बाद व्यवस्थापकों ने एम.एफ. हुसैन के प्रदर्शनियों को हटा लिया, यद्यपि कार्यक्रम के शुरू में प्रचार में कहा गया था कि उनकी कला-कृतियों का प्रदर्शन किया जायेगा। व्यवस्थापक-गण दक्षिणपन्थी धार्मिक संगठनों की धमकी से डर गये। राज्य-शासन से हुसैन की कला-कृतियों और अन्य लोगों की कला-कृतियों की सुरक्षा की माँग करने के स्थान पर वे हिंसा की सम्भावना से डर गये। यह कायरता का शर्मनाक वाकया है। इस कायरता के औचित्य पर जो भी कारण दिये जायें, सच यह है कि इस घटना ने हल्ला बोलने वालों को शक्ति दे दी और तद्स्वरूप एम.एफ. हुसैन जैसे प्रतिष्ठित कलाकार को अपमानित करने का मौक़ा मिल गया, जिन्हें भारत सरकार ने सभी प्रकार के सम्मान प्रदान करने के साथ पद्य विभूषण से भी नवाज़ा है।

क्या व्यवस्थापकों को किसी ने नामदेव ढसाल के बारे में नहीं बतलाया। यदि कोई नामदेव की कविताओं को पढ़े तो पायेगा कि उन्होंने प्रभावी जातिप्रथा को चुनौती दी और सभी वर्गों के धार्मिक ग्रन्थों पर व्यंग्य किया। धार्मिक ग्रन्थों के विरुद्ध बोलते हुए वे चिन्तित नहीं हुए क्योंकि इन ग्रन्थों में उन्होंने अत्याचारों के वे बीज देखे जिसके द्वारा उनके लोगों को दबाया जाता है जिनमें वे दोष निकाल रहे थे। अपने संग्रह (1983) **खेल** में सम्मिलित 'क्रूरता' कविता में उन्होंने अपने को 'भाषा के गुप्त अंग में रतिजनक फोड़ा' बतलाया।

अभिविवेचन का तीसरा स्रोत स्वयं के समूहों से है—ऐसे समूह जो सामाजिक प्रतिष्ठा में एक समान हैं। यह स्रोत प्रत्यक्ष और अप्रत्यक्ष दोनों प्रकार का हो सकता है। जब किसी बुद्धिजीवी को हर रोज़, अपने सहयोगियों के विचारों के प्रति अपनी आलोचना को मित्रतावश दबाना पड़ता है जिससे सच्चाई के साथ समझौता करना पड़ता है, ऐसी आलोचना जो बिना लागलपेट के है और जिससे उनके अपने सहयोगियों का नाराज़ होना स्वाभाविक है। सम्भावना यह रहती है कि यह मिलनसारिता ही ईमानदारी की माँग की अपेक्षा सर्वोपरि रहती है। भाईचारे और मित्रता की अपेक्षा सच कहना काफ़ी कठिन है क्योंकि इसके लिए उस स्वभाव की आवश्यकता होती है जो पेशेवर और व्यक्तिगत सम्बन्धों को

अलग-अलग रख सकती है। यहाँ व्यक्तिगत मनोविज्ञान और सामाजिक मनोविज्ञान दोनों अपना असर दिखाते हैं। यह कठिनाई ज्ञानमीमांसीय रचना की द्वैधता के कारण नहीं है जिससे कोई ज्ञानपरक समुदाय संघर्ष करता है। यद्यपि यह एक तथ्य है, अपितु अपने सहयोगियों या अपने लोगों के समूहों से सम्बन्ध घनिष्ठता और परायेपन के बीच के सीमित दायरे में सिमटा हुआ है और इस कारण सच बोलने के लिए अनिवार्य गहरी आस्था की संस्कृति विकसित नहीं हो पाती। यह पक्ष किसी बुद्धिजीवी के सार्वजनिक जीवन का इतना नगण्य हो, शायद उल्लेख करने योग्य भी नहीं, कि यह मानवीय जीवन परिस्थिति का एक अंश ही है और इसका प्रभाव क्षेत्र साहित्य है, न कि नीति निर्धारक विभिन्न विज्ञान। परन्तु मैंने इसका उल्लेख यहाँ इसलिए किया कि यह किसी बुद्धिजीवी के जीवन का इतना बड़ा हिस्सा है कि यह स्वभाव बन गया है। यह सच्चाई कहने की मनोवैज्ञानिक सीमा तय करती है और किसी व्यक्ति द्वारा बड़े सार्वजनिक मुद्दों पर उस व्यक्ति की विचार-पद्धति को निर्धारित करती है। इसके परिणामस्वरूप अत्याचार को सुखदायक और स्थायित्व की दैनन्दिनी में रोके रखने से प्रतिदिन का व्यावसायिक विस्तार एक अच्छी स्थिति में पहुँच जाता है, चाहे उसे असत्य से समझौता ही क्यों न करना पड़े। शीघ्र ही ऐसी स्थिति समाज के दूसरे क्षेत्रों में पनपकर फैलती जाती है और तार्किक भाषा के स्थान पर चुप्पी को वरीयता मिल जाती है क्योंकि आजकल चुप्पी अनेक सामाजिक लाभांश देती है। मौन स्वीकृति हमारी वृत्ति बन जाती है। समाज में विशेषकर प्रमुख धार्मिक संगठनों के कट्टरपन्थियों की बढ़ती शक्ति के विरुद्ध क्यों हममें से इतने कम लोग आवाज़ उठाते हैं? इसके लिए हमें अपनी दैनन्दिन दिनचर्या से बाहर निकलना होगा, अपने उस आराम-कक्ष से बाहर जो यह दिनचर्या हमें प्रदान करता है। स्वयं से बाहर निकलें, अपने स्वभाव को बदलें और सहर्ष व सप्रयत्न सम्भावित प्रतिकार के अरक्षित मण्डल में प्रवेश करें। यह व्यग्रता का क्षेत्र है। एक बार इसके अन्दर जाकर फिर बाहर निकलना आसान नहीं है। इसके लिए साहस और परिणामों के प्रति चेतनता के साथ इन परिणामों को सहर्ष झेलने की प्रतिबद्धता चाहिए। हममें से अधिकांश ऐसे अरक्षित क्षेत्र में रहने की अनिश्चितता से बचना चाहते हैं।

चौथा स्रोत है स्वयं से अभिविवेचना (सेंसर होना)। अभिविवेचना के पूर्व वर्णित तीन स्रोत व्यक्ति के लिए बाह्य हैं, जहाँ वह बाह्य सत्त्व द्वारा जनित भय के कारण चुप रहता है; यह चौथा स्रोत स्वयं के स्वार्थ के कलन पर टिका है। बुद्धिजीवी यहाँ किसी बाह्य अभिकरण के लाभ की सम्भावना देखता है जो अभिकरण उसकी अभिलाषा को पूर्ण कर सके। इसी कारण बुद्धिजीवी

अपने सम्भावित आकाओं/संरक्षकों से दुश्मनी मोल लेना नहीं चाहते; ऐसे संरक्षक विश्वविद्यालय हो सकते हैं। (ध्यान दें, अमरीकी विश्वविद्यालयों में उन विद्वत्‌जनों का उत्पीड़न, जो विरुद्ध बोले, सन् 2014 का ताज़ा उदाहरण इलीनोइज़ विश्वविद्यालय में प्रोफ़ेसर स्टीविन सलाइटा (Steven Salaita) का है जो सर्वाधिक सुर्खियों में रहा; इसके अतिरिक्त अन्य संरक्षक, प्रमुख बुद्धिजीवी, व्यावसायिक विभाग, प्रभावशाली सामाजिक समूह या दानदाता एजेन्सियाँ हो सकती हैं। बर्ट्रेण्ड रसल (Bertrand Russell) को उनके विचारों के कारण सिटी ऑफ़ न्यूयॉर्क के कॉलेज में शिक्षण-कार्य से रोका गया था)। इससे नामित करने की राजनीति चालू हो जाती है। इसका सर्वाधिक प्रगट रूप है ऐसे नामित बुद्धिजीवी जो अपने विचारों को अपने सम्भावित उपकारकर्ताओं के विचारों के अनुसार ढाल लेते हैं। मैं क्यों किसी बुद्धिजीवी द्वारा इस स्वलाभ के अनुसरण की बात कर रहा हूँ जबकि हम एक सीमित विषय, जनहित बुद्धिजीवी पर ही बात कर रहे हैं। मेरी चर्चा बुद्धिजीवियों के समाजशास्त्र से तो सन्दर्भित हो सकती है परन्तु यह भारत में जनहित बुद्धिजीवी की चर्चा में कैसे सार्थक है? मैंने इस विषय में यहाँ चर्चा इसलिए की क्योंकि भारत में इस मनोनयन का बल बढ़ रहा है। विशेषकर वैश्वीकरण के कारण किसी लाभ के लालच के प्रति उकसाना काफ़ी अधिक मोहक है। सच बोलने के लिए काफ़ी कुछ दाँव पर लगा है। इस उकसाने के कारण बुद्धिजीवी दुनिया को दूसरी तरह से देखने लगता है। पहले के ज़माने में इस प्रकार के बुद्धिजीवियों को वर्णित करने के लिए 'देसी के वेष में विदेशी व्यापार का बिचौलिया' शब्द का प्रयोग करते थे। आज भी इस शब्द ने अपनी सार्थकता नहीं खोयी है।

तो जब यह राय प्रगट की जाती है कि वास्तव में जनहित बुद्धिजीवी में कोई गिरावट नहीं आयी है (यानि उसके गुण वैसे ही हैं) अपितु समूह के रूप में जनहित बुद्धिजीवियों की संख्या और उनके प्रभाव में गिरावट आयी है और इनका स्थान अब दक्षिणपन्थी बुद्धिजीवियों ने ले लिया है। परन्तु इस प्रकार के भाव में यह बिन्दु छूट जाता है कि कैसे वैश्विक पूँजी ने मनोनयन की प्रक्रिया को उकसाकर बढ़ावा दिया है। इन दक्षिणपन्थी बुद्धिजीवियों की स्वायत्तता पर शंका है। यहाँ मैं उनके कृत संकल्प की असद्‌भावना की बात नहीं कर रहा अपितु वैश्विक पूँजी के कारण उनके मस्तिष्क की ग़ुलामी (उपनिवेशिता) की बात कर रहा हूँ। (उसी अर्थ में, जिस अर्थ में 'स्वराज इन इण्डिया' में के.सी. भट्टाचार्य ने बात की है।) यह बात आगे आने वाले अनुच्छेदों से स्पष्ट हो जायेगी। उपनिवेशन और इसके विरुद्ध संघर्ष को समझने के लिए यह रुचिकर होगा कि हम Josheph

Striglitz की उस बौद्धिक यात्रा को मापें, जिस यात्रा में वह विश्व बैंक के मुख्य अर्थशास्त्री से वैश्विक पूँजी के प्रति सबसे प्रमुख आलोचक बन गये। जिस बात को Striglitz समझ सका, उसे ये दक्षिणपन्थी बुद्धिजीवी क्यों नहीं समझ रहे हैं?

आगे मैं एक आधारभूत सिद्धान्त की बात करूँगा और वह यह है कि भारत में आज जनहित बुद्धिजीवी वर्तमान में चली आ रही व्यवस्था के पक्ष में नहीं बोल सकता। यह तो बहुत बड़ी धोखेबाज़ी, झूठ और अन्याय है जो आज की व्यवस्था का हिस्सा है और इस कारण जनहित बुद्धिजीवी को उन बिन्दुओं को तलाशना होगा जिन पर वह वर्तमान व्यवस्था की समीक्षा कर सके। कोई व्यवस्था कितनी ही अच्छी क्यों न हो, यह सम्भावना सदा बनी रहती है कि उसे और अधिक न्यायपूर्ण और बेहतर बनाया जा सकता है। यह आवश्यक है कि हम ऐसा वातावरण बनायें, जहाँ कोई सार्वजनिक बहस विकास के मापदण्डों से आगे बढ़कर किसी बेहतर समाज और उसकी आवश्यकताओं पर, ज़िम्मेदारी की नैतिकता पर, और सबके लिए सामूहिक व परस्पर निर्भर गरिमायुक्त जीवन पर बात कर सकें। इसमें अन्तिम 'सबके लिए' का आश्वासन वैश्विक पूँजी की वैचारिक व्यवस्था के कारण कठिन है क्योंकि इसकी वाकूपटुता में ही है कि वंचित स्वयं ही अपनी दशा के लिए ज़िम्मेदार हैं। वैश्विक पूँजी को समाज की निम्नतम जमात की आवश्यकता है जो अपनी दशा के प्रति मौन स्वीकृति देते हैं। अतः किसी जनहित बुद्धिजीवी को इस वैश्विक व्यवस्था और उसके स्थानीय समर्थकों का समीक्षक होना होगा जो हवा के रुख़ को नियन्त्रित करते हैं। आज भारत में ये चार अभिविवेचन के स्रोत कैसे विवर्तन करते हैं? मेरे विचार से दो बड़े वितान हैं जिन पर हमें विचार करना चाहिए—पहला, वैश्विक पूँजी की गतिशीलता में ज्ञान के सृजन की प्रक्रिया को कैसे परिभाषित किया जाये और दूसरा है, हिन्दू राष्ट्र की धमकी के अन्तर्गत भारत में समकालीन राजनीति की परिभाषा।

जब हम ज्ञान के क्षेत्र की बात करते हैं तो पाते हैं कि इण्टरनेट व विकीपीडिया जैसी साइटों, ब्लॉग और पोस्टिंग के विस्तार के बाद भी ज्ञान का उत्पादन अभी भी शक्तिशाली/प्रभावशाली ज्ञान-उत्पादन संस्थानों के हाथों में है। विचारों के सन्दर्भ में कोई मुक्त-बाज़ार नहीं है। बलशाली ज्ञान-शक्तियाँ हैं जो पश्चिम में बैठी हैं और हम कह सकते हैं कि वे एक समतल सतह पर उत्पादों के मूल्य निर्धारण के अन्तर्राष्ट्रीय सैन्डिकेड हैं क्योंकि शक्ति की संरचना में हम जिन फ़ैशनपरस्त सिद्धान्तों को देखते हैं, उनका निर्माण और उनको तय करना इन्हीं के हाथों में है। समाज के स्रोतों का समुचित वितरण, सामाजिक सम्बन्धों की वर्णीय प्रकृति और परिवर्तन के मुख्य किरदार, इन सबके बारे में यह अन्तर्राष्ट्रीय सैन्डिकेड

ही तय करती है। ज्ञान के इन उत्पादक संघों (जो समूह के रूप में किसी वस्तु के क्रय और विक्रय का भाव तय करती हैं ताकि उनमें परस्पर प्रतिस्पर्धा न हो) ने विश्वविद्यालय के उस प्राचीन आदर्श को मियाद के बाहर और निरर्थक कर दिया है कि विश्वविद्यालय ज्ञान-वृद्धि की स्वायत्त संस्थाएँ हैं और ज्ञान, शिक्षा और अधिगम सर्वसामान्य के लाभ के लिए हैं। विश्वविद्यालय अब बाज़ारोन्मुख हो गये हैं। समाज की अब उनके प्रति कोई ज़िम्मेदारी नहीं है। विद्यार्थी अब ज्ञान के उपभोक्ता हो गये हैं। ज्ञान के सृजन के लिए निश्चित धर्म-पिता चाहिए, अन्यथा यह सृजन आगे नहीं बढ़ सकता। यह कहकर कि विश्वविद्यालय को नये सिरे से ढलना होगा, ताकि निधीयन विधियों के कारण वैश्विक अर्थव्यवस्था में अपना औचित्य सिद्ध कर सकें। अब इस निधीयन विधियों की प्रक्रिया में विश्वविद्यालय एक बड़े बहुराष्ट्रीय कॉर्पोरेशन दिखलाई पड़ने लगे हैं। इस संवाद में शिक्षा सार्वजनिक हित के लिए है, इस विचार को बदल दिया है कि शिक्षा अब व्यक्तिगत हित के लिए है। इस बदलाव का एक उदाहरण है कि कुछ इण्टरनेट कम्पनियों ने इण्टरनेट का निजीकरण कर दिया है।

इस वैश्विक संसार में, राज्य के नीति-निर्माण और उनके कार्यान्वयन के सन्दर्भ में ज्ञान-सृजन के नये प्रमुख संस्थान उभर आये हैं। पब्लिक प्राइवेट साझेदारी जैसे साधन सभी क्षेत्रों में नीति-निर्धारण के नये मन्त्र हो गये हैं। शिक्षा और स्वास्थ्य जैसे क्षेत्रों में भी यह साझेदारी लागू की जा रही है। ये कुंजी शब्द (अमरीका के) ब्रेटन वुड्स संस्थाओं द्वारा प्रचारित किये जा रहे हैं जो निवेश बैंकों, बड़े अन्तर्राष्ट्रीय परामर्शदात्री संस्थानों और निर्धारण एजेन्सियों और अब 'वर्ल्ड इकोनोमिक फोरम' के ढाँचों से सामाजिक नीति और स्रोतों की नीति को देखते हैं। ये संस्थाएँ ही हमारी सामूहिक नीति की शब्दावली को तय करती हैं। आजकल समाज के स्रोतों को कैसे नियन्त्रित और प्रबन्धित किया जाये, इस पर सार्वजनिक बहस को ये संस्थाएँ ही निर्धारित करती हैं। क्योंकि ये संस्थाएँ राजनीतिक और वित्तीय दोनों दृष्टियों से इतनी शक्तिशाली हैं कि अब परम्परागत विश्वविद्यालयों को अपने को फिर से ढालना पड़ेगा और अपनी उस पहले की धारणा कि 'वे जहाँ तक सम्भव हो, स्वायत्त रहें' छोड़ना पड़ेगा और इन ज्ञान सृजन के नये उत्पादकों से तालमेल बैठाना पड़ेगा जो अपने विद्यार्थियों की भर्ती करते हैं, अपने धर्मस्व विद्यापीठों को वित्तीय सहायता देते हैं, अपने शोध कार्यक्रमों को प्रायोजित करते हैं और अपने जालक्रम को ताक़तवर बनाते हैं। वॉलस्ट्रीट विश्व का बौद्धिक केन्द्र है। जाड़ों में वॉलस्ट्रीट देवास में स्कीइंग के लिए छुट्टी मनाने चला जाता है।

अतः ज्ञान का क्षेत्र काफ़ी असन्तुलित (टेढ़ा-मेढ़ा-तिरछा) हो गया है। इन प्रभावशाली हस्तियों के कारण जिनका ज्ञान-सृजन का उद्देश्य अपने ग्राहकों के भौतिक लाभ से मुख्यतः संचालित होता है, न कि सच्चाई के प्रति निष्ठा से और जो ज्ञान के उच्च-स्थल को प्रभावित करते हैं, अब पक्ष-समर्थन-समूहों को अपना पक्ष रखने के लिए काफ़ी संघर्ष करना पड़ता है। इनके पास न तो धन-साधन हैं और न ही ऐसे कर्मचारी हैं जो उस प्रकार के 'परिष्कृत' ज्ञान-उत्पादों को बना सकें। जैसा ये नये ज्ञान-उत्पादन स्रोत बनाते हैं। इसके परिणामस्वरूप ये ज्ञान के क्षेत्र में निम्न धरातल पर रह जाने के लिए बाध्य हैं। इस प्रकार के ग़ैर-बराबरी के संघर्ष में 'किसी मुद्दे की सच्चाई' के सन्दर्भ में जनहित बुद्धिजीवी को चुनाव करना होगा। यद्यपि उसकी स्वायत्त बुद्धिजीवी होने की भूमिका उसे तार्किक रूप से समीक्षा के लिए बाध्य करती है, उसकी 'सामाजिक न्याय के लिए पैरोकारी' की भूमिका उसे बाध्य करती है कि वह पक्ष-समर्थन समूहों को बिना किसी लाग-लपेट के समर्थन दें क्योंकि ये पक्ष-समर्थन समूह सामाजिक न्याय के पक्ष का प्रतिनिधित्व करते हैं जो अनिवार्यतः वितरणात्मक विचार है। अतः ऐसा जनहित बुद्धिजीवी सभी दावों के प्रति समान दूरी बनाकर नहीं रख सकता। भारत में शक्ति की निर्मितियाँ और परिवर्तन की दिशाएँ हमारी उस पहले की अभिलाषा से दूर जा रही हैं, जहाँ हम सामाजिक समावेश और चरित्र की महानता के आधार पर एक उदार/शालीन समाज के निर्माण की बात सोचते थे।

द्वितीय परिदृश्य जहाँ जनहित बुद्धिजीवी को सक्रिय रहना है, वह हिन्दुत्ववादी शक्तियों ने निर्मित किया है। उपन्यास या कहानियों की पुस्तकों, शास्त्रीय अध्ययनों, चित्रकलाओं, संगीत व गानों, कार्टूनों और फ़िल्मों के सामने अभिव्यक्ति की स्वतन्त्रता के प्रति चुनौती बढ़ती और फैलती जा रही है। स्वयमेव अभिविवेचन व्यतिक्रम (जहाँ दूसरे पक्ष के न आने के कारण जीत) वृत्ति में है क्योंकि शिक्षाशास्त्रियों और प्रकाशनगृहों को ऐसी धमकियों की आशंका रहती है। यह स्थिति शासक तन्त्र के विजयीभाव जैसे प्रदर्शन ने और अधिक ख़राब कर दी है। ये शासक तन्त्र हैं—सरकार के मुखिया, पार्टी के अध्यक्ष और राष्ट्रीय स्वयंसेवक दल के प्रमुख संचालक। डर का यह भाव और गहरा हो गया है। इस भाव के इतने विस्तार का मुझे कोई अन्दाज़ा नहीं था जब तक मैं राजस्थान की एक स्वयंसेवी संस्था में फ़रवरी 2015 को नहीं गया, जहाँ उसके एक सदस्य ने अकस्मात कहा कि आम आदमी पार्टी की विजय से अच्छा ही रहा क्योंकि इसने राज्य-व्यवस्था से डर के वातावरण को दूर दिया है। मेरा पहला विचार था : क्या कुछ ज़्यादा अतिशयोक्ति तो नहीं है क्योंकि आम आदमी पार्टी की विजय एक

छोटे से राज्य दिल्ली तक सीमित थी तो क्यों कोई राजस्थान में बैठा अपने को मुक्त महसूस करता है? परन्तु फिर दूसरे विचार आने पर मैं समझा।

राष्ट्रीय और वैश्विक स्थिति में, आज जिनका विस्तार से वर्णन किया जा चुका है, मैं उन छह अनुकूल-बिन्दुओं को पहचान रहा हूँ जिन पर किसी जनहित बुद्धिजीवी को आवाज़ उठानी चाहिए। मैं इनमें से प्रत्येक को एक नाम दे रहा हूँ—वह नाम उन व्यक्तियों पर आश्रित है जिन्होंने सत्ता के विरुद्ध सच्चाई का साथ देने के लिए आवाज़ उठायी। पहला है—ढसाल-अनन्तमूर्ति अनुकूल-बिन्दु, जिसे समसामयिक भारतीय यथार्थता की सांस्कृतिक समीक्षा के रूप में परिभाषित किया जा सकता है। मैंने इसे ढसाल-अनन्तमूर्ति नाम इसलिए दिया क्योंकि यह दो अवस्थिति से सम्बन्धित है जो निर्णायक है और प्रत्येक एक नाम से जुड़ा है। ढसाल ने जातिप्रथा की कठोर आलोचना की है, जो समाजशास्त्रियों के ऐसे तथ्य प्रस्तुत करने पर भी कि यह प्रथा अब क्षीण होती जा रही है, नये निदानात्मक रूपों में अभी भी जारी है, जिन्हें हम खाप-पंचायतों, मर्यादा-हत्याओं, अन्तरजातीय विवाहों के प्रति हिंसक विरोधों, दलितों पर अत्याचारों के रूप में रोज़ समाचार-पत्रों और अन्यत्र पढ़ते-देखते हैं। ढसाल के विचारों के अनुसार धार्मिक ग्रन्थों का सारा ज्ञान शौचालय में 'फ्लश' करने योग्य है। उनकी वाणी में ग़ुस्सा था, और वर्तमान सामाजिक व्यवस्था के अन्तर्गत वंचन और वाक्छल की राजनीति के प्रति पीड़ा थी। यू.आर. अनन्तमूर्ति ने भारत में विविधता में एकता की बात कही और इस बात पर ज़ोर दिया कि किसी एक दिशा की ओर अत्यधिक धकेलने से जवाबी आन्दोलन शुरू होता है जिससे दूसरे पक्ष को बल मिलता है। ढसाल को पाश्चात्य आधुनिकता में मुक्तिदायी भविष्य दिखलाई दिया। अनन्तमूर्ति को ऐसी मुक्ति भाषाओं के सामर्थ्य में दिखलाई पड़ी। इन दो बिन्दुओं के बीच मनोभावों के अन्तर की अनेक सूक्ष्म स्थितियाँ हैं और जो समसामयिक यथार्थता की सांस्कृतिक समीक्षा प्रदान करती हैं।

दूसरा अनुकूल-बिन्दु है विकासात्मक और पारिस्थितिकीय नीति-शासन की समीक्षा। मैं इसे पाटकर-गाडगिल अविस्थति कहता हूँ। इसमें विस्थापन, पुनर्वास जीविका की सुरक्षा, समाहिता (समावेशिता), परामर्शी प्रक्रियाएँ, पारिस्थितकीय दबाव, अन्तरपीढ़ीय साम्य और पर्यावरणीय धारणीयता को वाणी मिलती है। यह अवस्थिति अनेक मुद्दों की सीमाओं को समाहित करती है। अनेक नागर समाज संस्थाएँ इस अवस्थिति के भीतर काम करती हैं। यद्यपि इन संस्थाओं में परस्पर काफ़ी विभिन्नता है और इनके बीच अतुलनीय स्थितियाँ हैं, तथापि इन्हें एक साथ एक समूह में रखने का कारण है कि ये सभी संस्थाएँ उस नीति-शासन

की समीक्षक हैं; जो सीमान्त और उपाश्रित समूहों के अधिकारों और हितों को अनदेखा करती हैं जिनकी आजीविका के सरोकारों को भारी पैरों से कुचल दिया जाता है ताकि बड़े औद्योगिक समूहों (बड़ी पूँजी) के हितों को बढ़ावा दिया जा सके। इसके परिणामस्वरूप जैव-विविधता के पारिस्थितकीय मूल्य और इस विविधता के द्वारा प्रदत्त सेवाओं को कम ही महत्त्व दिया जाता है, जबकि इसके विपरीत एनर्जी कारख़ानों को न केवल बढ़ावा दिया जाता है अपितु उन्हें उपदान राशि (सब्सिडी) भी दी जाती है। सरकार इस अनुकूल-बिन्दु के प्रति अत्यन्त उग्र भाव रखती है और यह तर्क देती है कि इसके सकल घरेलू उत्पाद को दो प्रतिशत की हानि होती है। इनके द्वारा जो आलोचना की जाती है, इस कारण शासन द्वारा नागर समाज संस्थाओं द्वारा निधि-प्राप्ति में रोड़े अटकाये जाते हैं ताकि वे वित्तीय रूप से अव्यवहार्य हो जायें। सरकार की इस प्रकार की शत्रुता का ग्रीनपीस ताज़ा उदाहरण है।

तीसरा अनुकूल-बिन्दु विद्वत् परिषदों में है। विरोधाभास बताने पर शासन द्वारा अपने पक्ष में जो तर्क दिये जाते हैं या अपने बचाव में जो बहुत झीने तथ्य प्रस्तुत किये जाते हैं या उनके तर्कों में स्थानीय परिस्थितियों के अनुसार कमियाँ रहती हैं या उन स्थानीय दशाओं पर ध्यान नहीं दिया जाता या फिर सरकार द्वारा यह बचाव सांस्कृतिक ढाँचे के प्रतिकूल होता है, इन सबकी समीक्षा विद्वत् परिषदों द्वारा ही अनुकूल-बिन्दु है। मैं इसे शेठ-नन्दी-थापर-ड्रेज अवस्थिति कहता हूँ। इस अनुकूल-बिन्दु में जो चार नाम लिये गये हैं, उनके विचारों में समानता है। ऐसा मैं नहीं कह रहा हूँ, परन्तु यदि कोई इस स्थिति की परिसीमाओं को नापे तो पायेगा कि इसमें धर्मनिरपेक्ष और धर्मनिरपेक्ष बिरोधी, तर्कवादी और मानवतावादी, अर्थव्यवस्था के विस्तार के पक्षवाले और व्यष्टि न्याय के प्रति समर्पित, सभी प्रकार के लोग मिल जायेंगे। फिर भी ये सभी सत्ताधारी सरकार के समीक्षक हो सकते हैं। यहाँ विद्वत्जन उस तीसरे अनुकूल बिन्दु को घेरे हैं जिसे द्वितीय अनुकूल-बिन्दु में नागर समाज संस्थाएँ घेरे हुए हैं। असत्य या मिथ्या को चुनौती देते हुए विद्वत्जन अपने कार्यों में ज्ञान के शिष्टाचार से बँधे हैं, इस तीसरी अवस्थिति में विभिन्न वर्गों के आन्तरिक मतभेद निरर्थक हैं क्योंकि ये सभी तर्क की शिष्ट रीति से बँधे हैं और इस कारण परीक्षण के लिए प्रस्तुत हैं।

चौथा अनुकूल-बिन्दु विज्ञान, प्रौद्योगिकी और समाज की तार्किक समीक्षा करता है। यह विज्ञान, प्रौद्योगिकी और समाज की अवस्थिति सामाजिक प्रक्रियाओं में विज्ञान और प्रौद्योगिकी के बहुपक्षीय प्रभावों को आँकने के लिए बार-बार प्रयुक्त की जाती है।

मानवीय जीनपुंज शोध के परिणामों के फलस्वरूप वैज्ञानिक शोध में आचार सम्बन्धी, विधि सम्बन्धी और सामाजिक प्रभावों के कारण नयी बाध्यताओं की परख के लिए नये विचारों और समझ के नये फलकों की अनिवार्यता हो गयी है। जीव विज्ञान से इन्फोरमेटिक्स तक वैज्ञानिक प्रगति बहुत तेज़ गति से बढ़ रही है और इनका प्रभाव निजता से लेकर प्रयोगशाला में नये जैविक उत्पादों जैसे मुद्दों तक फैला है। नीतिशास्त्री और समाजविज्ञान के सिद्धान्ती उन प्रश्नों के निर्माण में भी कठिनाई महसूस कर रहे हैं, जिन्हें उन्हें उठाना चाहिए। विज्ञान और प्रौद्योगिकी की प्रगति में पिछड़ने के कारण भारतीय शासन तो और ख़राब स्थिति में है, जिसके कारण उस नये संसार के बारे में जिसमें हम आज हैं, कल्पना करने और नीति-निर्धारण में अपने को अक्षम पाता है। इस अवस्थिति में, जिसे अरुणा शानबाग-बिल गेट्स अवस्थिति नाम दिया जा सकता है, भारत में जनहित बुद्धिजीवी अप्रचुर ही हैं।

पाँचवाँ अनुकूल-बिन्दु भारत के लिए महत्त्वपूर्ण है क्योंकि वह अन्धविश्वास की दुनिया से तर्कबुद्धि और समीक्षात्मक स्वभाव की ओर जा रहा है। मैं इस अनुकूल-बिन्दु को कोवूर-दाभोलकर-पानसरे नाम दूँगा जिन्होंने उन अनेक अन्धविश्वासों को चुनौती दी जिस कारण हमारे लोग पिछड़ रहे हैं। षड्यन्त्रकारियों ने दुनियादारी से अछूते लोगों पर नियन्त्रण, शोषण और अधिपत्य के लिए अन्धविश्वासों को प्रोत्साहित किया जैसे ही इस दुनियादारी से अछूते लोगों ने समीक्षात्मक रुख अपनाया। दाभोलकर और पानसरे ने जब समीक्षात्मक अनुकूल-बिन्दु के लिए विपरीत परिस्थितियों में आवाज़ उठायी, इनकी हत्या कर दी गयी क्योंकि सर्वव्यापी और इन्द्रियातीत दोनों रूपों में धर्म ने समतावादी और जनतन्त्रीय चुनौतियों को अवरुद्ध कर दिया और चली आ रही व्यवस्था बनी रहने दी। इस पाँचवें अनुकूल-बिन्दु को स्थापित धर्मगुरुओं की शक्तिशाली धाराओं से ही नहीं जूझना है, जिन्हें संघ परिवार की ओर से राजनीतिक संरक्षण प्राप्त है और जो अन्धविश्वासों का जाल बुनते हैं अपितु जन-संचार की आधुनिक प्रौद्योगिकियों से जूझना पड़ता है जिस कारण इन धर्मगुरुओं को व्यापक विस्तार मिल जाता है। इस पाँचवें अनुकूल-बिन्दु में भी जनहित बुद्धिजीवियों की उपस्थिति नगण्य है।

एक छठा अनुकूल-बिन्दु भी है जिसे मैं मिश्रित बिन्दु कहना चाहूँगा जो मानव चेतना नवप्रवर्तन का पक्षधर है और जो निर्धारित कोटियों तक सीमित नहीं रहना चाहता। इस बिन्दु में कटाक्ष, उपहास, विप्लव (बग़ावत), साहसिकता और ज़िम्मेदारी आदि आते हैं। इस अवस्थिति में भारत में अनेक लोग हैं। इनमें से अधिकांश नौजवान हैं जो विगत की निश्चिन्तता से संचालित नहीं होना चाहते।

इनकी संख्या बढ़ती जा रही है और भारत इस प्रकार के साहसिक कार्यों के विस्फोटों के मोड़ पर खड़ा है। इसे फ्लिपकार्ट की प्रसिद्धि पाने वाले बंसल-ससुराल में शौचालय न होने के कारण वहाँ जाने से इनकार करने के कारण प्रसिद्धि प्राप्त अनीता नाट्रे और समुदायों में पितृवादी सत्ता को चुनौती देने के कारण प्रसिद्ध शाहबानो अवस्थिति कहा जा सकता है। क्या ये जनहित बुद्धिजीवी हैं? यदि हम इन्हें इनकी उपलब्धियों से पुरानी परम्परा को चुनौती देने वालों के रूप में देखें तो ये वास्तव में जनहित बुद्धिजीवी हैं? इनकी उपलब्धियाँ इन्हें अपने उन विचारों से प्राप्त हुई हैं, जिससे पहले इन्होंने संकल्पित किया कि क्या वरीय है? शायद ये संगतिनिष्ठ जनहित बुद्धिजीवी हैं।

प्रश्न की रचना : रचना पर प्रश्न

नीलाद्रि भट्टाचार्य

रोमिला थापर जिस केन्द्रीय बिन्दु को उठाती हैं, वह बहुत महत्त्वपूर्ण है : बुद्धिजीवियों को बोलना चाहिए, पुनर्रचना के परिवर्तनों पर सोचना चाहिए, अन्याय के प्रति आवाज़ उठानी चाहिए और रूढ़ियों की समीक्षा करनी चाहिए। इस प्रकार की प्रश्न करने की नीयत एक अच्छे समाज के निर्माण की सम्भावना के आधार-वाक्य पर टिकी है। थापर के अनुसार इस प्रकार की समीक्षाएँ सोपानिकियों को अस्थिर कर सकती हैं, रूढ़ियों के प्रभुत्व को तितर-बितर कर सकती हैं और प्रभुत्वशाली शक्तियों के दम्भ को चुनौती दे सकती हैं। इसके सम्भावित परिणामों के प्रति तर्क देते हुए थापर नैतिकता और आचरण सम्बन्धी तर्क देती हैं कि अन्यायी और तानाशाही शक्तियों के घेरे में बुद्धिजीवियों का यह नैतिक कर्तव्य है कि बोलें, वह कार्य करें और उसे सुना जाये।

इस केन्द्रीय तर्क के सभी पक्षों से मैं पूर्णतः सहमत हूँ। हमें ऐसी तर्कशील जनता भी चाहिए जो किसी प्रजातान्त्रिक समाज को स्थिर रख सके और जहाँ न्याय, समानता और सहिष्णुता नैतिक उत्थान के साथ मूल्य स्थापित करें। इस प्रकार के समाज-निर्माण में जनहित बुद्धिजीवियों की समीक्षात्मक वाणी की महती भूमिका है। यदि इस समीक्षात्मक वाणी को चुप करा दिया जाता है या फिर ऐसी वाणी पायी ही नहीं जाती, हमें आशंकित होना होगा। मैं तर्कों के विस्तार और तर्कों की परतों के खुलने की प्रक्रिया पर कुछ नहीं कहना चाहता। यदि मैं ऐसा करता हूँ तो फिर मुझे थापर की इस माँग से सहमत होना पड़ेगा कि हमें सदा ही समीक्षात्मक रहना है।

अपने आलेख में थापर-वर्तमान की बात करती हैं जो दुर्भाग्यपूर्ण है। बुद्धिजीवी बोलने में, सार्वजनिक घटनाओं में हस्तक्षेप करने में और शंकास्पद मसलों पर प्रश्न करने में हिचकिचाते हैं। हम अपने विगत को देखते हैं जब बुद्धिजीवी सत्ता का विरोध करते थे, अपनी बात कहते थे और अपनी आस्था के

बचाव में मरने तक को तैयार रहते थे। इस प्रकार का वृत्तान्त अन्ततः उत्सवी इतिहास बनकर रह जाता है। जब हम अपने वर्तमान को सुधारने के लिए अपने अतीत को देखते हैं तो हम उन घटनाओं या उन व्यक्तियों को महिमामण्डित करने लगते हैं जिनके अतीत का हम उल्लेख करते हैं। प्रायः हम जिन घटनाओं पर ध्यान देते हैं, उन घटनाओं के आन्तरिक विरोधाभासों को कमतर करके कहते हैं और उनके अन्धकारमय और समस्यामूलक प्रभावों पर ध्यान नहीं देते। जिन ऐतिहासिक पुरुषों का हम महिमामण्डन करना चाहते हैं, उनकी अनेकार्थकता और उनके आन्तरिक तनावों को हम मानो मिटा देते हैं। हम इन ऐतिहासिक पुरुषों की अनेक उन विरोधी बातों पर ध्यान नहीं देते जो वे कहते हैं और करते हैं। हम केवल उसी पर ध्यान देते हैं, जिस बात पर हम जश्न मनाना चाहते हैं। प्रेरणा के लिए हमारी खोज अतीत को वैसी ही परिभाषित करती है, जैसा हम चाहते हैं।

मैं यहाँ यह नहीं कह रहा हूँ कि हम वर्तमान की समीक्षा के लिए अपने अतीत तक नहीं जा सकते। मेरा केवल इतना ही कहना है कि यह महिमामण्डन जैसी वापसी ही समस्या पैदा करती है। यह प्रायः बीती बातों की भावुक याद से संगठित है। अतीत के प्रति तार्किक वापसी के लिए—थापर की समीक्षा की माँग को आगे बढ़ाते हुए—हमें जय-जयकार करने के साथ-साथ समीक्षात्मक और स्वीकार्यता के साथ प्रश्न उठाने वाला भी होना होगा।

मैं उनके भाषण से एक उदाहरण लेता हूँ। उनके अनुसार, **प्रबोध** ने तार्किक विचारों को महत्त्व दिया जो रूढ़ियों और सोपानिकी पर प्रश्न करने के आधार बने; गह स्वतः सिद्ध मान्यता के रूप में स्वीकार कर लिया गया। इस प्रकार **प्रबोध** इस आलेख में मुक्तिदाता स्वरू५ में उभरा। यह स्वरूप उस शक्ति के रूप में रहा जिससे समाज का बदलाव सम्भव हुआ और इसने न्याय के लिए औचित्य सिद्ध किया। तर्क की शक्ति को आगे करते हुए इसने समुदाय की उग्र समीक्षा को विस्तार दिया।

यह प्रबोध का उत्साहित दृष्टिकोण है। व्यक्ति के प्रति नये विचार के धारणापरक आधार को अवश्य प्रबोध ने रचा और स्वायत्तता, स्वतन्त्रता और तर्कबुद्धि के विचार को अग्रसारित किया। परन्तु क्या हम प्रबोध के केवल सकारात्मक दृष्टिकोण की ही पुष्टि करें? प्रबोध और नयी रूढ़ियों के बीच उपजे नये सम्बन्धों के बारे में क्या? जिसने सत्ता के नये रूपों को मान्यता दी, शक्ति के नये स्वरूप गढ़े और नयी असहिष्णुताएँ आयीं। यदि पुरानी रूढ़ियों के लिए आलोचना का आधार तर्कबुद्धि था तो इसने नयी रूढ़ियों को बनाने की भी भूमिका अपनायी। यदि तर्कबुद्धि की भाषा ने संवाद के नये स्रोत बनाये,

इसने ऐसे स्रोतों को (उसी रफ़्तार से) बन्द भी किया और वैकल्पिक तर्क की सम्भावनाओं को नकारा भी। सम्पूर्ण सत्यों की सत्ता को प्रायः सर्वव्यापी तर्क की शक्ति से सन्दर्भित होकर जाना जाता है। दूसरे प्रकार की सोच और अतुलनीय तालिकाओं को अतार्किक और अस्वीकार्य मानकर रचनात्मक संवाद में उन्हें नकार दिया गया। प्रबोध तर्कबुद्धि ने गौरवहीन कोटियों की व्यवस्था का निर्माण किया जिनके द्वारा संसार को सूक्ष्मता से देखा गया, वर्गीकृत किया गया और रूढ़िगत किया गया। अनेक शोषणात्मक राज्य-व्यवस्थाएँ इस तर्कबुद्धि के द्वारा संचालित हुईं, औपनिवेशिक विस्तार को तर्कबुद्धि और न्याय के द्वारा संगति की वाक्पटुता से प्रमाणित किया गया। स्टालिन की रूढ़ियाँ 'विज्ञान और तर्क' के मुहावरे से संचालित हुईं और आज भी जिसे तर्कबुद्धि बर्बरता कहती है, उसे पूर्णतः मिटा देने के लिए अन्तर्राष्ट्रीय युद्ध लड़े जाते हैं।

प्रबोध के स्रोतों का महिमामण्डन करने के साथ ही हमें इसकी दमनात्मक शक्तियों के साथ उलझने को अनदेखा नहीं किया जा सकता। हमें अपने से पूछना चाहिए कि हम किस प्रबोध की बात कर रहे हैं? हम किस तर्कबुद्धि का उत्सव मना रहे हैं? क्या उस तर्कबुद्धि में बुनियादी अन्तरों के लिए, विचारों के अतुलनीय ढाँचों के लिए और अन्य के साथ गम्भीर और प्रभावशाली संवाद के लिए क्या कोई स्थान है? जब हम एक बार ऐसे प्रश्न करते हैं तो हम सरलता से प्रबोध और इन्द्रियातीत तर्कबुद्धि की समीक्षा को नकार नहीं सकते। हमें उन सभी आलोचनाओं के प्रति स्वीकृति अभिव्यक्त नहीं करनी है जो आलोचक कहते हैं। परन्तु हमें उन प्रश्नों को गम्भीरता से लेना चाहिए। हमें यह स्वीकारना होगा कि सामाजिक समीक्षाओं के प्रबोध-विरोधी विचारों के बौद्धिक स्रोतों से भी काफ़ी कुछ लिया गया है। सर्वदेशीय तर्क, आधुनिक समाज और औपनिवेशिकता पर, अन्ततः गाँधी ने बहुत अधिक खोजपरक समीक्षा दी है। मेरे विचार से थापर जिसकी बात करती हैं, तर्कबुद्धि और सत्यता का प्रबोधमूलक मीमांसात्मक विचार, सुकरात के चिन्तन के विचार के विपरीत बैठता है।

सुकरात के लिए सही सिद्धान्तों का या सत्यता का स्वायत्तीकरण महत्त्वपूर्ण ही नहीं है अपितु रीति भी महत्त्वपूर्ण है जिसके द्वारा कोई सच की खोजबीन करता है। उसके अनुसार संवाद और प्रश्न करने की प्रक्रिया महत्त्वपूर्ण है। उसके जीवन में इस आदर्श को, उसके संवाद में लगे रहने, स्वीकृत बुद्धि के सतत परीक्षण और बिना थके लगातार प्रश्न करने के रूप में देखते हैं। उसके अनुसार सत्य कोई स्थिर चीज़ नहीं है, उसे प्राप्त करना होता है, उस पर बल देना पड़ता है और उसे पकड़े रहना होता है। यह एक प्रक्रिया थी, एक विधि, जिसे क्रियान्वयन

से और एक प्रकार के दार्शनिक चिन्तन से प्रगट करना होता है। पहुँच का बिन्दु केवल आंशिक रूप से महत्त्वपूर्ण है क्योंकि जिस बिन्दु पर हम पहुँचते हैं, उस पर सतत प्रश्न करते रहना चाहिए और उसे फिर से नकारा जाता रहना चाहिए। पहुँच के उस बिन्दु–सत्य–का महिमामण्डन किसी सकारात्मक मूल्य के सतत प्रश्न करने की प्रक्रिया को कमज़ोर करना है। इस दृष्टि से नकारना भी रचनात्मक है। यह स्वीकारने से अधिक महत्त्वपूर्ण था। नकारना अपने आपमें संसार प्रगटीकरण चरित्र है, यह उधेड़ता है, यह पर्दा हटाता है। यह सकारात्मक सद्गुण था। सर्वोच्च मानवीय अच्छाई थी–प्रतिदिन लगातार सद्गुण के विचार का परीक्षण और उस पर प्रश्न करना, सद्गुणों के अस्वीकार्य मतों को नकारना और उनका खण्डन करना सर्वाधिक रचनात्मक चिन्तन, सर्वाधिक शुद्ध चिन्तन लगातार नकारना ओर खण्डन करना या सतत प्रश्न करते रहना। इस व्यवहार में जो उत्सव योग्य है–वह है–विचारों की रचनात्मक अस्थिरता, न कि सच्चाई के प्रति असाधारण अनुराग। इस प्रकार का व्यवहार जहाँ प्रश्न करने का विचार सदा आवृत है, इस सिद्धान्त पर कि सभी विश्वासों का परीक्षण होना चाहिए और उनको नकारा जाना चाहिए। क्योंकि कोई भी सच्चाई परम पवित्र नहीं है।

सुकरात इसलिए नहीं मरा क्योंकि वह ऐसी सच्चाई पर विश्वास करता था, जिसे वह छोड़ना नहीं चाहता था। सम्भवतः वह इसलिए मरा क्योंकि उसने प्रश्न करने, उनका परीक्षण करने और उसे नकारने के अपने अधिकार को छोड़ने से मना कर दिया–ऐसे प्रश्न न केवल सत्ता से अपितु सभी से करना, उनका परीक्षण करना और नकारना। वह संवाद के विचार के प्रति प्रतिबद्ध था, जिसे वह अन्तिम सद्गुण और जिस प्रक्रिया द्वारा सच्चाई को खोजा जा सकता था, नकारा जा सकता था, पुनः खोजा जा सकता था और पुनः नकारा जा सकता था। जिस पर उसका विश्वास था, वह द्वन्द्व-न्याय था जिसमें विमर्शात्मक अन्तर्विषयी आबन्ध के अन्तर्गत कोई तर्क दूसरे तर्क से लगातार, बिना रुकावट या अवरोध के प्रतिरोध करता रहता है। सुकरात ने किसी तथ्य को नकारने के अपने अधिकार को त्यागना स्वीकार नहीं किया। एक दृष्टि से संवाद और सत्य का यह अभिप्राय उस अभिप्राय से आमूल भिन्न है जिसमें इन्द्रियातीत प्रयोजन और विश्वजनीन सत्य का गुणगान किया जाता है। मैं संवाद के विचार पर बाद में बात करूँगा।

अपने तर्कों को आगे बढ़ाते हुए थापर इतिहास से अनेक जनहित बुद्धिजीवियों की बात करती हैं। मुझे शंका है कि सभी को जनहित बुद्धिजीवी की श्रेणी में रखा जा सकता है, न ही बौद्धिक स्वायत्तता के विचार को वर्तमान से पीछे ले जाकर आरोपित किया जा सकता है। मेरे विचार से जनहित बुद्धिजीवी

का अभिप्रायः अनिवार्यतः आधुनिक लोकवृत्ति के अभिप्राय से ही है और व्यक्ति की वैयक्तिक स्वायत्तता व्यक्ति की निजता के आधुनिक अभिप्राय से गुँथी है।

फिर भी इन व्यक्तियों का, जिनका उल्लेख थापर ने किया है, वे सब एक श्रेणी में नहीं आते हैं। मैं सोचता हूँ कि हमें उन्हें अलग-अलग देखना होगा कि वे हमें क्या कहना चाहते हैं। प्रथमतः थापर जिन बुद्धिजीवियों की बात करती हैं, उनमें से कुछ साहसी व्यक्ति हैं, जैसे सुकरात। उनके आलेख के अनुसार, वे अपने विश्वासों में दृढ़ थे, अपने विचारों को छोड़ने को तैयार न थे और अपने विश्वास के लिए मरने को तैयार थे। बिना शंका, सुकरात, इतिहास में रूढ़िभंजकों में अग्रणी वीर थे। उन्हें नैतिक और बौद्धिक निष्ठा के अन्तिम संकेत के रूप में पूजा जाता है। उनका जीवन स्वच्छन्दता और रहस्यमयता से भरा-पूरा था।

दूसरी श्रेणी, जिनका प्रसंग थापर लाती हैं, वे भविष्यद्रष्टा थे जिसमें बुद्ध प्रमुख थे। उन्होंने ईश्वर के महिमागान को ललकारा, सामाजिक सोपानिकी की आलोचना की और संसार में जीने के लिए वैकल्पिक रास्ते सुझाये, समाज को सुव्यवस्थित करने और अच्छी सम्भावना भरे जीवन के बारे में सोचा। उन्होंने कट्टरपन्थियों (ब्राह्मणों) का और संगठित अपधर्मी सिद्धान्तों (श्रमणों) का विरोध किया। उन्होंने न्याय और दुःख की बात की और उन विधियों के बारे में भी कि कैसे समाज को बदला जाये।

तीसरी श्रेणी में उन सुधारकों की बात है, जिन्होंने प्रमुख आस्थाओं और सांस्कृतिक विचार-पद्धति से संघर्ष करते हुए छोटे-मोटे सुधारों का बीड़ा उठाया। उन्होंने बुद्ध की भाँति अस्तित्व और जीवन के साकल्य विचार का वैकल्पिक रास्ता ही न सुझाया, बल्कि समाज में परिवर्तन की दृष्टि से भी महत्त्वपूर्ण भूमिका निभायी।

इसके बाद अन्य चिन्तक और दार्शनिक आते हैं, जिन्होंने तार्किक विचारों की रीतियों को विस्तार दिया। हम फिर से सुकरातीय प्रणाली की बात करते हैं जिसमें उसके तर्क करने के तरीके पर संवाद में लिप्त होना, सभी तर्कों पर प्रश्न करना, उनके अन्तर्निहित विरोधों और प्रारम्भिक पूर्व धारणाओं के तर्क दोष को बतलाना और सत्य के लिए कभी न समाप्त होने वाली तलाश शामिल हैं। प्रबोधकाल के भी कुछ दार्शनिक थे—लॉक, ह्यूम, वाल्टेयर, मॉन्टेस्क्यू, डिटेरोट, रूसो तथा अन्य जो अपने वैज्ञानिक तर्क की वाग्मिता के कारण जाने जाते थे। अन्त में वे बुद्धिजीवी हैं जो पेशेवर लोग हैं, उन्हें अकादमिक नहीं कहा जा सकता। थापर यहाँ उन सबको सम्मिलित करती हैं जो समाज के प्रति जागरूक रहते हुए सार्वजनिक कार्यान्वयन के प्रति सत्ताधारियों से स्पष्टीकरण चाहते हैं।

मेरा प्रश्न यह है : आज जब हम जनहित बुद्धिजीवी की बात करते हैं तो

किस प्रकार के बुद्धिजीवी की बात करते हैं। हम प्रेरणा के लिए प्रतिष्ठित लोगों की ओर देखते हैं, उनके कार्यों की कल्पना करते हैं, उनकी शूरता में रूमानियत देखते हैं परन्तु हम यह अपेक्षा नहीं करते कि वे सब दैवी शक्तिसम्पन्न जीवन जियेंगे या फिर बुद्ध जैसे भविष्यद्रष्टा हो जायेंगे या अन्य महान चिन्तकों और दार्शनिकों के साथ बराबरी करने का प्रयास करेंगे।

सतत प्रश्न करते रहने जैसे छोटे कार्यों से तार्किक सार्वजनिक जीवन का आधार स्थापित किया जा सकता है और यह छोटे-छोटे बदलावों के लिए महत्त्वपूर्ण भी है क्योंकि समय के साथ ये छोटे-छोटे बदलाव ही किसी बड़े बदलाव का कारण बनते हैं। सतत प्रश्न करने के सुकरात के तरीके से चली आ रही कट्टरपन्थिता को और सर्व स्वीकृत मान्यताओं को अस्वीकार करने की सामान्य रीति को उसके अनिवार्य रूप से रहस्यवादी नायकत्व को न मानते हुए भी उसके बराबर या उससे अच्छा होने का प्रयास किया जा सकता है। एक अनिवार्य रूप से मूलरूप को बिगाड़े बिना, मूल्यांकन करने और आधिपत्य जमाने की बात को, बिना अहंकार के अनुभवातीत तर्क को दृढ़तापूर्वक स्वीकारते हुए हम ऐसा कर सकते हैं।

थापर की बहस में नैतिक बदलाव के अंश विगत में हुए महान व्यक्तियों और सुधारकों के कामों से निसृत हुए हैं। मेरे विचार से सामान्य लोगों द्वारा उनके दैनन्दिन जीवन में सतत प्रश्न करने के छोटे-छोटे उपायों पर ध्यान देना अधिक उपयोगी होगा। इस प्रश्न पर मैं बाद में आऊँगा।

थापर कहती हैं—बुद्धिजीवियों को अपनी ज़ुबान खोलनी चाहिए। मैं इससे पूर्णतः सहमत हूँ। परन्तु इस सन्दर्भ में मेरे कुछ सन्देह हैं।

पहला, हमें मानना होगा कि अपनी आवाज़ उठाने के परिणाम सदा एक जैसे नहीं होते। कभी परिस्थितियों का ऐसा योग बनता है कि कुछ प्रकार की आवाज़ों को सुना जाता है और उन पर ध्यान दिया जाता है। परन्तु कभी अन्य समय उसी प्रकार की आवाज़ों को नहीं भी सुना जाता। भिन्न ऐतिहासिक सन्धि-स्थलों पर इन आवाज़ों पर भिन्न-भिन्न प्रकार से ध्यान दिया जाता है।

1950 से लेकर 1970 के दशक तक धर्मनिरपेक्ष आवाज़ों की जितनी प्रधानता थी, वे आवाज़ें आज उतनी ही मुखर सुनाई नहीं पड़तीं। अगर नेहरू-युग की उच्च आधुनिकता में गाँधी-विचार ग़ायब हो गये तो आज भारत और विदेशों में भिन्न-भिन्न सामाजिक आन्दोलनों द्वारा ये विचार हथिया लिये गये हैं।

अतः विभिन्न ऐतिहासिक सन्धि-स्थलों में किसी दृष्टिकोण या पुकार की सामाजिक शक्ति अलग-अलग प्रभाव डालती है और सुनवाई का महत्त्व बढ़ जाता

है। किसी मुद्दे को उठाना, उस पर बोलना, समीक्षा करना, विचारों को विस्तार देना और उन विचारों का सामाजिक सन्दर्भ और उनका प्रभावशाली होना इन दोनों में अन्तर है। व्यक्तिगत विचार सदा ही अनिवार्यतः प्रभावी सामाजिक कार्यवाही में नहीं बदल जाते। वाणी का सदा एक जैसा प्रभाव नहीं पड़ता। उन्हें उसी रूप में सदा नहीं लिया जाता।

दूसरे, यह तो सही है कि बुद्धिजीवियों को सदा प्रश्न करते रहना चाहिए परन्तु उन्हें यह भी मालूम होना चाहिए कि आलोचना की सीमा क्या है? प्रायः ही शिखर पर बौद्धिक सहमति को बृहत्तर सामाजिक स्वीकृति समझ लिया जाता है। हम सोच लेते हैं कि हमारे विचार सर्व स्वीकार्य हैं क्योंकि उन पर कोई प्रश्न नहीं करता। 1960 और 1970 के दशक की धर्मनिरपेक्ष-उदारवादी सहमति के प्रति यह समस्यामूलक भ्रम रहा। प्रगटतः धर्मनिरपेक्ष प्राधान्य के बीच, उस समय, एक बहुत गहरी वैकल्पिक सोच थी जो अन्य कारणों से गठित थी, उसके अन्य दृष्टिकोण और अलग विकल्प थे। आने वाले दशकों में यह भिन्न, किन्तु कुचला हुआ, और देखने में शान्त, भिन्न-भिन्न तरीकों से अभिव्यक्त हुआ। बाद में जो हुआ उसे हम एक सतत लम्बी ऐतिहासिक शृंखला के रूप में देख सकते हैं।

तीसरे, जनहित बुद्धिजीवी को मात्र आवाज़ ही नहीं उठानी है, उन्हें चिन्तन और जीवन के छोटे-छोटे वैकल्पिक उपायों पर भी ध्यान देना होगा। प्रबोधकाल के चिन्तन से ही उपायों को खोजना पर्याप्त नहीं होगा। हमें अन्य बौद्धिक स्रोतों की गहरी खोज करनी होगी और जैसा कि मैंने पहले कहा, प्रबोधकाल के विरोधी विचारों को भी सम्मिलित करना होगा।

मेरे विचार से थापर का आलेख विगत की सुखद यादों से सन्तृप्त है। यह वह समय था जब बुद्धिजीवियों को सुना जाता था और उन्हें महत्त्व दिया जाता था। उस समय वे सार्वजनिक जीवन में दृश्यमान व्यक्तित्व थे। उनको आदर दिया जाता था, उन्हें पूजा जाता था। वे शक्तिशाली और प्रभावशाली रहे। आज हम वह समय देख रहे हैं, जबकि संसार के सामने संकट है। हम देख रहे हैं कि जिन मूल्यों को हम महत्त्व देते थे, पूजते थे, वे आज लुप्त हो रहे हैं। धर्मनिरपेक्ष, प्रजातान्त्रिक बुद्धिजीवियों के विचार, जिनको 1950-1960 के दशकों में आशा भरी निगाहों से देखा जाता था, आज लुप्त हो गये हैं।

इसका कारण यह है कि विगत में बुद्धिजीवी उस प्रकार व्यवहार करते थे, जैसा आज नहीं कर रहे हैं, जैसे—सार्वजनिक जीवन में हस्तक्षेप करके, शक्ति से प्रश्न करके और जो भी सत्ता में हैं, उनको चुनौती देकर। सम्भवतः ऐसा है, यद्यपि यह बात पूर्ण रूप से सत्य नहीं है। 1950-60 के दशकों में एक समय

था जब नेहरू-युग में बुद्धिजीवियों के लिए स्थान था। ऐसा स्थान जहाँ **वे** बोल सकते थे, योजना बना सकते थे, सुझाव दे सकते थे, कार्य कर सकते थे, और समाज को पुनर्गठित करने के लिए सुझाव दे सकते थे, और सार्वजनिक संस्थाओं का भार उठा सकते थे। जो भी सत्ता में थे—वे बुद्धिजीवियों को सुनते थे; उनके हस्तक्षेप मीमांसापरक होते थे ताकि नेहरूयुगीन भारत का निर्माण किया जा सके।

बुद्धिजीवियों का कार्य दोतरफ़ा था। एक स्तर पर उन्होंने कट्टरपन्थिता की समीक्षा की, औपनिवेशिक विधियों पर प्रश्न खड़े किये, भारत के पिछड़ेपन के कारणों को तलाशा और औपनिवेशिक विचार की मान्यताओं को अनावृत्त किया। दूसरी ओर वे स्वतन्त्र भारत के लिए नयी दृष्टि को परिभाषित करने में सहायक हुए—ऐसा भारत जहाँ नये प्रकार की कट्टरपन्थिता आयी और प्रगटतः प्राधान्य हो गयी। उन्होंने बुद्धि और विकास के नये रास्ते को परिभाषित किया और इस प्रकार के ढाँचों को बनाया जिसके अन्तर्गत भविष्य के लिए आदर्श समाज की कल्पना की जा सके। उन्होंने प्रजातन्त्र और धर्मनिरपेक्षता जैसे मुद्दों पर हुई बहसों में भाग लिया, सार्वजनिक संस्थाओं की स्थापना में सहायता दी और विभिन्न समितियों और आयोगों के सदस्यों के रूप में विभिन्न क्षेत्रों में विकास के लिए नये एजेण्डे के सुझावों के लिए सक्रिय भूमिका निभायी।

इस सन्दर्भ में पददलन और चुप कराने की रीति का विरोध करते हुए किसी की वाणी समाज के विरुद्ध वीरतापूर्ण वाणी नहीं थी, यह उन लोगों की आवाज़ थी, जिन्हें बोलने का मौक़ा दिया गया, जितने बोलने के अवसर वे बना सके। आंशिक रूप से उस समय के आशावाद से जनित यह बुद्धिजीवियों का आशावाद था। स्वतन्त्रता की सुखभ्रान्ति विभाजन की दुखदायी घटनाओं के कारण मन्द पड़ गयी परन्तु एक नये भविष्य के लिए यह आश्वासन था कि इसे बनाने में बुद्धिजीवी मददगार होंगे। राष्ट्रीय आन्दोलन ने नये संसार की सम्भावना के द्वार खोल दिये। इन काल्पनिक सम्भावनाओं को अब साकार रूप देना था। नयी अर्थव्यवस्था, नये समाज, नयी राज्य-व्यवस्था और संस्कृति की रूपरेखा के लिए उस समय के बौद्धिक स्रोतों का नेहरू ने भरपूर इस्तेमाल किया। नेहरू की दृष्टि को पूरा करने के लिए बुद्धिजीवियों ने मदद दी और उन्हें प्रतीकात्मक रूप से कुछ सत्ता प्राप्त थी।

यह रेखान्तर अब संकुचित हो गयी है। धर्मनिरपेक्ष और प्रजातान्त्रिक प्रधानता अब लम्बे समय से क्षीण हो चुकी है। कई राज्यों में भिन्न-भिन्न प्रकार की असहिष्णुता को स्वीकारा गया। सत्तावादियों ने बुद्धिजीवियों की शक्ति का संचयन कर लिया जिससे अनेक प्रकार की प्रतीकात्मक सत्ता पर प्रश्न उठाये

जाने लगे। एक स्तर पर संविधान का सहारा लेकर हिन्दुत्ववादी ताक़तों ने अपना जाल फैलाया और दूसरे स्तर पर लेखकों को धमकी देकर; विमतकारों पर आघात करके, अपनी आवाज़ को मुखर करने वालों को अपमानित करके, प्रजातन्त्र के पक्षधर सक्रियतावादियों को परेशान करके और चुप न रहने वालों की हत्या करके राजनीति की अन्य प्रकार की भाषा का इस्तेमाल किया। इस प्रकार की शक्तियाँ, एक स्तर पर भय का वातावरण बनाकर उस स्तर पर काम करती हैं और दूसरे स्तर पर संसद में बहुमत प्राप्त करके ऐसे कार्यों को प्रोत्साहन देती हैं। इसी प्रकार इस्लामी कट्टरवादियों ने प्रतिदिन की रीतियों और विश्वासों के पालन में पुलिसिया रुख़ अपना लिया है और जिन्होंने भी असहमत होने का साहस दिखलाया है उन लेखकों के विरुद्ध फतवा जारी करके, राजनीतिक सक्रियतावादियों की हत्या करके और आम जनता और पत्रकारों को डरा-धमकाकर अपना रोब गाँठा है।

इस प्रकार की स्थिति में विगत की खट्टी-मीठी यादें उपयोगी न होंगी। आज़ादी के बाद के दशकों में जिस सामाजिक वातावरण में जनहित बुद्धिजीवी सक्रिय थे, वैसा वातावरण अब सुलभ नहीं है। हाँ, अतीत में लौटना नकारात्मक अर्थ में उपयोगी हो सकता है। यह हमें इस बात को समझने का मौक़ा देती है कि आज का समय अतीत से किस प्रकार पूर्णतः भिन्न है और यह भिन्नता बुद्धिजीवियों के सार्वजनिक जीवन को कैसी शैली और वाणी देती है।

थापर का केन्द्रीय बिन्दु मौन है परन्तु यह मौन क्या है, जिस पर बात की जा रही है और यह मौन क्या बतलाता है? क्योंकि इस मौन के अलग-अलग अर्थ हो सकते हैं।

थापर मौन को एक नकारात्मक गुण के रूप में देखती हैं। मौन को हम प्रायः सद्गुण के रूप में पूजते हैं। दार्शनिकों ने मौन, उसकी अभिव्यक्तिपरक शक्ति, उसकी गहराई, गम्भीरता और संवाद में उसकी शक्ति के बारे में काव्यात्मक विवरण प्रस्तुत किया है। हमें कहा जाता है कि मौन शब्दों से ज़्यादा अर्थ और भावपूर्ण हो सकता है। यह शुद्ध है, पवित्र है, गहरा है। इतना गहरा, जितना मरणासन्न जीवन और इतना विस्तृत, जितना अनन्त। जो मौन रहना जानते हैं, वे ही शब्द-शक्ति को पहचानते हैं। मौन नकारात्मक भाव नहीं है, यह सकारात्मक होने की प्रक्रिया है। तो प्रश्न यह नहीं है कि हम मौन रहना सीखें परन्तु यह भी समझें कि कब मौन रहना है और मौन की परिभाषा क्या है? किसी विशेष प्रकार के मौन का क्या अर्थ है।

नकारात्मक गुण के रूप में मौन बोलने और प्रश्न करने की हिचकिचाहट है। यह नकारात्मक गुण होने की विभिन्न दशाओं में अभिव्यक्त हो सकता है।

सबसे पहले, मौन एक प्रकार की उदासीनता है। जब आपकी अन्तरात्मा, जैसा दृश्यमान है, उस पर जब प्रश्न करना चाहती है, तो मौन का चुनाव सप्रयास नहीं होता। यह प्रतिक्रिया न देने की असमर्थता है। यह संवेदनशीलता और विचलित होने के सामर्थ्य की कमी है। यह वह घृणास्पद स्थिति है, जब हमारे अन्दर प्रचण्ड हलचल होनी चाहिए किन्तु यह हलचल नहीं होती। हमारी संवेदनशीलता लुप्त हो जाती है। हम आदिवासियों के विस्थापन, हिंसा और हत्याओं के बारे में, खदान मालिकों और पूँजीपति माफ़ियाओं के शोषण से भरे आचरणों के बारे में या फिर अन्याय की घटनाओं के बारे में पढ़ते हैं परन्तु इन सबसे हम विचिलित नहीं होते। उदासीनता वह है, जब हम खण्डित संसार के प्रति बेख़बर रहते हैं और गलत काम देखकर उसके प्रति विरक्त रहते हैं।

दूसरा मौन असहायता की स्थिति से पुष्ट होता है, यह सोचकर कि बोलने से कोई लाभ न होगा। हमारी इच्छा होती है कि प्रतिरोध करें, बोलने की आवश्यकता महसूस करें परन्तु बोलें नहीं। ऐसी स्थिति में हस्तक्षेप असम्भव हो जाता है। कार्यवाही का कोई अर्थ नहीं रह जाता। हम यह समझ बैठते हैं कि स्थिति के बदलाव के लिए कुछ भी नहीं किया जा सकता। विरोधी की शक्तियाँ बलशाली लगने लगती हैं। निराशा का भाव हमें निश्चल कर देता है। तीसरा मौन डर से पनपता है। सत्ता में बैठे लोगों के प्रतिक्रियात्मक रवैये के डर से हम बोलने, प्रश्न करने और विमत ज़ाहिर करने से मना कर देते हैं। विरुद्ध बोलने के परिणाम हमें डरा देते हैं। विमत प्रगट करने के कारण जो व्यक्तिगत परिणाम होंगे, उनसे हम डर जाते हैं। हम इस भ्रम में जीते हैं कि मौन रहकर हम सुरक्षित हैं। यह नैतिक साहस की हार है। जिन्होंने भी अन्याय के प्रति संघर्ष किया है, उन्होंने इस मौन को धिक्कारा है। जूनियर लूथर किंग कहते हैं–"'अन्त में', हम अपने दुश्मनों के उद्‌गम नहीं याद रखेंगे अपितु अपने मित्रों के मौन को (याद रखेंगे)।"

थापर इस तीसरी श्रेणी के मौन की बात करती हैं। यह मौन डर का लक्षण है। हमें मौन के विभिन्न प्रकारों के बारे में सोचना चाहिए और यह भी जानना चाहिए कि वे किन परिस्थितियों में कार्यरत रहते हैं। भय की बात करना उदासीनता (विरक्ति) और असहायता की बात करने से अलग है। किसी को उदासीनता की स्थिति से बाहर निकालने के लिए साहस की वाक्‌पटुता ज़्यादा कारगर नहीं होती, न ही उनकी असहायता कम हो जाती है। उत्साहित होकर अतीत के प्रसंगों से साहस और दुख-सुख भरी यादों के सन्दर्भ लोगों को कार्यवाही करने के लिए प्रेरित नहीं कर सकते। यह विश्वास करना कि कार्यवाही करने के लिए वाक्‌पटु बातें लोगों को कार्यवाही करने के लिए प्रेरित करके बिना यह ध्यान दिये कि

वे किस स्थिति में हैं—स्वेच्छाचारिता होगी। यदि आशा और अन्ततोगत्वा विजय का समय होगा, जब सभी अपनी वाणी मुखर रख सकेंगे या ऐसा निराशा का समय होगा जब किसी समाज में मौन सर्वव्यापी हो जायेगा, तब इन अन्तरों को बतलाने के लिए जो दशाएँ हैं, उन्हें समझना अनिवार्य है। आज हमें जिससे मुक़ाबला करना है, वह समाज में गहरी व्याकुलता है, मात्र वैयक्तिक नैतिक साहस की असफलता नहीं।

जैसा कि मैंने शुरू में कहा, मैं थापर से सहमत हूँ कि हमें चुप रहने की स्थिति का प्रतिरोध करना चाहिए। हमें बोलने और अपना कर्तव्य करने के लिए खड़ा होना होगा। परन्तु जैसा मैंने कहा, हमें विभिन्न स्थलों पर छोटे-छोटे कार्यों से शुरुआत करनी होगी, छोटी-छोटी बातों के प्रति समीक्षा, प्रश्न और उनके लिए प्रचार-प्रसार करना होगा। हर व्यक्ति महान व्यक्तियों का अनुसरण नहीं कर सकता। हमें तार्किक सार्वजनिक संस्कृति की सम्भावनाओं के लिए स्थान बनाना होगा और ऐसी सार्वजनिक स्थिति को बनाये रखना होगा, जहाँ संवाद हो सके, प्रश्न किया जाना सम्भव हो।

कोई जनहित बुद्धिजीवी, अनिवार्यतः, जनता के बीच स्वतः संज्ञान से हस्तक्षेप करके भिन्न स्थिति निर्मित नहीं कर सकता। वह तो छोटे-छोटे हस्तक्षेपों से तार्किक जनता की रचनाधर्मिता में सहायक हो सकता है। जैसा हम सब जानते हैं, छोटे-छोटे हस्तक्षेप, छोटी-छोटी आवाज़ें भी इतिहास बनाती हैं।

अन्त में, मैं थापर के निराशावाद से सहमत नहीं हूँ। वे कहती हैं—'जहाँ आवाज़ उठनी चाहिए थी, वहाँ आज मौन की स्थिति है।' स्थिति उतनी भयावह नहीं है। वे जिन बहुतेरे मुद्दों को उठाने की बात करती हैं, उन पर लोग ध्यान दे रहे हैं और उन मुद्दों को उठा रहे हैं—सार्थक शिक्षा के लिए लड़ाई, न्याय और समानता के लिए, सहिष्णुता, धर्मनिरपेक्षता और प्रजातन्त्र के लिए, बड़े बाँधों के विरोध में जनजाति समूहों के विस्थापन को लेकर या (जबरन) भूमि अधिग्रहण को लेकर, विशेष आर्थिक क्षेत्रों के लिए बाड़ाबन्दी को लेकर, परमाणु सशस्त्रीकरण के विरोध में और शान्ति के लिए आन्दोलन सतत जारी हैं और इन आन्दोलनों के जो मुखिया हैं, वे सभी शब्द के विस्तृत अर्थ में जनहित बुद्धिजीवी हैं। अभी अभीष्ट की प्राप्ति नहीं हो पायी है परन्तु सब कुछ खो भी नहीं चुका है। साम्प्रदायिक प्रभुत्ववादी ताक़तें उतनी शक्तिशाली नहीं हैं, जितना हम सोचते हैं।

भारतीय बुद्धिजीवी और हिन्दू-मुस्लिम पाश

जावेद नक़वी

जब अक्टूबर 2014 में इण्डिया इण्टरनेशनल सेण्टर में अत्यधिक अधीर व्यक्तियों से भरे प्रांगण में प्रो. रोमिला थापर भारत में जनहित बुद्धिजीवियों की भूमिका पर भाषण दे रही थीं, तब नरेन्द्र मोदी भारत के नये प्रधानमन्त्री बने थे। उसके बाद के महीनों में भी वह संवेग रुका नहीं जो चुनावों के दौरान देखने को मिला था।

फिर भी, दिल्ली में जिस राजनीतिक परिवर्तन की आवश्यकता हताश होकर महसूस की जा रही थी, वह दिखलाई दी। जब शायद किसी कफ़-सिरप के विज्ञापन के लिए अधिक उपयुक्त एक मफलरधारी व्यक्ति को, जो मानव-विरोधी पशुवृत्ति के समान जिसे धमकाने की आदत है और अपने ऊपर अत्यधिक विश्वास है, एक बार नहीं दो बार मुख्यमन्त्री चुना गया। वास्तव में, यही एकमात्र अवसर न था जब थापर और उनकी जैसी सोच रखने वाले अन्य बुद्धिजीवियों ने, लोगों द्वारा जो राजनीतिक पसन्द दर्शायी गयी, उस पर अपनी क्रियाशीलता दिखलाई। यद्यपि उन बुद्धिजीवियों का प्रभाव सीधा-सीधा न था, उन्होंने किसी बड़े ताम-झाम के साथ अपनी शक्ति या प्रभाव का प्रदर्शन नहीं किया, परन्तु बिना किसी बाधा के इस शक्ति ने अपना प्रभाव छोड़ा।

अपने उच्च नैतिक गुणवत्ता वाले आदर्शों के साथ शुरू-शुरू के नेताओं ने भारत के संविधान में जिन प्रभावशाली आदर्शों को दर्शाया और तर्कसंगत चयनों में भारतीयों ने जिस सजीव राजनीतिक आन्दोलन का स्वरूप प्रस्तुत किया, आज उसके अभाव में भारत के बुद्धिजीवियों ने ऐसे रिक्त हुए स्थान पर अपनी पहचान बनायी है।

वे कितने प्रभावशाली रहे, यहाँ कुछ और ऐसे उदाहरण मैं दे रहा हूँ। सन् 2008 में मुम्बई में हुए भयानक आतंकी हमले के बाद जैसा आश्चर्यचकित कर देने वाला प्रतिरोध दिखलाई दिया, वह एक उदाहरण है। सामान्य लोगों ने इसके प्रत्युत्तर में सैन्य जैसी जुझारू (युयुत्सु) कार्यवाही को नकार दिया और

बदला लेने के लिए दक्षिणपन्थी राष्ट्रवादियों की पुकार की योजना को घटित न होने दिया। इन सामान्य लोगों ने धकियाने वाले कॉरपोरेट टी.वी. वालों का भी प्रतिरोध किया जो असली मुद्दों से भटकाने के लिए कठिनाई के बाद सफल होने वाले (बनावटी) विवादों-झगड़ों को दिखलाने के लिए सतत तैयार रहते हैं। डॉ. सोन वैलीस (Dr. Son Welles) के (Citizen Kane) सिटिज़न केन का कथानक अमरीकी मीडिया के बदनाम शक्तिशाली व्यापारी रैण्डोल्फ हर्ट्स पर आधारित है जिसकी विदेशी युद्ध की आग को भड़काने की रुचि उसके अत्यधिक सफल व्यापार का हिस्सा थी। भारतीय मीडिया का एक प्रभावशाली हिस्सा, हर्ट्स-मुडरोक के फॉर्मूले पर जो लूला-लँगड़ा करने जैसी और युद्धप्रियता की प्रवृत्ति से लाभ कमाने पर आधारित है, काफ़ी कुछ मेल खाता है।

भारत के लोगों ने बिना किसी शंका के उस संकीर्ण राष्ट्रवाद को नकारा जो मुम्बई पर आतंकवादी हमले के बाद उभरा था। सन् 2009 के आम चुनावों में भारत के बुद्धिजीवियों से आंशिक प्रेरित भारतीय जनमानस ने मनमोहन सिंह की कांग्रेस गठबन्धन सरकार को, यद्यपि कुछ कहते हैं यह गठबन्धन इस योग्य न था, दूसरा मौक़ा दिया।

हम इससे पहले एक की घटना का उल्लेख करते हैं। मई 1998 में भावोन्मादी राजनेताओं और राष्ट्रवादियों के समूह ने उधार ली परमाणु की शक्ति के प्रदर्शन पर अपनी प्रसन्नता ज़ाहिर की। इस समय भी तार्किकता ने अपना प्रभाव दिखलाया। बुद्धिजीवी सक्रियतावादियों का राजनीतिक विकल्पों में सही मार्गदर्शन को भुलाया नहीं जा सकता। उस अवसर पर दिल्ली से लेकर सुदूर मणिपुर तक या फिर मध्य प्रदेश और राजस्थान, जहाँ पोखरन परमाणु धमाका किया गया था, सामान्य वोटर ने, जैसा हमेशा होता आया है, मर्दानगी के अभिमान वाली राजनीति का समुचित उत्तर दिया और चार राज्यों के चुनावों में जो इस परमाणु धमाके के तत्काल बाद हुए थे, ग़ैर-अभिमान वाले, ग़ैर-मर्दानगी के जोश वाले विकल्प को चुना।

थापर के पाठ का शीर्षक भी वही है, जो इस पुस्तक में उनके निबन्ध का है। यह शीर्षक नीति-परिवर्तन के लिए एक प्रकार से बहुत कोमल राजनीतिक चाल के रूप में गढ़ा गया है मानो यह भयभीत उदारवादियों के लिए जागरण की पुकार है। निर्णायक राजनीतिक और सामाजिक सन्धि-स्थलों पर हमारे बुद्धिजीवियों की पृष्ठरक्षी कार्यवाही की क्षमता को देखते हुए अब उनका प्रगटतः निर्णय न लेना चिन्ता पैदा करता है मानो वे अब थक गये हैं और विभ्रम में हैं। संकट का समय, जैसा कि आज राजनीतिक वातावरण है राष्ट्र के बुद्धिजीवियों

की चुप्पी का इम्तिहान है। कमज़ोर लोग लक्ष्य से भटक जाते हैं। हेमलेट की मृत्यु-इच्छा से मेल खाते हुए थापर अपने साथी बुद्धिजीवियों को प्रेरणा देती हैं कि राजनीतिक दक्षिणपन्थियों के संगठित होने से उठी चुनौतियों से पराभूत होने की आवश्यकता नहीं है।

थापर ने ड्रायफूस एफेयर और इमाइल ज़ोला के प्रंसगों का उल्लेख करके जनहित बुद्धिजीवियों की उस ऐतिहासिक भूमिका को बख़ूबी प्रगट किया है, जिससे समाज की संरचना हुई और भारत सहित विश्व-विचार विकसित हुए। प्राचीनकाल की चर्चा में बुद्ध या सुकरात जैसे चिन्तकों ने भिन्नता के जिन बिन्दुओं को बतलाया, उन्हें हम थापर के निबन्ध से भली-भाँति समझ सकते हैं। परन्तु यदि हम आज लोकहित बुद्धिजीवियों को देखें जो हमारे बीच मौजूद हैं तो हमें सिक्के डालकर मनपसन्द गाना चलाने वाले उस बाजे की याद आ जायेगी, जिसके पास कुछ ही चुनिन्दा रिकॉर्ड है और वही-वही रिकॉर्ड वह बार-बार चला देता है, यद्यपि वे बुद्धजीवी दिवास्वप्न देखने वाले नये लोगों को भी दौड़ में शामिल कर लेने से नहीं चूकते। इस देश में असंख्य वाद-विवादों के बीच मात्र कुछ ही आवाज़ें सुनाई पड़ती हैं। मैं सोचता हूँ कि थापर ने इस बात को काफ़ी प्रभावशाली ढंग से प्रस्तुत किया है।

कहाँ गलती हो गयी? अनेक कारण हैं। परन्तु एक बात, जो हम सब जानते हैं, भारत में उदारवादी बुद्धिजीवियों को पराजय के बाद फिर से उठे दक्षिणपन्थ के मिथ्या आरोपों और कलंकित करने की चुनौती का सामना करना पड़ता है। ऐसा अन्यत्र भी हुआ है और वस्तुतः यह उदारवादी विचारधारा किसी व्यक्ति विशेष को लक्षित करने की निर्धारित विधि है। प्रसिद्ध और स्थापित बुद्धिजीवियों पर इस प्रकार के झूठे आरोप लगाने वालों के प्रारम्भिक गुरुओं में ब्रिटिश पत्रकार पॉल जॉनसन था जिसने सन् 1988 में मानो कीचड़ उछालने में अग्रणी अपनी पुस्तक 'इंटैलैक्चुअल्स' लिखी। इस पुस्तक में उन प्रसिद्ध बुद्धिजीवियों का, जिन्होंने आधुनिक संसार के निर्माण में अहम भूमिका निभायी है, हलचली विवरण प्रस्तुत किया है। जॉनसन ने इन सभी पर प्रश्न उठाये हैं—जीन जैक्यूस जॉनसन, रूसो, पी.बी. शैली, कार्ल मार्क्स, हेनरिक इब्सन, लियो टॉल्सटॉय, अर्नेस्ट हैमिंग्वे, बर्नार्ड रसेल, बर्ल्टोल्ट ब्रेख्त, ज्याँ पॉल सार्त्र, एडमंड विल्सन, विक्टर गोलनेज़, लिलियन हैलमैन, क्रिल कोन्नोलली, नार्मन मेलर, जेम्स बैल्डविन, किनीथ रायनन और नॉम चॉम्सकी। यद्यपि विश्वास करें या न करें वैयक्तिक साफ़-सफ़ाई को लेकर भी अति विनम्र ये प्रतिभावान स्त्री-पुरुष कभी-कभी निजी जीवन में कुछ गलती कर बैठते थे। जॉनसन की राय का समर्थन करते हुए एक समीक्षक ने उसकी पुस्तक

की समीक्षा में लिखा है—"पिछले 250 वर्षों में बुद्धिमानी के इतिहास में जिन क्रान्तिकारी चिन्तकों ने इतिहास रचा है वे अधिकांशतः घटिया क़िस्म के जीव थे।" परन्तु हम क्या उम्मीद कर सकते थे? पक्का कंज़रवेटिव होने के कारण जॉनसन ने निक्सन के महाभियोग का विरोध किया और क्लिंटन का समर्थन किया जिस पर अपनी शादीशुदा ज़िन्दगी के दौरान ग्यारह वर्षों तक एक अफेयर में लिप्त रहने का आरोप है। अतः इस पर आश्चर्य नहीं होना चाहिए कि भारत के स्वतःस्फूर्त दक्षिणपन्थी विचारकों को उन अकादमिक संस्थानों के क्रियाकलापों की समीक्षा की बात याद आती है, जिनमें वामपन्थी या उदारवादी बुद्धिजीवी अध्यक्ष पदों पर बैठे हैं। 'हिन्दू-विरोधी', 'देशद्रोही', 'पाँच सितारा सक्रियतावादी', 'गुप्त मुसलमान' आदि कुछ उपाधियाँ हैं जो उदारवादी बुद्धिजीवियों पर थोपी जाती हैं। परन्तु जैसा थापर कहती हैं—हमें अपना काम करते रहना है।

इससे पहले कि मैं उन बिन्दुओं पर चर्चा करूँ कि जनहित बुद्धिजीवी को सबसे पहले किन मुद्दों पर तुरन्त सिर फुटौव्वल करना है, मैं कुछ बातें स्पष्ट कर देना चाहता हूँ। यदि हम आज भी चुनौतियों का साहसपूर्ण सामना करना चाहते हैं तो सबसे पहले उदारवादी कलमघसीटी को मिटाना होगा। मैं जिस उदारवादी कलमघसीटी के विरोध की बात कर रहा हूँ, वह है—पीड़ित के प्रति भावुक या काल्पनिक उपासना। जब भी वे कोई व्यवधान पाते हैं जिनसे ये कामरेड उभर नहीं पाते तो फ़ैज़ अहमद फ़ैज़ की रचनाओं से उदाहरण देकर घिघियाने लगते हैं।

माता-ए-लौह-ओ-क़लम छिन गयी तो क्या ग़म है
कि ख़ून-ए-दिल में डुबो ली है उँगलियाँ मैंने।

तुमने क़लम और दवात ले ली हैं (तो क्या हुआ), मैंने सीख लिया है अपने ख़ून से उँगलियाँ डुबोकर राजकीय तन्त्र व मान्य आस्थाओं को उखाड़ फेंकने वाली कविता लिखना।

शासन से समर्थित ज्ञानोन्नति और सुधार के विरोधी रूढ़िवादियों को प्रसन्न रखने के लिए जिस लेखक व विद्वान विंडी डोनियर की पुस्तक की लुगदी बना दी गयी, उसे यह कवित्त सुनाया जाता है। दिल्ली विश्वविद्यालय में इतिहास के विद्यार्थियों को, जो रामकथा की विभिन्न परम्पराओं की टीका को गम्भीरता से सुनना चाहते हैं और जिनकी कक्षाओं को झाड़-झंकोर दिया जाता है, उन्हें फ़ैज़ सुनाया जाता है। गुजरात में हुए नरसंहार के चरम पर एक सुप्रसिद्ध वामपन्थी स्वयंसेवी संस्था ने इंडिया गेट पर विरोध-प्रदर्शन किया था। इप्टा जैसी संस्कृति रक्षक संस्था के अभाव में आवश्यकतानुसार जिस राजनीतिक आधारभूत नये विषयवस्तु की रिक्तता थी, वहाँ एक नौजवान गीतकार ने विरोध-प्रदर्शन में एक

कव्वाली 'छाप तिलक सब छीनी मोसे नयना मिलाये के', जो सन्दर्भ के उपयुक्त न थी, मधुर स्वर में गुनगुनाया (तुमने मेरी पहचान छीन ली, मेरी पहचान छीन ली, केवल एक नज़र से)। प्रायः ही यह रूमानी किंचित मात्र बिजली की चमक के समान ग़ुस्सा दिलाने वाली राजनीति की प्रत्येक धारा से जुझारू लड़ाई लड़ने के लिए उदारवादियों की क्षमता को क्षीण कर देती है।

दूसरा बिन्दु यह है कि जनहित बुद्धिजीवी को, जो हो रहा है उसके प्रति अधिक सजग होना होगा, विशेषकर धूर्त और कपट तरीके से साम्प्रदायिक ज़हर को फैलाने वालों के प्रति। भारतीय सिनेमा का उदाहरण लें। हमारे समाज की धर्मनिरपेक्षता की स्वाभाविक विशेषता को टेक देने के लिए इसकी सराहना की जाती है। परन्तु हम शायद ही उस डरावने समाजशास्त्र के परिवर्तन की क्रिया का ज़िक्र करते हों जो विशिष्ट वर्ग की तरंगों से फैल रहा है। जे.एन.यू. में विद्यार्थी के रूप में मुझे संगीत, नाटक-मंचन और फ़िल्मों में रुचि थी। फैडेरिको फेलेनी, लुईस बुनयूल, अकिरा कुरोसावा, सेरगेई आइंस्टाइन, सत्यजित राय, श्याम बेनेगल, सईद मिर्ज़ा और इसी प्रकार के अन्यों को अकादमीय विचार-विमर्श में शामिल किया जाता था। वे आज भी मीडिया में चर्चा का विषय हैं, उनकी चर्चा गोष्ठियों में, सभागारों और इसी तरह के अन्य स्थलों पर होती है। फिर भी बौद्धिक काँचघरों में जो विचार-विमर्श होता है, वह जनसामान्य की कल्पना से भिन्न है। दोनों के बीच काफ़ी दूरी है। सन् 1960 के दशक में एक नशाबन्दी अधिकारी, जिसे शाम को थोड़ी मात्रा में लगातार शराब पीने की लत थी, मेरे लखनऊ के पड़ोस में 'साक्षी गोपाल, कण-कण में भगवान' और इस जैसी अन्य फ़िल्मों का प्रदर्शन करता था, जिन फ़िल्मों में दैवी चमत्कारों और स्पष्टतः हिन्दू धर्म-प्रचार की चमक दिखलाई पड़ती थी। यह सरकार का लोगों को शराब पीने से विमुख करने का तरीका था।

सन् 1978 में लालकृष्ण आडवाणी ने सूचना और प्रसारण मन्त्री के रूप में अपने साम्प्रदायिक कार्यक्रम को चटक-मटक के साथ प्रदर्शित किया। उन्होंने दूरदर्शन पर सन् 1950 की एक फ़िल्म को प्रदर्शित किया जिसमें भारत के ईसाइयों के प्रति ज़हर भरा हुआ था। यह बात अधिकांश सचेतक समूह पकड़ नहीं पाये। उस समय उनकी सरकार को वामपन्थियों का भी समर्थन था और अधिकांश बौद्धिक जगत का ध्यान इन्दिरा गाँधी के अधिनायकत्व पूर्ण शासनकाल से प्रजातन्त्र की वापसी पर केन्द्रित था। इस ब्लैक एण्ड व्हाइट फ़िल्म का नाम था—'स्वयंसिद्ध'। इसकी कहानी संक्षेप में यह है—गाँव के पण्डित ने एक हिन्दू स्त्री को, जिसका पति गूँगा और बहरा था, कहा कि यदि तुम गाँव से ईसाई

मिशनरियों को बाहर कर दोगी तो तुम्हारा पति ठीक हो जायेगा। उस हिन्दू महिला ने गाँव वालों को एकत्रित करके ईसाइयों को गाँव से बाहर निकाल दिया और उसका पति ठीक हो गया।

एक दूसरी फ़िल्म थी–'जागृति' जो बच्चों को बहुत पसन्द थी। काफ़ी समय बाद–वर्षों बाद–लोगों को मालूम पड़ा कि उस फ़िल्म का बहुत प्रसिद्ध गीत–'आओ बच्चो तुम्हें दिखायें झाँकी हिन्दुस्तान की...' शिवाजी ने मुग़लों को खदेड़ दिया, हर साहसी स्त्री पद्मिनी बनी और जौहर करते हुए आग में कूदकर मुग़लों के आक्रमण (दुराचार) से अपने को बचा लिया। हर बच्चा चिल्लाया–'हर हर महादेव'! हम अभी भी दुर्बोध धर्मनिरपेक्ष फ़िल्में देख पाते हैं–'माम्मो' या 'गरम हवा' और साहिर लुधियानवी के स्वाभाविक जन्मजात इन्सानियत के गीत गाते हैं परन्तु जो क्षति हो चुकी, उसको तो पुनः स्थापित नहीं किया जा सकता।

साम्प्रदायिक फूट (अनबन) इस प्रकार के प्रतिरोधों से फैलायी जाती है परन्तु उनका प्रभाव स्थायी हो जाता है। इस प्रकार की विश्वासघाती चाल संस्कृति के अन्य क्षेत्रों में भी देखने को मिलती है। हिन्दुत्व के प्रभाव से संचालित स्कूलों में ऐसे बाध्यकारी कारण हैं जिनकी वजह से वे ग़ालिब, मीर या उर्दू के अन्य शायरों को पढ़ाने का ख़तरा मोल नहीं ले सकते जो हिन्दुओं से घृणा करने वाले रूढ़ियों से घिसे-पिटे भारतीय मुसलमानों की हास्यजनक नकल उतारते हैं। इसमें आश्चर्य नहीं होना चाहिए कि हमारे अतीत के ये सांस्कृतिक सौभाग्यदाता किसी भी उपयुक्त या अनुपयुक्त कारणों से पाकिस्तान के मुस्लिम उलेमाओं के लिए भी निषिद्ध हैं, अन्यथा उपर्युक्त दोनों ही हिन्दुत्ववादी भारतीय शिक्षाशास्त्री और पाकिस्तान में दीनी शिक्षा देने वाले मुल्लाओं के बीच 'एक-दूसरे के प्रति अविश्वास' को कैसे बनाये रखेंगे, यदि वे मीर तक़ी मीर के 19वीं शताब्दी के सांस्कृतिक वातावरण जनित निम्न चतुष्पद पढ़ायेंगे–

छोड़कर सब दीनो ईमान मीर जिसके वास्ते
हम हुए काफ़िर तो वो मुसलमान काफ़िर हो गया।

मैं जिस प्रेमिका के लिए अपनी सारी आस्था-विश्वास त्यागकर काफ़िर हुआ, वह प्रेमिका मुझे धोखा देकर मुसलमान हो गयी।

मुस्लिम अतिवादियों के अनुसार अपने धर्म को त्यागने के कारण मीर अन्तिम दण्ड का हक़दार है और हिन्दुत्व की दुन्दुभी भी बजाने वालों के अनुसार यह दूरदर्शी शायर एक अत्यधिक ख़तरनाक समसामयिक ख़तरा पैदा कर रहा है–कृत्रिम रूप से सम्मोहित करने वाला शत्रु–'लव-जिहादी' जो उनके अनुसार हिन्दू कन्याओं को अपना शिकार बनाता है। इस उपमहाद्वीप पर हिन्दू और

मुस्लिम पुनर्जागरण के झण्डाबरदारों के बीच। इन दोनों रूपों पर यद्यपि बहुत कम चर्चा हुई परन्तु दोनों में परस्पर समानता और प्रगाढ़ सम्बन्ध है। ये दोनों ही अपने कवचों में उदारवादियों पर अविश्वास करते हैं। यह स्वाभाविक भी है, इस कारण भारत में हिन्दुत्व के पक्षधर पाकिस्तान के संकीर्ण हृदय वाले मुसलमानों से प्रेरणा लेते हैं ताकि दोनों मिलकर उदार मुस्लिम बादशाह अकबर को निशाना बना सकें जो पुनर्जागरण और धार्मिक मेल-मिलाप का प्रतीक है।

ताज़ा ख़बरों के अनुसार, हिन्दूवादी इतिहासकारों द्वारा घबराहट में अकबर के धर्मनिरपेक्ष तथाकथित प्रभामण्डल को धूमिल किया जा रहा है। (मैं यहाँ तथाकथित कह रहा हूँ क्योंकि किसी मध्यकालीन शासक को हिन्दू-मुस्लिम द्विफलक से देखने पर मुझे परेशानी है।) फिर भी हिन्दुत्ववादी समुदाय एक हिन्दू सरदार हेमू को हिन्दू भारत के अन्तिम महान शासक के रूप में दिखलाना चाहते हैं जिसने कुछ संक्षिप्त समय के लिए अकबर की नाक में दम कर दिया था।

अतिशीघ्रता से मिथक गढ़ने वाले कुछ समय के लिए सफल हो सकते हैं परन्तु वे पूरी तरह से उन तथ्यों को मिटाने में समर्थ नहीं हो पायेंगे, जितने ठोस प्रमाण प्रो. शरीफ़ हुसैन काज़मी ने अकबर के बारे में प्रस्तुत किये हैं।

भारत के प्रमुख फ़ारसी शिक्षाविद् के रूप में काज़मी ने एक अद्‌भुत पुस्तक लिखी है—भारतीय साहित्य के फ़ारसी अनुवादों का विवरणात्मक सूचीपत्र। हिन्दू धर्म दर्शन, रहस्यवाद, भैषकी, गणित, नक्षत्र विज्ञान, संगीत, इतिहास, प्रेमाख्यान, ऐतिहासिक और अर्ध ऐतिहासिक गल्प और नीतिपरक कथाओं पर संस्कृत ग्रन्थों और इसके साथ ही सिख धर्म की कुछ पुस्तकों की सूची इस पुस्तक में है। अपने इस बीजभूत महान कार्य को काज़मी कुछ संकोच से प्रस्तुत करते हैं। उनके अनुसार यह ऐसा इतिहास-वृत्त है जिसमें भारत के मुसलमानों के द्वारा अपनी प्राचीन जन्मभूमि और उसकी महान संस्कृति के बड़े फलक को पहचानने और समझने का प्रयास किया गया है। आम जन के स्तर पर दाराशिकोह अन्तिम मुग़ल राजकुमार था जिसने हिन्दू धर्मग्रन्थों का संस्कृत से फारसी में अनुवाद किया था। सत्य यह है जैसा कि काज़मी बतलाते हैं—दारा उस परम्परा का निर्वाह कर रहा था जिसे मुगल साम्राज्य के अकबर और अन्यों ने कुछ शताब्दियों पहले स्थापित किया था। उदाहरण के लिए, सन् 711 ई. में मोहम्मद बिन कासिम द्वारा सिन्ध की विजय और उसके स्थानीय ब्राह्मणों के साथ मित्रतावत व्यवहार का उल्लेख 'फ़तेहनामा-ए-सिन्ध' में वर्णित है। इस पुस्तक को प्रायः 'छद्‌दनामा' से जाना जाता है। मूल पाण्डुलिपि अरबी भाषा में लिखी गयी थी जो अब अप्राप्य है। परन्तु काज़मी ने इसके फ़ारसी अनुवाद को गिनाया है जो

नसीरुद्दीन कबाचा के शासनकाल का है। यह भारत में आने वाले मुसलमानों का यहाँ की स्थानीय संस्कृति से घुलने-मिलने का पहला प्रयास है।

काज़मी ने सम्राट अकबर पर अपने फ़ारसी में लिखे आलेख से एक प्यारी-सी कहानी सुनायी है। इस महान शासक ने संस्कृत महाकाव्य महाभारत का फ़ारसी में अनुवाद करने का आदेश दिया। उसके नज़दीकी सहयोगियों को लगा कि अब्दुल क़ादिर बदायूँनी इस कार्य के लिए उपयुक्त होंगे। यद्यपि बदायूँनी एक बहुत कुशल अनुवादक था परन्तु वह कट्टर संकीर्ण विचार रखने वाला मुसलमान था। अकबर उसकी इस प्रवृत्ति से परिचित था और इसलिए वह बदायूँनी से चौकन्ना था। जब महाभारत का पहला अनुवाद 'रज़मनामा' के नाम से, जिसका अर्थ था 'युद्धों का इतिवृत्त', उसके सामने रखा गया तो अकबर को आश्चर्य हुआ कि इसमें क्यों स्वर्ग और नरक का ज़िक्र क्रमशः अच्छे और बुरे कर्म करने वालों के लिए है। युवा राजकुमार के रूप में अकबर जानता था कि हिन्दू धर्म में आत्मा के पुनर्जन्म की अवधारणा है और स्वर्ग या नरक की नहीं। उसने यह मसला अब्दुल फ़ज़ल और फ़ैजी दोनों के सामने रखा जिन्होंने बदायूँनी का गट्टा पकड़ लिया। अपनी सारी सफ़ाई में बदायूँनी लिखता है कि किस प्रकार उसने ब्राह्मण पण्डितों को सम्राट के सामने प्रस्तुत किया जिन्होंने अकबर को बतलाया कि वास्तव में हिन्दू दर्शन में स्वर्ग और नरक की अवधारणा है। काज़मी कहता है कि इस प्रकार अकबर ने शासक और सम्पादक की भूमिका निभाते हुए महाभारत के दूसरे संस्करण के प्रकाशन की अनुमति दी। इसे उसने सम्भ्रान्त वर्गों में बँटवाया ताकि वे उस महान संस्कृति को समझ सकें और अपना सकें, और उसकी सुगन्ध को सूँघने के वे अधिकारी बन सकें।

भारत में मुस्लिम शासकों ने अन्य हिन्दू धर्म-ग्रन्थों का भी फ़ारसी में अनुवाद कराया है। हिन्दुत्व के सम्भाषणकर्ताओं को मैं बतलाता हूँ कि कैसे आजकल मैंने तीन खण्डों में फ़ारसी से हिन्दी में अनूदित रामायण महाकाव्य का अध्ययन करना शुरू किया है (यद्यपि मैं दशहरा-दीवाली नहीं मनाता हूँ)। वे आनन्दित होते हैं। सीधे-सादे लोगों के लिए चीज़ों को उलझन वाली बनाते हुए मैं उन्हें बतलाता हूँ कि कैसे एक हिन्दू क़ातिब (नक़लनवीस) सुमेरचन्द ने फ़ारसी में वाल्मीकि रामायण लिखी है। हिन्दुत्ववादियों के लिए और भी अधिक उनकी इच्छा के विपरीत दो मुसलमान शिक्षाशास्त्रियों ने रामपुर के प्रसिद्ध रज़ा पुस्तकालय में फ़ारसी से शिलष्ट हिन्दी में रामायण का अनुवाद किया है।

परन्तु हम सब धर्मनिरपेक्ष हर्षित स्थिति में एक महत्त्वपूर्ण समाजशास्त्रीय त्रुटि को भूल रहे हैं। दलितों के दृष्टिकोण से मीर तक़ी मीर के हिन्दू-मुस्लिम बन्धुत्व को देखें या उसी दृष्टिकोण से अकबर की उसी तीक्ष्ण रुचि पर ध्यान

दें जिसके अनुसार उसने प्राचीन हिन्दू ग्रन्थों का फ़ारसी में अनुवाद करवाया। कोई दलित अकबर को उसी नज़र से देख सकता, है जैसे हम मोदी को देखते हैं। दोनों ने गोहत्या का विरोध किया, उच्च जाति के लोगों को ख़ुश रखने के लिए। आज हमें गोमांस खाने की मनाही क्यों साम्प्रदायिक लगती है (जो वास्तव में साम्प्रदायिक है ही नहीं) जबकि मुग़लों द्वारा गोहत्या बन्दी का आदेश हमें धर्मनिरपेक्ष परम्परा की दृष्टि से सराहनीय लगता है। अकबर एक महान शासक था, परन्तु उस पर धर्मनिरपेक्षता का चस्पा उच्च जाति के लोगों द्वारा किया गया है। एक सीधा तीख़ा प्रश्न करने का समय आ गया है। क्या भारत के जनहित बुद्धिजीवी अधिकांश में सामाजिक रूप से उच्च जातियों से आते हैं? उदाहरण के लिए, कितने दलितों या आदिवासियों को हम भारत के राष्ट्रीय चिन्तन शिविर में गिना सकते हैं? अपने-अपने समुदायों में नहीं, अपितु राष्ट्रीय चिन्तन शिविर में। एक दशक पहले पंजीकृत मान्यता प्राप्त पत्रकारों की संख्या के सर्वेक्षण में एक भी दलित उसमें शामिल न था। दिल्ली के समाचार-कक्षों में मैंने सुना है, एक या दो दलित ही हैं। टी.वी. के प्रस्तुतकर्ताओं (एंकरों) की सामाजिक स्थिति से (और मालिकों की सामाजिक स्थिति से भी) यह तय होता है कि किन विषयों या मुद्दों पर बहस की जाये। जब चित्रपट के बड़े सितारे शबाना आज़मी या जावेद अख़्तर शिकायत करते हैं कि वे मकान नहीं खरीद पा रहे हैं (उनका मतलब है दूसरा मकान, क्योंकि एक या अधिक मकान तो उनके पास पहले से होंगे ही) क्योंकि उनके नाम मुस्लिम हैं तो मीडिया इस बात को बिन्दुवार विस्तार से बतलाता है। इस प्रकार की चर्चाएँ प्रायः गड्डमड्ड हो जाती हैं, यदि वे जानबूझकर सच्चाई से भ्रान्ति पैदा करते हैं। हम इस बात को भूल जाते हैं कि बहुत बड़ी संख्या में एक बड़े भारतीय समुदाय को गाँव के एकमात्र कुएँ से पानी लेने से मना कर दिया जाता है, इसे तो छोड़ ही दें कि उच्च जाति वालों के मोहल्ले में वे मकान खरीद सकें। अतः तो क्या भारतीय समाज स्वयं से सम्मोहित लोगों और आमतौर पर मुसीबत में फँसने वाले सम्भ्रान्तों का संगठन तो नहीं है? यदि ऐसा है तो हम इसके बारे में क्या कर रहे हैं? बी.आर. अम्बेडकर ने इस सन्दर्भ में कुछ उपयोगी उत्तर दिये हैं और एक क्षण में मैं उन पर चर्चा करूँगा।

इस ख़तरे के साथ कि हम एक ग़ैर-प्रसिद्ध तथ्यों के विपरीत स्थल की छानबीन करने का प्रयास कर रहे हैं। क्या हमें इस बात पर ज़्यादा अधिक ध्यान नहीं देना चाहिए कि हमारे समाज में जातिगत भावना काफ़ी ज़्यादा प्रबल है। राजनीतिक सफ़र के लिए यह एक अच्छी शुरुआत होगी। यह स्वयंसिद्ध है कि हमारे जनहित बुद्धिजीवी और सम्भ्रान्त चिन्तक दोनों ही अधिकांशतः जातिगत

श्रेणी में उच्च वर्ग से आते हैं और वे अपेक्षाकृत सुविधासम्पन्न हैं और उनके सोचने-समझने की विधि पीछे की ओर ले जाने वाली है। क्या हमें इससे चिन्तित नहीं होना चाहिए?

अब हम फिर अम्बेडकर पर लौटते हैं। हम उनसे बचना क्यों चाहते हैं? जब बुद्ध या चार्वाक के विचारों के प्रचारकों ने संकीर्ण विचारों वाली व्यवस्था को एक सिरे से दूसरे सिरे तक तोड़ा और उसे चुनौती दी, इसके लिए उन्हें मूल्य चुकाना पड़ा और प्रतिक्रिया मात्र विरोध या बराबर की न थी, यह तो पराभूत कर देने और पूरी तरह से विध्वंस कर देने वाली थी। हम अम्बेडकर की हताशा का सदा समर्थन नहीं करते, परन्तु यह तो निर्विवाद सत्य है कि उन्हें अपने सम्भावित राजकीय तन्त्र और मान्य आस्थाओं को उखाड़ फेंकने वाले विचारों, ब्राह्मणवादी विचारों के विरोधी विचारों—के कारण अनुचित तरीके से दण्डित किया गया। और उन्हें अत्यधिक निरंकुश मूल्य चुकाना पड़ा और अभी भी उनके लोगों (दलित और शूद्र) का शोषण, उनके साथ असभ्य, क्रूर और पाशविक व्यवहार जारी है और ये लोग अभी भी सामाजिक ढेर में तले में हैं।

मैं तो प्रशिक्षित समाजशास्त्री नहीं हूँ। योग्य इतिहासकार तो बिल्कुल भी नहीं कि उन मुद्‌दों पर टिप्पणी करूँ जिसके लिए गम्भीर शोध की आवश्यकता है। मैं एक पत्रकार के रूप में, जिस बात के लिए अपने को उपयुक्त समझता हूँ, वह है कि उन कारकों को देखा जाये जिससे या तो उदारवादी जिज्ञासा की प्रगति में बाधा पड़ती है या जो जनहित बुद्धिजीवी के मस्तिक को आकार देते हैं। यह तो प्रगटतः है कि इस प्रकार की समान तार्किक स्थितियों में अतीत में भारत में सार्वजनिक गम्भीर चर्चा को, अनुचित रूप से, चर्मोत्कर्ष बतलाया गया है। धर्मनिरपेक्षता और प्रजातन्त्र तथा कभी-कभी समाजवाद जैसे रोज़मर्रा के मुद्‌दों को ऐसी चर्चा उठाती रहती है। परन्तु ऐसी चर्चा अम्बेडकर की उस पुकार को अनसुनी कर देती है जिसमें वे हिन्दुओं को आनुष्ठानिक कर्मों और पूर्वाग्रहों से मुक्ति दिलाने की बात करते हैं। जब हमें (तुर्की के) अतातुर्क जैसे की आवश्यकता थी, क्यों हमने धर्म बेचने वाले गाँधी को स्वीकारा? यह तो अतिरिक्त लाभ होता यदि दोनों ही अपने-अपने विश्वदृष्टियों के क्षेत्रपालों—हिन्दुओं, मुसलमानों, सिखों और आरमेनियाइयों द्वारा प्रतिक्रियास्वरूप शुरू किये गये नरसंहार को रोक पाने में समर्थ होते। क्या यह बौद्धिक अन्तराल, जो गाँधी के इर्द-गिर्द फैला, सामाजिक विभेद की छाया है?

मेरा अम्बेडकर के साथ खड़े रहने, न कि उसके विरोधियों के साथ खड़े रहने का मुख्य कारण राजनतिक और व्यक्तिगत दोनों है। मेरा विचार है कि

हिन्दू-मुस्लिम युग्म जो कभी-कभी छोटे-छोटे साम्प्रदायिक विदरों हिन्दू-सिख या हिन्दू-ईसाई में उत्परिवर्तित हो जाता है; गाँधी द्वारा जनित है और इसे पहचानना मुश्किल है, जैसे तीतर-बटेर के झुण्ड से उन्हें अलग-अलग करना कठिन होता है।

देश पर पड़ने वाली प्रत्येक साम्प्रदायिक महाक्रान्ति के साथ ऐसा होता है। 'हम दूसरा विभाजन सह नहीं पायेंगे।'1992 में बाबरी मस्जिद के विध्वंस के समय भोंपू जैसे धर्मनिरपेक्षकों ने ऐसा कथन चिल्ला-चिल्लाकर कहा। यह विध्वंस एक ब्राह्मण प्रधानमंत्री, और पिछड़ी जाति के लोध मुख्यमंत्री की संयुक्त निगरानी में हुआ। दूसरी ओर, दलितों पर प्रतिदिन होने वाले अनगिनत दुर्व्यवहारों को घृणास्पद जाति प्रथा का अपरिहार्य प्रतिफल बतलाया जाता है। इस मुद्दे को नीचे को धकेल दिया जाता है कि 'कभी करना है'।

एक अक्सर उठाने वाला प्रश्न जिसका सन्तोषजनक उत्तर उदारवादी चिन्तकों और दूसरे परामर्शदाताओं से नहीं प्राप्त हुआ है, यह है : भारत की अनेक पट्टियों में जीवन का सर्वव्यापी लक्षण। यह साम्प्रदायिक दंगा किन कारणों से होता है? अम्बेडकर इसका उत्तर जानते थे परन्तु हमने उन्हें सुनने से इनकार कर दिया है। उनके विचार से कोई साम्प्रदायिक दंगा जाति प्रथा को चलाते रहने और संगठित करते रहने के कारण होता है। 'एनीहिलेशन ऑफ़ कास्ट' (जिस पुस्तक को दलित बुद्धिजीवी अपनी 'बाइबिल' कहते हैं) से एक सटीक उदाहरण नीचे दिया जा रहा है, यह विचार थापर के सन् 1989 के एक निबन्ध सिंडिकेटेड हिन्दुइज़्म' में भी देखा जा सकता है–

"जो पहली बात सबसे अधिक महत्त्वपूर्ण है, यह हमें स्वीकार करना होगा कि हिन्दू समाज एक मिथक है। 'हिन्दू' शब्द ही विदेशी नाम है। यह नाम मुसलमानों ने यहाँ के मूल निवासियों को अपने से अलग पहचान बनाने के लिए गढ़ा था। मुग़लों के आक्रमण से पहले यह नाम किसी संस्कृत ग्रन्थ में नहीं मिलता। यहाँ के मूल निवासियों ने कोई एक सर्व सामान्य नाम गढ़ना ज़रूरी नहीं समझा क्योंकि उनका ऐसा कोई विचार न था कि वे सब किसी एक समुदाय के अंश हैं। अतः हिन्दू समाज जैसी कोई अवधारणा है ही नहीं। यह मात्र जातियों का समूह है। प्रत्येक जाति अपने अस्तित्व के प्रति सजग है। इन प्रत्येक जातियों का अस्तित्व में बने रहना अपनी जाति तक 'हम सब' और 'यहीं तक हम सब' की सीमा तक है। ये जातियाँ एक संघ भी नहीं बनातीं। एक जाति का दूसरी जाति से कोई परस्पर सम्बन्ध नहीं है, सिर्फ़ इसके अलावा जब हिन्दू-मुस्लिम दंगे होते हैं। अन्य दूसरे अवसरों पर प्रत्येक जाति प्रयासरत रहती है कि वह दूसरी जाति से भिन्न है और अन्य जाति से अपनी अलग पहचान बनाये रखती है।"

क्या यह उपयुक्त नहीं होगा कि अब उठे 'घर वापसी' के उभार को अम्बेडकर की दृष्टि से देखें जिसमें 'भटके' हुए ईसाइयों और मुसलमानों को उनके मूल धर्म में वापस लाया जा रहा है।

राष्ट्रीय अपराध अभिलेख ब्यूरो के अनुसार, जिसका उद्धरण 'एनीहिलेशन ऑफ़ कास्ट' के नये संस्करण में दिया गया है कि प्रत्येक सोलह मिनट में ग़ैर-दलित द्वारा किसी दलित के प्रति एक अपराध किया जाता है; प्रतिदिन चार अछूत स्त्रियों के साथ सवर्ण (ग़ैर-अछूत) बलात्कार करते हैं; प्रत्येक सप्ताह तेरह दलितों की हत्या कर दी जाती है और छह दलितों का अपहरण होता है। मात्र वर्ष 2012 में, दिल्ली के बहुचर्चित गैंगरेप और हत्या का साल, 1574 दलित स्त्रियों के साथ बलात्कार की घटनाएँ हुईं, (पुस्तक की लेखिका और सक्रियतावादी अरुन्धति राय कहती है कि मात्र 10 प्रतिशत बलात्कार या दूसरे अपराध ही पंजीकृत होते हैं—यह अनुभव पर आधारित तथ्य है।) और 651 दलितों की हत्या हो गयी। यह तो मात्र बलात्कार और हत्या की घटनाएँ हैं। दलितों को उनकी औक़ात बतलाने के लिए दलित स्त्रियों को नंगा करना और उनकी परेड निकालना और अन्य अनेक प्रकार की घटनाओं की तो बात ही न की जाये।

इसका कोई सन्तोषजनक उत्तर नहीं है कि क्यों और कब भारतीय बुद्धिजीवियों ने समता और समानता के स्थान पर धार्मिक युग्म को प्रमुखता से बतलाना ज़रूरी समझा। जातिगत विभेदों के अन्तर्विरोधों की तो बात ही नहीं की जो पूरे देश में गहराई से जमी हुई है। एक कम चर्चित स्पष्टीकरण शायद उस विवादित पूना पैक्ट (1932) में हो सकता है जब गाँधी ने अम्बेडकर पर दबाव डालकर दलितों के प्रति अपनी शर्तों को मनवाया। यह प्रश्न कभी भी पूछने नहीं दिया जाता। क्या यह विचित्र नहीं है कि गाँधी धार्मिक आधार पर हुए विभाजन को स्वीकार करने के लिए तैयार थे (उनका अन्तिम क़दम अटल निर्णय था कि पाकिस्तान के साथ बेईमानी नहीं की जानी चाहिए और उसे ब्रिटिश भारत के ख़ज़ाने से वह छोटी-सी उपयोगी राशि दे दी जानी चाहिए।)। दूसरी ओर उन्होंने धमकी दी थी कि वे अपने को मार देंगे, यदि अछूतों को हिन्दू आवृत से बाहर किया जायेगा। गाँधी ने यह स्वीकार ही नहीं किया कि अम्बेडकर दलितों का प्रतिनिधित्व कर सकते हैं। परन्तु यह अधिकार गाँधी ने जिन्ना को दिया कि वह मुसलमानों का प्रतिनिधित्व कर सकते हैं।

पूना पैक्ट से अम्बेडकर बिल्कुल भी ख़ुश न थे। उन्हें इस बात पर गुस्सा था कि उन्हें हस्ताक्षर करने के लिए बाध्य किया गया—

"इस उपवास में कुछ भी उदारता न थी। यह तो एक घृणित कार्य था

...यह तो सबसे ख़राब तरीके का दबाव था कि निस्सहाय लोगों को अपने उन संवैधानिक सुरक्षाओं को त्यागने को कहा जाये जो उन्हें प्रधानमन्त्री के 'एवार्ड' से मिले थे और उन्हें हिन्दुओं की दया पर जीने के लिए कहा जाये। यह तो धृष्टतापूर्ण और घृणित कार्य था। अछूत कैसे ऐसे व्यक्ति को ईमानदार और निष्ठावान कह सकते है?''

गाँधी जेल में थे, उन्होंने 'पैक्ट' पर हस्ताक्षर नहीं किये। हिन्दू पुनर्जागरण के समाजशास्त्र की यह एक उल्लेखनीय टिप्पणी है कि कैसे साम्प्रदायिक स्वार्थ और जातिगत स्वार्थ इकट्ठा होकर गाँधी के प्रतिनिधियों के रूप में आये जिन्होंने गाँधी की ओर से उस 'पूना पैक्ट' पर हस्ताक्षर किये। इन हस्ताक्षरकर्ताओं में कौन थे? जिन्हें अरुन्धति राय ने अपनी पुस्तक 'एनीहिलेशन ऑफ़ कास्ट' के पृक्कथन में गिनाया है—यह तो समाजशास्त्र का प्रकाशवान पक्ष है—

''गाँधी के उद्योगपति संरक्षक घनश्याम दास बिड़ला; दक्षिण-मार्गी हिन्दू महासभा के संस्थापक और रूढ़िवादी ब्राह्मण पण्डित मदन मोहन मालवीय (उस हिन्दू महासभा के संस्थापक जिसके एक सदस्य नाथूराम गोडसे ने गाँधी की हत्या की), गाँधी की हत्या के षड्यन्त्र में शामिल वी.डी. सावरकर (जो हिन्दू महासभा के अध्यक्ष भी थे), चमार जाति के अछूत क्रिकेट खिलाड़ी पलवंकर बालू (जिसे अम्बेडंकर ने खेल का मूर्तिमान बतलाया था और जिसे कांग्रेस और हिन्दू महासभा ने अम्बेडकर के विरोधी के रूप में अवलम्बित किया था) और एम.एस. राजा (जो बहुत बाद में गाँधी, हिन्दू महासभा और कांग्रेस का साथ देने के लिए पछताये)।''

नरेन्द्र मोदी के निरीक्षण में गुजरात सामूहिक हत्याकाण्ड (ऐसा हत्याकाण्ड जो धर्म या नस्ल पर आधारित हो) में कितने मुसलमान मारे गये या कितने मुसलमान बेघर हुए, यह किसी कार्यक्रम को निपटाये जाने जैसा घटनाक्रम के रूप में पूछा जाता है परन्तु इस पर जनहित बुद्धिजीवी कम ही चर्चा करते हैं कि इस नरसंहार से दूसरे पक्ष को कितना लाभ पहुँचा? क्या साम्प्रदायिक दंगे मात्र चुनाव जीतने के लिए कराये जाते हैं, जैसा कि प्रायः कहा जाता है या ये दंगे हिन्दुत्व के घेरे में नये जोश को लाकर वैदिक व्यवस्था के लिए अधिकाधिक पुरस्कार स्वरूप है? क्या दलित, जनजाति समूह और सामाजिक स्तूप के निम्नतम स्तर पर रहने वाले अन्य समुदाय अपने को हिन्दू कहने या कहलाने का कोई कारण पाते हैं जिससे वे उल्लसित महसूस करते या जब पुलिस उनको अपना सहयोगी मानकर मित्र जैसा व्यवहार करे और उनकी ज़िन्दगी को नरक न बना दे? क्या दंगे उन्हें दौड़ा-दौड़ाकर थका देने वाली एक नयी पहचान नहीं देती (एक दुर्लभ

कारण उत्स्रवित होने का,) एक शत्रु कि वे भी किसी को कुचल सकते हैं, जैसे वे कभी पहले कुचले गये थे।

इतने लम्बे समय तक इसके अलावा हम और क्या भुला बैठे हैं? हममें से कितने गाँधी के सन् 1930 के नमक सत्याग्रह की मोटी-मोटी बातों से अपरिचित रहने का सामर्थ्य रख सकते हैं? यह घटना ऐसी आडम्बरपूर्ण दिखलाई जाती है कि अंग्रेज़ों के शासन से भारत की मुक्ति का यह प्रवेश-द्वार था। परन्तु हममें से कितने अम्बेडकर के महद पानी सत्याग्रह के बारे में जानते हैं? वह भी स्वतन्त्रता के लिए संग्राम था, उपनिवेशवाद के विरुद्ध नहीं, अपितु अपने ही साथी भारतीयों के दमनकारी उत्पीड़न के प्रति—ब्राह्मणों के प्रति। ब्राह्मणों ने ब्रिटिशकालीन उस नियम को पलट देने का प्रयास किया जिसके अन्तर्गत अछूत महाराष्ट्र में सामुदायिक तालाबों/पोखरों से पानी ले सकते थे और अम्बेडकर ने मार्च 1927 में इसको चुनौती देने का निर्णय लिया। वह एक बारी में जीते परन्तु दुर्भाग्य से इस लड़ाई में अन्त में हार गये। गाँधी ने मार्च 1930 में एक दूसरे उपनिवेशी नियम को चुनौती दी और अपने अहिंसक सत्याग्रह के कारण समुचित रूप से पुरस्कृत हुए। एक दृष्टि से यह 1930 का आन्दोलन अम्बेडकर के मार्च 1927 की नक़ल ही मानी जानी चाहिए।

जाति-आधारित विभेद और पक्षपात अन्य धर्मों में भी है। एक उदाहरण लें जो अवध की बेगम से सम्बन्धित है, यह उदाहरण मानो इतिहास के साथ अनुपयुक्त धीमे से रंग करने जैसा है। हमें बार-बार वैदिक नीरसता के साथ कहा जाता है कि बेग़म हज़रत महल ने ब्रिटिश साम्राज्य के विरुद्ध भारत के स्वतन्त्रता संग्राम में वीरोचित कार्य किया है, जो स्पष्टतः उन्होंने कर दिखलाया। परन्तु उसके व्यक्तित्व का एक कम चर्चित पहलू लें कि वह असाधारण बेग़म आज के माहौल में वैसा साहस दिखलाने की हिम्मत नहीं कर पायेगी। इससे प्रगट होता है कि हज़रत महल क्यों ब्रिटिश साम्राज्य से लड़ी। इसका एक कारण यह था कि वह अंग्रेज़ों के उस प्रजातान्त्रिक मूल्यों से विचलित थी जो मूल्य निम्न जाति के लोगों को भी वही अधिकार देते थे, जो उच्चवर्गीय और सत्ताशील लोगों को प्राप्त थे। इण्डियन काउन्सिल ऑफ़ हिस्टोरिकल रिसर्च ने 1857 की क्रान्ति के बाग़ी नेताओं की उद्‌घोषणाओं को संकलित किया है, वे अभिलेखों से उस युग के सामाजिक इतिहास को तीव्र उभरती नक़्क़ाशी में फेंक देते हैं।

25 जून 1858 की एक उद्‌घोषणा में, अपने पुत्र बिरजिस कादिर, जो अवध का वली था, की ओर से बोलते हुए हज़रत महल ने विलाप किया कि ब्रिटिशों

(अंग्रेज़ों) ने उस सामाजिक स्तरीकरण का ध्यान नहीं रखा जिसे उसने अपने राज्य में महत्त्व प्रदान करते हुए इतने जतन से सहेजकर रखा था–

"उच्च वंशानुक्रम के व्यक्तियों का आदर और सम्मान अंग्रेज़ों के लिए निम्नवर्ग के लोगों के आदर और सम्मान के बराबर है... निम्नवर्ग के लोगों से उच्चवर्ग के लोगों की तुलना करते हुए वे उच्चवर्ग को निरादर और घृणा की भावना से देखते हैं। जहाँ भी वे जाते हैं, उच्चवर्ग के लोगों को फाँसी पर चढ़ा देते हैं और किसी चमार के उकसाने पर किसी नवाब या राजा को तलब कर लेते हैं और उसके साथ अपमानजनक व्यवहार करते हैं।"

"प्रत्येक व्यक्ति अपने धर्म का पालन करता है (मेरे राज्य-क्षेत्र में) और अपने स्तर और अपनी उपयोगिता के आधार पर इज़्ज़त पाता है। उच्चवंशीय पुरुष मुसलमानों में चाहे वे सैयद शेख़, मुग़ल या पठान हों, हिन्दुओं में ब्राह्मण, क्षत्रिय, वैश्य या कायस्थ हों–ये सभी अपनी-अपनी विशेष श्रेणी के अनुसार अपना आदर बनाये हुए हैं और निम्नस्तर के सभी लोग भंगी, चमार, धानूक या पासी उनके साथ बराबरी का हक़ नहीं माँग सकते।"

यह स्पष्ट है कि वैदिक श्रेष्ठ जन गण्यमान्य की गहराई से जमी पूर्वजों से प्राप्त भावना, जिसने सत्तर साल बाद अम्बेडकर को कुपित किया, धार्मिक वर्गीकरण को पार कर गयी और भारत के मुसलमानों द्वारा भी अपने दिमाग़ में धारण कर ली गयी। लखनऊ की इस स्पष्ट दृष्टिगोचर छवि के पीछे सर्वव्यापी जातिगत संरचना की कुत्सित सच्चाई छिपी है। यूँ ऊपरी तौर पर यह छवि हिन्दू-मुस्लिम भाई-भाई के काल्पनिक आदर्श (राम-राज्य) को दर्शाती है, जहाँ दोनों समुदाय शान्तिपूर्वक रहते हैं और एक-दूसरे के त्योहार, होली और ईद को परस्पर मिल-जुलकर मनाते हैं। धर्मनिरपेक्ष लोगों ने इस 'बदनसीब दलितों' के मुद्दे पर कुछ नहीं कहा जिनका हिन्दू-मुस्लिम एकता की शुरुआती प्रतीक हज़रत महल ने अपने ज़हरीले **इश्तेहारनामा** में मज़ाक़ उड़ाया।

हिन्दू-मुस्लिम युग्म के विचार की सतत मनोग्रन्थि के बीच धर्मनिरपेक्षों द्वारा इस तथ्य को काफ़ी प्रसारित किया गया कि देश-विभाजन से पूर्व रेलवे स्टेशनों पर घड़ों पर हिन्दू-पानी और मुस्लिम-पानी लिखा रहता था। हिन्दुओं और मुस्लिमों के जिमखाना भी पृथक्-पृथक् थे। इसे अम्बेडकर के प्रिज़्म से देखें–क्या दोनों समुदायों–हिन्दुओं और मुसलमानों–के दलितों को इन घड़ों से पानी लेने की इज़ाजत थी। दलितों को इसमें हज़रत महल का फॉर्मूला ध्यान में आता है। यदि जनहित बुद्धिजीवियों ने इस विषय पर अपना ध्यान लगाया तो वे किस समाधान पर पहुँचे? इसका कोई समाजशास्त्रीय कारण होगा क्योंकि भारतीयों को पण्डिता

रमाबाई या महाद सत्याग्रह की जानकारी से पहले अमरीकी नागरिक अधिकारों के आन्दोलन में रोज़ा पार्कर के योगदान के बारे में जानकारी थी।

भारत के नकली/खोटे अहिंसक आन्दोलनकारियों के समूहों को अम्बेडकर की वह प्रतिष्ठा पसन्द नहीं है कि वे गाँधी के विरुद्ध खड़े हो सकते। तथापि नेहरू अपने समय के उदाहरण प्रस्तुत करने योग्य जनहित बुद्धिजीवी थे और काफ़ी जय-जयकार से अपने पाण्डित्य का प्रदर्शन कर सकते थे। उन्होंने मध्यकालीन स्वतः सत्यनिष्ठ (धार्मिक) बुद्धिजीवियों पर भी समीक्षा की, जिन्हें ग्यारहवीं शताब्दी के खुसरो और अलबरूनी के अभिलेखों से उनके संज्ञान में लाया गया। अलबरूनी की टीकाएँ बुद्धिमत्ता से प्रस्तुत, विवेकपूर्ण और अतिशयोक्ति से भरी भी हैं परन्तु निम्नलिखित कथन फ़ायदेमन्द होगा—उसने कहा कि हिन्दुओं का विश्वास है कि "उनके अलावा विज्ञान के बारे में और किसी को कोई जानकारी नहीं थी, किसी भी प्रकार की..."

यह विचित्र ही है कि आजकल भारत के कुछ बुद्धिजीवी इस गलत दावे की खिल्ली उड़ाते हैं कि प्राचीन भारत में आश्चर्यचकित कर देने वाली शल्यक्रिया होती थी। वे स्वयं संकुचित होकर ऐसी खिल्ली उड़ाते हैं। हमारे अतीत के शर्मिन्दगी भरे दावों को स्मरण कराने के लिए किसी सामाजिक रूप से कम प्रतिष्ठित राजनेता को क्यों लक्षित किया जाये, जबकि इस प्रकार के दावों का स्रोत उच्चतर जाति के धुरन्धर हैं। व्यंग्य रूप से, ऐसे धुरन्धर उसके आलोचकों के बीच भी हैं।

गाँधी ने अनजाने में या जानबूझकर (कोई नहीं कह सकता) मुसलमानों को पीछे की ओर ले जाने वाले नेतृत्व के साथ प्रेमालाप किया और इसके साथ ही हिन्दुओं के सन्दिग्ध/अविश्वसनीय समवर्णियों को बढ़ावा दिया। इसके प्रमाण के रूप में उन नाटकीय पात्रों को देखा जा सकता है जिन्होंने पूना पैक्ट पर हस्ताक्षर करवाने पर दबाव डाला या जिन्होंने नैतिक रूप से अरक्षणीय ख़िलाफ़त आन्दोलन की लड़ाई लड़ी। एक ने ध्रुव हिन्दुत्व को अत्यधिक बढ़ावा दिया तो दूसरे ने अपने मुस्लिम गति-निर्धारकों को (जो दूसरों को उदाहरण देकर बतलाते हैं कि कैसे चला जाये।)।

शायद फिर यही सबसे सही होगा कि आज जनहित बुद्धिजीवी अम्बेडकर की उस लड़ाई को जारी रखें जिससे जातिप्रथा का नाश हो और साथ ही सामाजिक न्याय के लिए उदारवादी संघर्ष को वितान के रूप में फैलने दिया जाये। सम्भवतः यही एकमात्र उपयुक्त रास्ता होगा—धर्मनिरपेक्षता, प्रजातन्त्र, लिंगसमानता और सामाजिक समता के अपने निर्धारित वादों को सुनिश्चित करने का। यदि हम चाहते हैं कि हमारी सामूहिक चेतना को अम्बेडकर शान और अकड़ के साथ न घेरे तो

हमें प्रिन्स हेमलेट के गलत रूपान्तर को बजाने के लालच से क़ाबू पाना होगा।

थापर की शेक्सपियर जैसी दृष्टान्त कथा का साथ देते हुए कह सकते हैं कि अम्बेडकर हेमलेट के विलेन की तरह अनधिकार कब्ज़ा करने वाला न था। वह एक व्यथित हृदय वाले व्यक्ति के रूप में हमारे सामने प्रस्तुत है जिसको सदा गलत समझा गया और जिसके साथी, किन्हीं औरों की अपेक्षा, पूर्वाग्रहों की भूल-भुलैया में फँसे रहे। भारत में धार्मिक फासीवाद को चुनौती अप्रभावी हिन्दू-मुस्लिम संघटन को गढ़ने से नहीं दी जा सकती अपितु इसके लिए योजनाबद्ध तरीके से ग्रामीण फासीवाद को समाप्त करना होगा जिसने जातिप्रथा की संकीर्णता के साथ पूरे भारत पर कब्ज़ा कर रखा है।

डेनमार्क में यदि कुछ सड़ रहा है—भारत के बुद्धिजीवियों के लिए शेक्सपियर से रूपक को पुनः प्रस्तुत करते हुए—तो इसमें कोई शक नहीं है कि सड़ाँध (नाकामियाँ) काफ़ी गहरी है। तो क्या इसे मात्र भारत के बुद्धिजीवियों को पुकारने से सुधारा जा सकता है? क्या होगा यदि वे अपनी संज्ञाहीनता की स्थिति से उठें और हमें पुनः उसी पुराने रास्ते पर चलने का निर्देश दें, जिस मार्ग ने आज की संकट की स्थिति को पैदा किया है।

क्या होगा यदि काफ़ी अधिक संख्या में बुद्धिजीवी व्यवस्था के साथ Fauslian bargain कर लेंगे, थापर ने जिस सम्भावना का ज़िक्र किया है, क्या वह मार्क्सवादी चेतावनी के साथ एक टुकड़ा नहीं होगा कि मध्यवर्ग अस्थिर दुविधामय स्वार्थ का युग्म है? और जनहित बुद्धिजीवी भी तो मध्यवर्ग से ही आते हैं।

भारतीय सन्दर्भ में चिन्ता और ज़्यादा गहरी है—वह है जातिप्रथा के सर्वव्यापी आधिपत्य का चिन्तनशील वर्ग के साथ दोस्ताना सम्बन्ध। इसमें वह शक्ति है कि वह चिन्तक को चतुराई से जोड़-तोड़ सकती है और इससे चिन्तन प्रभावित होता है और इसका सीधा असर पड़ता है कि वे क्या निर्देश देते हैं या क्या विकल्प सुझाते हैं। सन् 1948 में अम्बेडकर ने कहा कि 'क्यों ब्राह्मणों में कोई वाल्टेयर पैदा नहीं हुआ?' 'ब्राह्मणों में वाल्टेयर का होना ब्राह्मणवाद की श्रेष्ठता पर आधारित सभ्यता के सतत बने रहने के उपायों को ढूँढ़ने में वास्तविक ख़तरा था।'

हम अम्बेडकर के प्रस्तावों को उनकी समग्रता में ग्रहण करने के लिए बाध्य नहीं हैं। औपनिवेशिक विवरण के अनुसार अम्बेडकर का भारत के आदिवासियों को जंगली या असभ्य कहने का भी हम समर्थन नहीं करते। परन्तु क्या हम ईमानदारी से उस सच्चाई को नकार सकते हैं जिसे अम्बेडकर ने नैतिक और बैद्धिक शक्ति के साथ भारत की दुर्दशा का वर्णन करते हुए प्रस्तुत किया है। क्या यह सड़ी हुई दुर्गन्ध निश्चित गहराई से समाई हुई भावुकता को टाल सकती

है? जानबूझकर या प्रतिबिम्बात्मक यही भावुकता है जिसने जिन्ना और गाँधी, नेहरू और आज़ाद को हिन्दू-मुस्लिम जाल में बिना सोचे-विचारे फँसा दिया।

यदि हम वर्तमान के भारतीय बुद्धिजीवियों की बात करें तो इनमें से अनेक ने अम्बेडकर की वसीयत उसके हिन्दुत्ववादी दुश्मनों के हाथों सौंप दी है। ऐसा करते हुए उन्होंने भारत में प्रजातन्त्र की प्रतिज्ञा के वादे को निभाने का आख़िरी अवसर भी गँवा दिया है। इस प्रक्रिया में मानो हमने पेड़ की उस डाल को काट डाला है जिस पर हमारे सपने बसेरा कर रहे थे।

अन्त में, वास्तव में जो स्थिति है, उस पर अपने विचार साझा करें। थापर ने चार्वाकवादियों की बात की है, उनकी प्रश्न करने के साहस की और प्राचीन भारत में उनकी दुर्दमनीय नास्तिकता की। वह वसीयत आज कैसी असम्भव लगती है, जब आज राज्य-प्रायोजित ज्ञानोन्नति विरोधी रूढ़िवाद को चौबीसों घण्टे के टी.वी. चैनलों में प्रसारित होते देखते हैं जिससे लाखों-करोड़ों लोग चिपके हैं। ''यह महान मन्थन, अमृत मन्थन, विश्व की पहली औद्योगिक क्रान्ति थी, कैसे? क्योंकि इसके मन्थन से वे सारी चीज़ें निकलीं जिनकी मानव जाति को आवश्यकता थी।'' इलैक्ट्रोनिक मीडिया के जानकार धर्म गुरु इसी प्रकार की अन्य दिमागी, सामाजिक और नैतिकहीनतापूर्ण बातें करते हैं और उन तर्कसंगत स्पष्टीकरणों की जड़ खोदते हैं जिनका सम्बन्ध हमारी सर्वव्यापी सामाजिक समस्याओं से है। इन सामाजिक समस्याओं में हैं—ग़रीबी, विशेष लिंग के प्रति पक्षपात और सामाजिक कलह के निर्णायक स्थल। प्रयोजन अब बहुत सस्ता हो गया है क्योंकि टी.वी. के दम्भी सुझाते हैं कि अपने पड़ोसियों के साथ एक किलो बर्फ़ी बाँटो जिससे रुआँसा याचक अपने बड़े बेटे के लिए दुर्लभ 'स्थायी सरकारी नौकरी' पा सके।

इनमें से दो के लिए अम्बेडकर के पास कुछ टिप्पणी है—''मैं इन सब महात्माओं से नफ़रत करता हूँ और मेरा पूरा विश्वास है कि इन्हें हटा देना चाहिए। मेरे विचार से इनका बने रहना उस देश के लिए अभिशाप है, जिसमें ये पैदा हुए हैं। वे अन्धविश्वास को सदा बनाये रखना चाहते हैं और तर्क तथा बुद्धि को नकारते हैं।''

इस अन्धविश्वास के कारण जिस ख़तरे की आशँका रहती है, उसके प्रति अम्बेडकर की आवाज़ को सुनने के स्थान पर हम भारत के सभी भागों में विवकेशील सक्रियतावादियों पर बढ़ते हमलों को चुपचाप देख रहे हैं।

क्या हम किसी भी एक टी.वी. चैनल की बात भारत में सोच सकते हैं जो अत्यधिक साधारण वैज्ञानिक जिज्ञासा को भी दबा नहीं देगा। क्या हम इतने प्रारम्भिक विचारों, जैसे सृष्टि-सृजन और विकास पर भारतीय टी.वी. या अन्य

सार्वजनिक स्थलों पर बिना किसी दूसरे के क्रोधोन्माद को झेलते हुए चर्चा करने का साहस कर सकते हैं। इस विचार को तो अपने दिमाग़ से निकाल ही दें कि आप कम्यूनिस्ट मैनीफेस्टो (वाम पार्टी के घोषणा-पत्र) पर चर्चा कर सकते हैं, यद्यपि आप उसमें कमियाँ ही सुझाना चाहते हों। कम्पनी क्षेत्र के गढ़ अमरीका ने एक टी.वी. चैनल शुरू किया है जो अनीश्वरवाद में विश्वास करता है और मैंने सुना है कि वह ठीक-ठाक काम कर रहा है। क्या हम आज के भारत में ऐसा सोच सकते हैं? भारत की भूमि पर चार्वाकवादी हुए हैं और अधुनातन समय में द्रविड़ आन्दोलनों के बावजूद भी क्या ऐसा सोचा जा सकता है? सामाजिक संगठन के अभाव में बुद्धिजीवियों के प्रतिनिधिस्वरूप पहले से ही बोझ से दबे समाज की व्याख्या करने का जिम्मा अनिश्चित रूप से आज के जनहित बुद्धिजीवियों पर आ पड़ता है।

यहाँ हम जो नहीं पायेंगे वह है दूसरी आँख। दलित समाजशास्त्र पर अम्बेडकर की एकमात्र दृष्टियाँ हों या डी.डी. कौशाम्बी के भारतीय इतिहास-लेखन शास्त्र का विस्तृत फलक या प्रो. एम. मुजीब के जातिप्रथा पर अनेक शोधकार्य जो भारत के मुसलमानों को स्तरीकरण में कम चर्चित स्तरों पर पाते हैं। यह काफ़ी सार्थक होगा यदि एक मित्र सामाजिक वातावरण से आये पेशेवरों से इनकी समीक्षा करायी जाये जो परस्पर भिन्न हित भी रख सकते हैं। पत्रकारिता से उदाहरण देते हुए एक दूसरी आँख, एक आरामकुर्सी में बैठा सम्पादक नहीं हो सकता अपितु इसके विपरीत कोई मुफ़स्सिल रिपोर्टर (संवाददाता) शायद अधिक निर्भर योग्य (विश्वसनीय) हो।

इसके बारे में बात करते हुए हमें 'मुफ़स्सिल बुद्धिजीवी' भी चाहिए क्योंकि सम्भावना है कि वे अयोध्या असफलता को पहले से भाँप सकते। अयोध्या के बाद यह समझ कि क्या करना चाहिए की सूझ ने लगता है एक अभियान को बहुत अधिक संख्या में तीव्रता से जन्म दिया, जो अभी भी जारी है और जिससे दो पक्ष सशक्त हुए—दक्षिणपन्थी हिन्दू और दक्षिणपन्थी मुसलमान। इसका एक अन्य लक्ष्य भी था जिस पर अधिक चर्चा नहीं हुई और वह था दलितों और आदिवासियों का ध्रुवीकरण, उन्हें प्रताड़ित धार्मिक अल्पसंख्यकों—मुसलमानों—की तुलना में अपेक्षाकृत अधिक सम्मान देकर। दूसरा स्पष्ट उद्देश्य था उदारवादी आवाज़ों को सिकोड़कर उन्हें निकम्मा बना देना। यदि ऐसा नहीं था तो कौन जाने अयोध्या की ध्वस्त प्रायः मस्जिद को शान्तिपूर्वक अधिगृहीत कर लिया जाता और कोई भी इस पर ध्यान नहीं देता। (यह आरोप है कि एक बड़े उद्योगपति व्यापारी ने चुपचाप मुस्लिम वक्फ़ की ज़मीन कौड़ियों के भाव खरीद ली।)

अयोध्या-अभियान का प्रयोजन आपसी समझौते से बात सुलझाना नहीं था। यदि वहाँ कोई मस्जिद न भी होती, तो कारसेवक एक मस्जिद बना देते और फिर उसे टी.वी. कैमरों के सामने तोड़ देते। मुझे अयोध्या के पत्रकारों ने इस मुफ़स्सिल विश्लेषण से परिचित कराया। ऐसे जनहित बुद्धिजीवी, जो अपनी सीमा से बाहर अन्य सामाजिक स्तर के लोगों से मेल-मिलाप में नहीं रहते और अपनी परिस्थितियों से जकड़े हुए हैं, उनके लिए अपेक्षाकृत कम भव्य-रमणीय सच्चाई को ठीक-ठीक सही समझना काफ़ी कठिन है।

अन्य कारणों के अलावा इस कारण से भी वे राज्य-प्रायोजित हिन्दू-मुस्लिम युग्म की आग्रहपूर्ण अटल दृष्टि से आगे नहीं देख पायेंगे। उदाहरण के लिए, मुस्लिम पर्सनल लॉ बोर्ड की स्थापना से जैसे उदारवादी मुसलमान परेशान या नाराज़ हुए, वैसी नाराज़गी बृहत्तर बुद्धिजीवियों के समाज में देखने को नहीं मिली। यह बोर्ड तत्काल मँजा हुआ फतवा जारी कर देता है और शासन-राज्य उपहासजनक हड़बड़ी और घबराहट की स्थिति में आ जाता है। तो यह कल्पित धर्मनिरपेक्ष सरकार चाहती है कि एक आदर्श मुसलमान मस्जिद में जाये और उसका प्रतिरूप हिन्दू मन्दिर में जाये। विश्व में अन्यत्र कहीं भी हज-यात्रा के लिए राज्य-शासन से अनुदान नहीं दिया जाता या सुदूर पर्वतीय क्षेत्र में स्थित धर्मस्थल की यात्रा के लिए फ़ौज की मदद ली जाती है। यह योजना असन्देही सहज लोगों को ऐसे सामाजिक नियन्त्रण में बाँधे रखने का प्रयास है, जहाँ वे प्रश्न न कर सकें। मुस्लिम दलितों में हलालख़ोर और मेहतर जुमे की नमाज़ के लिए मस्जिद के सामने पंक्तिबद्ध हों; यदि गाँधी के सपनों की धर्मनिरपेक्ष सरकार अपना चाहा कर सके। इसी प्रकार पासी और चमार, जिसे गाँधी ने हिन्दू कहा है, मन्दिर के सामने लाइन बनायें। ऐसा ही राष्ट्रीय स्वयंसेवक संघ प्रोत्साहित करना चाहता है—भारत के राज्य-समर्थित मुस्लिम नेतृत्व से। क्या गाँधी ने भारत के लिए यही सपना नहीं बुना था जब उन्होंने मौलाना आज़ाद के साथ कम कटाक्षपूर्ण समझौता किया जिसने उपनिवेशवाद से लड़ने के लिए ख़िलाफ़त आन्दोलन के इन्द्रजाल को फैलाया। बंगाल में राष्ट्रवाद की जागृति के लिए आज़ाद ने भरपूर हिन्दू चिह्नों का व्यक्तिशः प्रदर्शन किया जिसे गाँधी ने अपेक्षाकृत अधिक रूढ़िवादी मुसलमानों को रिझाने के लिए उनसे मिलते-जुलते संकेतों का प्रयोग अपने सपनों के भारत के निर्माण के लिए किया। परन्तु यह अम्बेडकर के धर्मनिरक्षेता की सहज प्रवृत्ति के विपरीत बैठती थीं।

अन्त में, हम पुनः हज़रत महल के हिन्दू-मुस्लिम भाई-भाई के संगठन के नामकरण पर जाते हैं, जिसे उसने और उसके पूर्वजों ने भारतीय साम्राज्य

के एक छोटे से टुकड़े में नायकत्व के लिए इस्तेमाल किया। यद्यपि हम उसके दुर्भाग्यशाली पति और देश से निष्कासित शासक वाजिद अली शाह की प्रशंसा करते हैं जो कथक, ठुमरी और भारतीय नृत्य-रूपकों का बहुत बड़ा प्रतिपादक था। हिन्दू-मुस्लिम युग्म सन् 1857 की क्रान्ति में कारगर नहीं रहा, और स्वतन्त्र भारत की राज्य-व्यवस्था के विकास में भी यह युग्म अनुकूल पूर्वानुमान नहीं लगा सका।

इस निबन्ध में मैंने प्रयास किया है कि मैं बतला सकूँ कि किन बातों ने स्थिति को पहले से अधिक दयनीय हाल में ला दिया है, और मेरे विचार से हिन्दू-मुस्लिम युग्म पर जाने या अनजाने, (अपेक्षाकृत) अधिक ध्यान देने के कारण हम भारतीय समाज के ज़्यादा अधिक न्याय-विरुद्ध अनुचित लक्षण को भुला बैठे कि आज भी दलितों के साथ कैसा व्यवहार किया जाता है। इसके लिए हमारे जनहित बुद्धिजीवी भी समान रूप से ज़िम्मेदार हैं।

निष्कर्ष : वह समाज जिसमें हम रहना चाहते हैं

रोमिला थापर

इस पुस्तक के आलेखों से हमने समझा कि जैसे समाज में हम रहना चाहते हैं, उसके लिए जनहित बुद्धिजीवियों की उपस्थिति अपरिहार्य है—ऐसे जनहित चिन्तक जो सही समय पर सही प्रश्न उठा सकें। इस प्रकार का कोई भी प्रश्न शंका से शुरू होता है, बिना शंका के कोई प्रश्न उठाता ही नहीं है। जैसा कि सुन्दर सरूक्काई ने स्पष्ट किया है—न्याय दर्शन में दार्शनिक विश्लेषण में शंका एक महत्त्वपूर्ण कोटि है, जब हम पूछते हैं कि 'एस' 'पी' है या 'क्यू'? क्या हम इस प्रश्न को करें या फिर इस प्रश्न को पूछें ही नहीं। एक तरह से इस शंका का निवारण ही इस प्रश्न का उत्तर है। हाँ, यह सही है कि शंका इस प्रारम्भिक विश्वास पर निर्भर करती है कि समाज के गठन के बारे में कोई समाज निर्माण के बारे में क्या राय रखता है और क्या इस गटन के बारे में उसके मन में कोई शंका है।

हम किस प्रकार के प्रश्न करते हैं, यह हमारे आधारभूत विश्वासों पर निर्भर करता है। उदारवादी वामपन्थ और उदारवादी दक्षिणपन्थ के बीच सम्भवतः यह अन्तर होगा। इसकी जानकारी कि कौन-सा प्रश्न करना है और सार्थक रूप से क्या प्रश्न करना है, यह प्रश्नकर्ता के आधारभूत विश्वासों पर निर्भर करता है। जिस आधार पर हम खड़े हैं, उस पर प्रश्न करना अचानक नहीं हो जाता। इसके लिए एक प्रस्तावना और तैयारी की आवश्यकता होती है, जिसके द्वारा नया आधार धीर-धीरे पुराने आधार का स्थान ले लेता है। यह कोई भूकम्पीय स्थान-परिवर्तन नहीं है अपितु अबोधगम्य (इन्द्रियग्राह्यता रहित) है। इस स्थान-परिवर्तन की शक्ति इस प्रकार के परिवर्तन होने के बाद आभासी हो जाती है। विभिन्न प्रकार के सामाजिक अन्यायों पर उठने वाले प्रश्न शाश्वत हैं और इन पर जनहित बुद्धिजीवी के ध्यानाकर्षण की आवश्यकता है।

संशयात्मकता का विचार मेरे ख़याल से पर्याप्त सम्मोहित करने वाला है क्योंकि प्रश्न करने, शंका करने और संशय करने में अन्तर है। संशय भी एक

प्रकार से शंका है। यह आपको प्रश्न करने के लिए प्रेरित करता है परन्तु प्रश्न के रूप में ही हो, यह अनिवार्य नहीं है। तो एक प्रकार से यह प्रश्न उठाने की प्रस्तावना है परन्तु यह इसलिए महत्त्वपूर्ण है क्योंकि इससे तय होता है कि कोई किस प्रकार के प्रश्न उठाता है। किसी समीक्षात्मक जाँच में यह संशय प्रति तथ्यात्मक प्रश्नों को उठाने के लिए प्रोत्सहित करता है परन्तु आवश्यक नहीं कि प्रश्न किया ही जाये।

वे क्या स्थितियाँ हैं जो प्रश्न उठाने के लिए अनिवार्य हैं? स्पष्टतः कुछ ऐसी स्थितियाँ हैं, जिन परिस्थितियों में कोई प्रश्न नहीं उठाता। ये सर्वाधिकारवाद (एकदलीय शासन पद्धति) से जनित राजनीतिक अवस्थाएँ हो सकती हैं या और कोई कारण हो सकते हैं, जहाँ प्रश्न करना विवेकपूर्ण न लगता हो या जहाँ प्रश्न करना सहायक हो परन्तु प्रश्नों की प्रकृति उन प्रश्नों से आवृत्त हो सकती है, जैसे प्रश्न आमतौर पर उठाये जाते रहते हैं। मेरे विचार से यह एक बिन्दु है जिसकी छानबीन होनी चाहिए। मेरा तात्पर्य है कि प्रश्न करना कोई ऐसी क्रिया नहीं है कि बस हमने प्रश्न उठा दिया। इसे बनाने में समय लगता है और इस प्रकार के प्रश्न बनाने की अपनी प्रक्रिया और अपनी कार्य-प्रणाली है। इस बात की सदा आवश्यकता रहती है कि हम जानें कि यह प्रश्न हमें कहाँ ले जायेगा और यह क्यों एक सार्थक दिशा है।

कुछ पारम्परिक सामाजिक स्तरों में प्रश्न क़रने का संस्कार नहीं है, इस मुद्दे पर चर्चा की जानी चाहिए क्योंकि प्रश्न करना और प्रश्नों की प्रकृति ऐतिहासिक और दार्शनिक कारणों से परिवर्तित होती रहती है, जब हम एक ऐतिहासिक दशा से दूसरी ऐतिहासिक दशा की ओर जाते हैं या फिर एक सामाजिक स्तर से दूसरे सामाजिक स्तर की ओर बढ़ते हैं। और मेरे विचार से जावेद नक़वी की बुद्धिजीवियों की सामाजिक पहचान पर टिप्पणी अत्यधिक महत्त्वपूर्ण है। शुरू में इतिहासकारों और उच्च जाति के टिप्पणीकारों द्वारा सृजित भारत के प्रारम्भिक काल के सामाजिक इतिहास के पुनर्निर्माण को ये बुद्धिजीवी एक प्रकार से पढ़ते हैं और जब इसी इतिवृत्त को फुले या अम्बेडकर पढ़ते हैं तो वे इसे अन्य दृष्टि से पढ़ते हैं। और कौन-सी रचना स्वीकार की जाती है, यह उन व्यक्तियों पर निर्भर करता है जो ज्ञान को नियन्त्रित और उसे प्रदान करते हैं। वे ही ज्ञान के पैरोकार हैं और प्रश्न करने की सम्भावनाएँ जताते हैं। कैसा ज्ञान प्रसारित क़िया जा रहा है, इसे जानने के लिए इन लोगों की विद्वत्ता की पृष्ठभूमि जानना ज़रूरी है, शायद यह उनके राजनीतिक इरादों को जानने जितना ही महत्त्वपूर्ण है।

मुझे ख़ुशी है कि टी.वी. चैनलों और मीडिया के सम्बन्ध में चर्चा की गयी

है। मैंने भी अपने आलेख में कहा था कि मैं इसे देखकर व्यथित होती हूँ कि मीडिया को मामले की तह में जाकर प्रश्न उठाने में संकोच होता है। क्या इसका कारण यह है कि वे वर्तमान सत्ता के साथ सम्बद्ध हैं और शक्ति के केन्द्र बिन्दु हैं। मैंने सुझाया था कि एक स्वायत्त रेडियो स्टेशन हो क्योंकि स्वायत्त टी.वी. चैनल शुरू करना शायद अत्यधिक व्यय-साध्य हो। क्या यह विचार सम्भव लगता है? यह रेडियो स्टेशन कुछ घण्टे सुबह और शाम कार्यक्रम प्रसारित कर सकता है और यह एक ऐसा स्थल हो सकता है, जहाँ वैकल्पिक विचारों पर विचार-विमर्श किया जा सकता है। क्योंकि (भारत में) मौखिक परम्परा अभी भी काफ़ी सशक्त है और यह एक उपाय हो सकता है कि लोग खुले विचारों से सोचें और उन प्रश्नों पर गम्भीर चर्चा करें जो प्रश्न उन्हें परेशान करते हैं।

ध्रुव रैना ने वैज्ञानिक सोच का प्रश्न उठाया है और उन्होंने जो अन्तर बतलाया है, वह प्रभावपूर्ण है। यह मात्र विज्ञान और समाज का अन्तःसम्बन्ध ही नहीं है, अपितु यह अपना मनोविचार स्पष्ट करने जैसा है कि हम इस तरफ़ हैं या उस तरफ़ है? यह प्रश्न इससे भी सम्बन्धित है कि आजकल जिस प्रकार की वैज्ञानिक खोज और शोध हो रहे हैं, उसके अन्तर्गत किस प्रकार के समाज के निर्माण की बात हम सोचते हैं। स्पष्ट कारणों से द्वितीय विश्वयुद्ध के बाद यह एक अन्तर्भूत प्रश्न बन गया है परन्तु इस मुद्दे पर बहस अब फीकी पड़ गयी है और यह बहस पुनः शुरू नहीं की गयी है। यह मुद्दा आजकल पूरी तरह से चर्चा में है, जब हम बहस करते हैं कि क्या न्यूक्लीयर पावर प्लांट स्थापित हो या नहीं या अन्य कोई पर्यावरणीय वास्ता। अवजल की निकासी, जिससे हमारी जल-वितरण प्रणाली की जड़ में तब्दील हो रही है, पर्यावरणीय मुद्दे के रूप में 'उठाई' जाती है। वैज्ञानिक शोध का अभिप्राय, मेरे विचार से, महत्त्वपूर्ण दूरदर्शी विचार है और आज हम बरनेल जैसे लोगों को असंगत मानें, मैं बरनेल को आज भी संगत मानती हूँ; जिन्होंने विज्ञान और समाज की सीमारेखा के बारे में सार्थक बातें कही हैं। मैं निरन्तर ऐसा सोचती हूँ, यद्यपि आज समाज और विज्ञान दोनों ही बदल गये हैं और उन दोनों की सीमारेखाओं के बारे में हमारी समझ भी बदल गयी है।

आज के सन्दर्भ में मैं सोचती हूँ कि मात्र कुछ गिने-चुने वैज्ञानिक ही होंगे जिन्होंने समसामयिक विज्ञान और समसामयिक समाज का अर्थ क्या है, इस प्रश्न पर विचार किया होगा। क्या मात्र वैज्ञानिक वर्ग ही इस दिशा में सोच रहा है? मैं चाहती हूँ कि कोई उठे और बरनेल से आगे बढ़कर आज की ताज़ा स्थिति में बतलाये कि वह कौन-सी पृष्ठभूमि है जिसमें आज विज्ञान विकसित हुआ है

और समाज में उसका कैसे उपयोग हो रहा है और वे कौन से प्रश्न हैं, जिन्हें ग़ैर-वैज्ञानिक भी उठा सकते हैं कि आज के वैज्ञानिक क्या काम कर रहे हैं? दूसरे शब्दों में, भारतीय संसार के बृहत्तर बोध के सन्दर्भ में वह क्या वैज्ञानिक चेतना है या वह चेतना कहाँ है जो विज्ञान की भूमिका तय करती है। हाँ, विज्ञान की समीक्षा आवश्यक है परन्तु इस प्रकार की चर्चा से पहले यह तय करना आवश्यक है कि वैज्ञानिक चिन्तन से हम क्या समझते हैं, और आज जिस विज्ञान को हम चला रहे हैं, उससे मानवीय समाज और दुनिया को समझने के हमारे दृष्टिकोण का क्या महत्त्व है। मैं सोचती हूँ कि वैज्ञानिकों को खुला छोड़ दिया गया है कि वे अपने लाभ के लिए विज्ञान को अपने तरीके से आसानी से चलाते रहें क्योंकि सामाजिक विज्ञान समझने की अपेक्षा विज्ञान समझना कुछ ज़्यादा ही दुष्कर है। इसी कारण सामाजिक विज्ञानों की भरपूर आलोचना होती है, अपेक्षाकृत प्रकृति विज्ञानों और भौतिक विज्ञानों के। किसी विषय की रहस्यात्मकता एक स्तर तक तो ठीक है परन्तु ध्यान रहे कि यह रहस्यात्मकता इसे अपारदर्शी न बना दे।

न केवल प्रकृति विज्ञानों में अपितु समाजशास्त्रीय विज्ञानों में भी जैसा कि कह गया है, पृथक्कीकरण से स्वायत्तता विकसित हुई है। मैं सोचती हूँ कि इतिहास में 1960 और 1970 के दशकों में जो परिवृत्ति हुई है या कम-से-कम मेरी तरह के अधुनातनपूर्व इतिहास में—भारतीय विद्या से सामाजिक शास्त्रों में परिवृत्ति—उसको लेकर हम उत्साहित हो सकें, परन्तु हम सब भली-भाँति जानते हैं कि आज अब सभी सामाजिक शास्त्रों में इतना अधिक विशेषीकरण हो गया है कि जिससे एक-दूसरे स्तर पर ज्ञान को भिन्न-भिन्न कोणों से देखने और समाज को समग्रता में समझने को वियुक्त (एकाकी/व्यावर्तित) कर दिया है और जिनकी इन विज्ञानों में दीक्षा नहीं हुई है, उन्हें समझाने में कठिनाई आती है। मेरे विचार से यह पृथक्कीकरण कुछ रीतियों से, यदि सम्पूर्ण रूप से नहीं तो भी, समस्यामूलक और अपेक्षाकृत कठिन है। यह विचार सही होगा कि न केवल विज्ञान और समाज को अपितु विज्ञान-विषयों को समाजशास्त्रीय विषयों से परस्पर सम्बन्धों के स्पष्टीकरण के लिए हमें समग्र समझ होनी चाहिए। इस सम्बन्ध में मैं एक अन्य विस्तार (विमा) की बात करना चाहूँगी, जिस बिन्दु पर इस पुस्तक में अभी तक चर्चा नहीं हुई है और वह विस्तार है—विज्ञान और प्रौद्योगिकी के बीच अन्तर। इस पर विचार करने का कारण यह है कि अभी तक भारत में विज्ञान के प्रति दृष्टिकोण अधिकांश में इसे प्रौद्योगिकी के रूप में मानने पर आश्रित (सप्रतिबन्धित) है। हाँ, यह सही है कि विज्ञान में अंशतः प्रौद्योगिकी हैं, इस दृष्टि से कि प्रौद्योगिकी को विशेष प्रकारों के विज्ञान के प्रतिफल के रूप में

देखा जा सकता है परन्तु दूसरी ओर यह भिन्न है क्योंकि इसका प्रकार्य भिन्न है। मुझे लगता है कि आजकल अनेक पेशेवर (वृत्तिक) लोग अनिवार्यतः तकनीशियन मात्र हैं, चाहे प्रकृति विज्ञान हो या समाजशास्त्रीय विज्ञान। हम भूल जाते हैं कि किसी भी अन्वेषण के पीछे अनेक दर्शन हैं और अनेक ज्ञान व्यवस्थाएँ हैं और ये प्रौद्योगिकी से काफ़ी कुछ अधिक हैं।

एक समय था जब हमारे बीच अनेक लोग थे जिन्हें अन्तर्दृष्टि थी, जिनके साथ यह तर्क किया जा सकता था कि कार को यह इंजन किस दिशा में ले जायेगा; आज हमारे बीच पर्याप्त संख्या में तकनीशियन हैं जो कलपुर्जे ठीक करके इंजन को चालू हालत में ला सकते हैं परन्तु उनकी इस बात में कोई रुचि नहीं है कि कार किस दिशा में जा रही है। इन सिद्धान्तों को शायद ही पहचाना जाता है, जिन्हें शिक्षा की प्रक्रिया और समस्याओं का सामना करते हुए चिन्तन की प्रक्रिया कहा जा सकता है और जो हमारे ऊपर शासन करते हैं, वे तो शायद ही इन सिद्धान्तों को जायज़ करार दें। हम उम्मीद के साथ इन्तज़ार करते रहते हैं कि कोई हमें बतलाये कि हमें कहाँ ले जाया जा रहा है या हमसे पूछा जाये कि हम कहाँ जाना चाहते हैं। मान्यता यह है कि असन्तोषजनक (अविवेकी) शिक्षाधारी लोग एक दूसरी दुनिया की कल्पना ही नहीं कर सकते और प्रश्न करने से बचते हैं या उन्हें समीक्षा करने का मौक़ा ही नहीं दिया जाता। बिना यह ठीक से समझे कि विज्ञान क्या है, बिना एक क्षण की हिचक के हम कहते हैं कि एक बच्चे के शरीर पर हाथी का सिर लगाकर गणेश की रचना यह बतलाती है कि हज़ारों वर्ष पूर्व भारत में प्लास्टिक सर्जरी होती थी या कौरवों का जन्म जिन घटों से हुआ था, उससे सिद्ध होता है कि भारत स्तम्भ कोशिका (स्टेम सेल) शोध से परिचित था। यह वैज्ञानिक दृष्टि से समर्थनीय नहीं हो सकता, साथ ही आमोददायक मिथक की ख़ुशी को भी रद्द करता है।

ज्ञान और ज्ञान को समाज कैसे ग्रहण करता है, दोनों का अन्तःसम्बन्ध आधारभूत है। ज्ञान समय के साथ परिवर्तित होता रहता है और इस परिवर्तन के अभिप्राय को समाज को समझना होगा। आज के समय में सम्प्रेषण व्यवस्थाओं में विज्ञान और प्रौद्योगिकी के प्रयोग से यह बात स्पष्ट हो जाती है। यह वह क्षेत्र है जहाँ जनहित बुद्धिजीवी की उपस्थिति महत्त्वपूर्ण हो जाती है चाहे वह किसी भी क्षेत्र में विज्ञान हो या समाजशास्त्र। यह दिलचस्प है कि जनहित बुद्धिजीवी की परिभाषा करते हुए पीटर डिसूज़ा ने स्वायत्त चिन्तक और सामाजिक न्याय के पक्ष-पोषक के बीच अन्तर किया है। दोनों के बीच कुछ भेद तो आवश्यक लगता है परन्तु क्या अन्तर बहुत साफ़-साफ़ झलकना चाहिए (कि यह सिद्ध हो

कि दोनों अलग-अलग हैं)? मेरे विचार से दोनों में समानता है, इस सन्दर्भ में कि दोनों स्वायत्त चिन्तक और सामाजिक न्याय का पक्षधर एक ही परिस्थिति से आते हैं और यह सन्दर्भ प्रायः मिलता-जुलता होता है, यद्यपि (समान) तद्रूप नहीं। एक दृष्टि से दोनों ही सन्दर्भ के लिए उपयुक्त प्रश्न करते हैं और यहाँ सन्दर्भ (परिस्थिति) अत्यधिक महत्त्वपूर्ण है और इस पर अधिक ध्यान देने की आवश्यकता है। क्या इसमें—परिस्थिति (सन्दर्भ) और चिन्तक एक-दूसरे को चुनौती देते हैं? अगर ऐसा है तो यह चुनौती क्या है और हम इससे कैसे निबटते हैं? इसके बाद जब हम प्रश्न करने से आगे बढ़कर समाधान सुझाते हैं तो कोई किसी समाधान का चयन कैसे करे? आप प्रश्न को सुलझाते हैं परन्तु यह समाधान एक निश्चित उत्तर पर निर्भर करता है या किसी निश्चित हल पर। परन्तु इस प्रकार के समाधान की समीक्षा तर्क पर परीक्षित होनी चाहिए। समाधान का चुनाव एक प्रकार से झलक मात्र है। कोई जनहित बुद्धिजीवी उस समाधान के मूल्य को कैसे आँकता है, जिसे उसने चुना है? उदाहरण के लिए, **देशभक्ति** का विचार लें। क्या यह किसी सन्दर्भ में होनी चाहिए या इसका स्वतः निरपेक्ष मूल्य है?

परिस्थिति/प्रसंग महत्त्वपूर्ण हो जाता है जब हम जानते हैं कि एक श्रेणी के नागरिक किसी भय से आतंकित हैं, जैसा भय दूसरे नागरिकों में नहीं पाया जाता। अल्पसंख्यक, दलित, आदिवासी, महिलाएँ यद्यपि सैद्धान्तिक रूप से समानाधिकार प्राप्त नागरिक हैं और उन्हें वही प्रतिष्ठा/मर्यादा प्राप्त है जो बहुसंख्यक समुदाय के सदस्यों को प्राप्त है परन्तु वास्तविक ज़िन्दगी में वे दोयम दर्जे का जीवन जीते हैं। सैद्धान्तिक रूप से यह भय दूर हो जाना चाहिए क्योंकि शासन उन्हें सुरक्षा प्रदान करता है परन्तु यह सुरक्षा सबके लिए मानी (धारित) नहीं की जा सकती, उन कुछ वर्गों को छोड़कर जो धनी और प्रभावशाली हैं। तो क्या यह तर्क दिया जा सकता है कि क्योंकि हम समाज/राज्य के नागरिक होने के कारण, उस राज्य/समाज व्यवस्था को बदल भी सकते हैं जिसमें हम रहते हैं जबकि वास्तव में, ऐसा लगता है कि हम अक्षम हैं। कुछ अपवाद हो सकते हैं, जैसे आपातकाल के बाद का आम चुनाव। हमारी आशा रहती है कि चुनाव-मुक्त अभिव्यक्ति का माध्यम है। वे अभिकर्ता जो आधिकारिक रूप से नागरिकों के अधिकारों को सुरक्षित रखते हैं, स्वयं अपनी स्वायत्तता बनाये रखनी चाहिए ताकि वे नागरिकों के अधिकारों को सुरक्षा प्रदान कर सकें। क्या वे वास्तव में ऐसा करते हैं? यह समझा जाता है कि यह उनका प्राथमिक कर्तव्य है कि वे नागरिकों के अधिकारों की रक्षा करें जब उन्हें प्रशासन या क़ानून व्यवस्था के रखवाले अधिकारियों के रूप में प्रशिक्षण दिया जाता है या उन्हें मात्र इस बात का प्रशिक्षण दिया जाता है

कि वे औपनिवेशिक व्यवस्था को जारी रखते रहें और जो सत्ता में बैठे हैं, उनकी आज्ञा का पालन करते रहें चाहे नागरिकों की सुरक्षा हो या न हो।

नागरिकों के साथ अन्याय ही एकमात्र ख़तरा नहीं है, जिसमें राज्य और राजनेता दोनों शामिल हैं अपितु जो ज़्यादा ख़तरनाक है, वह है कट्टरपन्थियों के समुदायों की धमकियों से उपजा भय। ये कट्टरपन्थी समुदाय प्रायः गैंग (बदमाशों के गिरोह) की तरह काम करते हैं और जिनकी हिंसात्मक कार्यवाहियाँ नागरिकों को आतंकित करती हैं। इस डर का कारण कई दृष्टि से निर्णायक है। और मुझे प्रसन्नता है कि इस बिन्दु पर चर्चा हुई है। प्रश्नकर्ता के साथ होने वाली ग़ैर-बराबरी और समाज की भलाई के विपरीत नकारात्मक काम करने वाला, जिसे अतिवादी (आतंकवादी) करार दिया जाता है और जो आतंक फैलाता है, डर से पैदा होते हैं। भय की स्थिति में यह स्पष्ट नहीं रहता कि हम किस सत्ता का विरोध कर रहे हैं या किस सत्ता से प्रार्थना कर रहे हैं या किन बिन्दुओं पर यह विरोध या प्रार्थना है। इस स्पष्टता के अभाव में एक बिन्दु दूसरे बिन्दु को घेर लेता है या दूसरे बिन्दु पर हावी हो जाता है और यह स्थिति समस्या पैदा करती है। ऐसा होता है, मैं सोचती हूँ—ऐसा होता है (हो सकता है इस बिन्दु पर मैं ज़िद्दी (हठी) दिखलाई दूँ।) क्योंकि हम पर्याप्त प्रश्न नहीं करते, पर्याप्त अपनी आवाज़ नहीं उठाते। यदि हम अपेक्षाकृत अधिक प्रश्न करें, पर्याप्त चर्चा करें, पर्याप्त वाद-विवाद करें और तब जिस चीज़ से हम डर रहे हैं, वह कुछ ज़्यादा स्पष्ट हो जायेगी और यह अपेक्षाकृत कम डरावना लगने लगे।

बृहत्तर समुदाय के अन्दर से उपजे छोटे-छोटे संगठन और समूह आतंक फैलाने का काम करते हैं और लोग उनसे डरते हैं क्योंकि उन्हें बहुसंख्यकों का गुपचुप (प्रच्छन्न) समर्थन प्राप्त रहता है। यह बहुसंख्यकों की ज़िम्मेदारी बनती है कि वे अपने अन्दर के इन छोटे-छोटे समुदायों को अपना मानने से इनकार करें। क्यों बड़ी संख्या में हिन्दू बाहर निकलकर नहीं आते और चर्चा को अपवित्र करने की निन्दा करते? क्या हिन्दुओं का बृहत्तर समुदाय ईर्ष्यावश जानबूझकर संस्थाओं को नष्ट या कुरूप करने, पुस्तकों को रद्दी बनाने और इसी प्रकार के अन्य कृत्यों को माफ़ कर देता है, उन पर ध्यान नहीं देता है? हिन्दुओं के ये अतिवादी समुदाय जैसे आतंकित करने वाले कृत्य करते हैं, उनके लिए इन समुदायों का दावा है कि वे बृहत्तर हिन्दू समाज की ओर से ऐसा करते हैं और बृहत्तर हिन्दू समाज खड़ा नहीं होता और उनके इस दावे को ख़ारिज नहीं करता कि ऐसे अतिवादी समुदाय उनका प्रतिनिधित्व नहीं करते हैं। दूसरे समुदाय के लोग इन छोटे-छोटे ग्रुपों से डरते हैं, केवल इसलिए नहीं कि ये आतंक फैलाते हैं

अपितु इसलिए भी कि इन दूसरे समुदाय के लोगों को लगता है कि इन छोटे-छोटे समुदायों को बृहत्तर समुदाय की वैधता (प्रमाणीकरण) प्राप्त है। यह लक्षण मात्र हिन्दुओं के समुदायों के साथ ही नहीं है अपितु मुसलमानों के छोटे-छोटे समुदायों पर भी लागू होता है। बाद में अन्य समुदायों के छोटे-छोटे संगठनों से भी यह ख़तरा बढ़ जाता है। अन्य प्रकार के अतिवादियों के साथ भी ऐसा होता है जो आतंकवादी संगठनों जैसा व्यवहार करते हैं। इन अतिवादियों को कमज़ोर किया जा सकता है, यदि जिस समुदाय को बचाने का ये दावा करते हैं या जिन समुदायों के ये अपने को प्रतिनिधि कहते हैं, वे यदि इन्हें नकार दें (और कहें कि वे हमारे प्रतिनिधि नहीं हैं)।

X X X

प्रबोधकाल का प्रभाव जिसके बारे में नीलाद्रि भट्टाचार्य ने चर्चा की है, यह सच है कि प्रबोधकाल की अपनी कट्टरपन्थिता है, इसने अपने प्रकार की सत्ताधारिता को जन्म दिया है, इसके अपने बन्धेज (प्रतिबन्ध) हैं परन्तु जब कोई अतीत की ओर देखता है और विचार या ज्ञान की किसी शाखा को परखता है तो वह प्रबोधकाल को बिना संकोच प्रशंसात्मक दृष्टि से नहीं देखता, और उस दिशा की चिन्तन प्रणाली का अनुयायी नहीं हो जाता। हम यह स्वीकार करते हैं कि किसी बिन्दु पर कुछ नकारात्मक लक्षण थे और यह उपयुक्त ही होगा कि हम जानें कि ऐसा क्यों हुआ। इसी प्रकार कोई कह सकता है कि बुद्ध बहुविश्लेषित कारणों पर आधारित सन्देश देते हैं जो तर्क और सामान्य विश्लेषण पर आधारित है और देवत्व को नकारते हैं परन्तु बाद की शताब्दियों में उनके उपदेशों ने जो रूप लिया, उसमें देवी-देवताओं और रहस्यात्मक जीवों की उपस्थिति शामिल हो गयी। मैं सोचती हूँ—यदि बुद्ध आज जीवित होते तो वे बौद्धधर्म की विभिन्न शाखाओं में से किस शाखा को अपने उपदेशों के सबसे नज़दीक पाते? मेरे विचार से यह महत्त्वपूर्ण है कि जब हम अतीत के ज्ञान और शिक्षाओं (उपदेशों) के बारे में बात करते हैं तो इस पर भी विचार करना चाहिए कि कब और कैसे इन विचारों में परिवर्तन/परिवर्द्धन हुआ है और कभी-कभी तो यह अन्तर ठीक उसके उलटा होता है जिसको सर्वप्रथम चिन्तकों ने विचारित किया था। प्रश्न करने की प्रक्रिया में, मेरे विचार से यह प्रश्न भी संगत है।

ऐतिहासिक वियोजन से सम्बद्ध सभी नये विचारों की भाँति प्रबोध को भी इस दृष्टि से देखना चाहिए कि उसने अपने स्वयं के वर्तमान को कैसे बदला और बाद में उसने क्या स्वरूप अपनाया। किसी के लिए यह अधिक महत्त्वपूर्ण होगा कि वह यह जाने कि समीक्षा के बाद कैसे नयी व्यवस्थाएँ स्थापित हुईं, अपेक्षाकृत

इसके कि क्या समीक्षा की गयी है। सभी प्रकार की समीक्षाओं का एक सामाजिक सन्दर्भ होता है और आज हम इस सामाजिक सन्दर्भ के मूल्यांकन की सीमाओं के प्रति अधिक संज्ञाशील हैं। प्रबोध या इसके जैसे अन्य आन्दोलन प्रश्न करने की प्रक्रिया की शुरुआत हैं। हमें सोचना होगा कि प्रश्न करने की प्रक्रिया को कैसे आगे बढ़ाया जाये।

अतीत में जिन्होंने जिज्ञासाएँ प्रगट कीं, उनको परिभाषित करने के विषय पर पुनः आकर मैं इससे सहमत हूँ कि प्ररूप विज्ञान आवश्यक था और है तथा उपयुक्त भी। मुझे यह बात स्पष्ट कर देनी चाहिए कि अतीत से जिन अधुनातन समय के लोगों के बारे में मैं बात कर रही हूँ, उन सबको एक साथ एक समूह (गुच्छे) में मैं नहीं देख रही हूँ। मैंने इस भेद को बारीकी से प्रगट नहीं किया है परन्तु ये सभी प्रश्न करने की भिन्न-भिन्न कलिकाओं को दर्शाते हैं। बुद्ध द्वारा जिज्ञासा प्रगट करना अमीर खुसरो जैसे लोगों द्वारा समीक्षा करने से पृथक् हैं निश्चय ही वे इतिहास के भिन्न-भिन्न कालों से आते हैं। वे अलग-अलग व्यक्तित्व हैं, उनका सन्दर्भ भी अलग-अलग था और प्रश्न करने का उनका उद्देश्य भी भिन्न-भिन्न था। परन्तु मैं जिस बात पर ज़ोर देना चाहती हूँ, वह यह है कि इन भिन्न-भिन्न सन्दर्भों के होते हुए भी या उनमें भिन्नताओं के बावजूद भी वे ये लोग थे जो प्रश्नों को उठा रहे थे और मैं इस बात पर अधिक ज़ोर दे रही हूँ कि वे प्रश्नों को कर रहे थे और उनके प्रश्नों की प्रकृति उनके विचारों में समाहित थी, अपेक्षाकृत इस बात के कि उन प्रश्नों का सामाजिक सन्दर्भ क्या था!

हम जो करते हैं, उसका सम्बन्ध समसामयिकता (समकालीनता) से होना चाहिए। हम केवल सुकरात या बुद्ध को उद्धृत करके काम नहीं चला सकते। मैं विगत के प्रति कितनी भी यादगारें समेटे रहूँ, फिर भी मैं ऐसा सुझाव नहीं दूँगी। मैं सोचती हूँ कि मुख्य बिन्दु यह है कि सुकरात और बुद्ध जैसे चिन्तक और प्रश्न करने वाले अपने समकालीनों के साथ संवाद कर रहे थे। उनके जो विचार थे आज की समस्याओं के सन्दर्भ में वे असंगत होंगे। वे ग़ैर-प्रासंगिक हो गये हैं, उनके विचारों से आज अनेक को रुचि नहीं होगी। फिर भी वे अपने समकालीनों से चर्चा कर रहे थे और मैं यह अनुरूपता बतलाना चाहूती हूँ कि हमें भी आज वैसा ही व्यवहार करना चाहिए, हमें अपना कुछ समय अपने समकालीनों के साथ बिताना चाहिए परन्तु यह प्रक्रिया सुसंगत रीति से हो। इस प्रक्रिया में हम पायेंगे कि कुछ प्रश्न असंगत हैं।

हाँ, बौद्धिक अंशदान का प्रभाव उतना नहीं रहा जितना प्रगटतः दिखलाई पड़ता है, और मुझे लगता है कि यह बात सही है कि हमने 1960 और 1970

के दशकों में यह धारणा बना ली थी कि धर्मनिरपेक्ष समाज की साज-सज्जा, बाहरी आडम्बर और ऊपरी रूप-रंग के चलते हम धर्मनिरपेक्ष होने में सफल हो गये हैं। अपने बचाव में मैं कुछ कहना चाहती हूँ। हममें से कुछ 1960 के दशक में भी कह रहे थे कि 'हम धर्मनिरपेक्ष नहीं हैं, हमारे समाज में कुछ साम्प्रदायिक ताक़तें हैं और हमें उनके प्रति सावधान होना होगा।' हम पर्चे लिख रहे थे और इस लक्षण के प्रति लोगों को आगाह कर रहे थे और हमें भय-प्रसारक कहकर नकारा जा रहा था। दुर्भाग्य से हमने चेतावनी उतनी कठोर भाषा में नहीं दी, जितनी कठोर भाषा में हमें देनी चाहिए थी। हमने उन्हें अपने को भय-प्रसारक; अकारण डराने वाला कहने दिया। इसीलिए मैं कह रही हूँ कि जनहित बुद्धिजीवी को और अधिक दृढ़तापूर्वक स्वाग्रही होना पड़ेगा। व्यवहारकुशल जनहित बुद्धिजीवी के समकक्ष व्यक्ति को कितनी मात्रा में दृढ़ता दिखलानी चाहिए ताकि वह प्रभावशाली रहे, इस पर कई शताब्दियों से चर्चा हो रही है।

मुझे अफ़सोस है कि यदि मैंने आज के सन्दर्भ का उदासीन-दुर्भाग्यपूर्ण चित्र प्रस्तुत किया है। मेरा ऐसा अभिप्राय न था, और यदि ऐसा लगता है तो मैं इसे शीघ्र ही ठीक कर देती हूँ। हाँ, विगत के प्रति रागात्मक आतुरता है, इसमें कोई सन्देह नहीं है, और जब मैं इस विगत के प्रति रागात्मक आतुरता दिखलाती हूँ तो यह (अतीत) विगत कोई सहस्राब्दि पूर्व का समय नहीं है, मैं तो इस शताब्दी के पिछले पचास वर्ष पूर्व की बात कर रही हूँ।

मैं सोचती हूँ कि जब कोई मेरी आयु के आसपास आ जाता है तो उसे, यदि उसे ठीक लगता है तो, अतीत के प्रति रागात्मक आतुर होने का अधिकार है। यह तो उसे प्राप्य है। यह मेरा जन्मसिद्ध अधिकार है। फिर भी मैं इस बात से सहमत हूँ कि हमें इस बात के प्रति सचेत रहना चाहिए कि विगत में सब कुछ बिल्कुल ठीक-ठाक (सकारात्मक) नहीं था। यदि ऐसा होता, सब कुछ चमक-दमक पूर्ण था, तो हम आज उस स्थिति में नहीं पहुँचते, जहाँ हम आज पहुँच गये हैं।

मैं जो कहना चाहती हूँ, उसका आशय यह है कि ऐसी रीतियाँ हैं कि हम कुछ ज़्यादा बेहतर कर सकते हैं। ऐसे सुपथ हैं जिनके बारे में हम सोच सकते हैं ताकि हमारा वर्तमान कुछ अधिक सीमा तक बेहतर हो सके। ये ऐसे सुपथ हैं जिन पर हम वर्तमान के सन्दर्भ में मन्त्रणा कर सकते हैं और अपनी समस्याओं के प्रति अधिक सचेत हो सकते हैं और यह अत्यन्त आवश्यक है।

X X X

इतिहासकार प्रायः ऐतिहासिक क्षणों को घटनाओं और परिस्थितियों का ऐसा योग मानते हैं, जब कभी विचार और क्रिया संसक्त रूप से एक साथ आ जाते हैं और

कभी असम्बद्ध या विकल्पात्मक जब चीज़ें अलग-अलग होती हैं। इससे भ्रम की स्थिति पैदा होती है। हम भिन्न रूपों में, कई स्तरों पर, आज जो हो रहा है, उसे एक बड़े ऐतिहासिक परिवर्तन के रूप में देख रहे हैं। हमने विगत में ऐसे परिवर्तन नहीं देखे हैं क्योंकि ये तो औपनिवेशिक प्रयास थे, जानबूझकर हमारे समाज को बदलने के लिए, और आज यह दूसरे प्रकार के बदलाव को होते देख रहे हैं। यह वह क्षण है जब हम उम्मीद करते हैं कि लोग इस बात का विवरण देंगे कि क्या हो रहा है ताकि हम उससे छुटकारा पा सकें और कह सकें कि हमारे पास क्या है। यह भी कह सकें कि बदलाव कैसे होगा और उस बदलाव के आशय क्या होंगे? मैं इस बात पर बल दूँगी कि जनहित बुद्धिजीवी भूमिका का प्रश्न इतने तक ही सीमित नहीं है कि वह घटनाओं और परिस्थितियों के योग या उनकी असम्बद्धता या विकल्प का विश्लेषण मात्र करें अपितु जो हो रहा है, उसके अभिप्राय को भी विश्लेषित करें। यह एक महत्त्वपूर्ण पक्ष है जिस पर प्रायः हम अधिक बात नहीं करते। जो सन्निकट है, उसकी आलोचना हम ज़्यादा देखते हैं और इस बात पर प्रायः ध्यान ही नहीं देते कि 'अच्छा, यदि ऐसा होता है या वैसा होता है तो इसके इन परिणामों की सम्भावना है'। इस क्षण हमें इस विचार की निश्चय ही प्रबल आवश्यकता है, यदि और किसी कारण से नहीं तो कम-से-कम इस कारण से तो कि हम समझें कि हम आज कहाँ हैं?

विभेदीकरण और विशेषीकरण का प्रश्न भी उठा था। मेरे विचार से यह महत्त्वपूर्ण बिन्दु है। यह कहा गया था कि ज्ञान और उसके साथ हमारा बर्ताव, उसका विश्लेषण, और कैसे हम उस ज्ञान को आगे ले जाते हैं, अपेक्षाकृत चालीस वर्ष पूर्व के यह सब आज काफ़ी भिन्न स्थिति में है। यह बात तो बिल्कुल ठीक है। ज्ञान-प्राप्ति और ज्ञान की समझ की प्रक्रिया में सतत परिवर्तत होते ही रहते हैं। विभेदीकरण का तात्पर्य है इन सभी विधाओं में विशेषीकरण–विज्ञान विषयों में, समाजशास्त्रीय विषयों में, और अब तो मानविकी विषयों में भी। और यह विशेषीकरण की प्रक्रिया आम आदमी को इन विधाओं से अलग हटा देती है; ग़ैर-मिलनसार बना देती है। यह एक बुनियादी सवाल है और विरोधाभास भी है : ज्ञान जब काफ़ी अधिक विशेषीकृत हो जाता है, जब वह अधिक सूक्ष्म और गहरा हो जाता है तो विशेषज्ञ उसकी सूक्ष्मता से परिचित रहता है परन्तु दूसरी ओर सामान्य व्यक्ति उस विशिष्ट ज्ञान के बारे में न के बराबर जानता है और जब ऐसा सामान्य व्यक्ति कोई टिप्पणी करता है तो विशेषज्ञ उसकी अनभिज्ञता की ओर इशारा करता है। और आज बुद्धिजीवियों तथा आम जनता के बीच ऐसा ही हो रहा है। उदाहरण के लिए, मेरे (इतिहास के) विषय में आज काफ़ी

संख्या में लोग दावा कर रहे हैं कि प्राचीनकाल में क्या हुआ था और इन लोगों में उच्चतम सम्भ्रान्तजन (उच्च पदाधिकारियों) से लेकर सड़क पर चलने वाला साधारण व्यक्ति भी शामिल है। और हम विशेषज्ञ कह रहे हैं—नहीं भाई, नहीं, ऐसा नहीं था और विश्लेषण करके समझाते हैं कि क्यों ऐसा सम्भव नहीं हो सकता। यह स्थिति एक अर्थ में विरोधाभासी है। यह अनुमान लगाया जा सकता है कि जैसे-जैसे आप अधिकाधिक विशेषीकृत होते जायेंगे, तो ग़ैर-विशेषज्ञ से हमारी दूरी बढ़ती जायेगी। परन्तु यही वह असन्दिग्ध क्षेत्र है, जहाँ हम उम्मीद करते हैं कि कोई कहेगा 'हाँ हम आम जनता को उसकी भाषा में समझाते हैं कि विशेषज्ञ क्या कह रहा है, यदि विशेषज्ञ आम जनता को समझाने में नाकाम रहते हैं तो।' परन्तु शोध और उस शोध की जनप्रिय (लोकप्रिय) समझ को बतलाने वाला निर्भर योग्य मध्यस्थ हमारे समाज में आज नहीं है। ऐसे मध्यस्थ की तुरन्त आवश्यकता है। यह तर्क दिया जाता है कि दुनिया के बहुत से हिस्सों में यह विशेषीकरण इतना गहरा हो गया है कि उन समाजों में जनहित बुद्धिजीवी की भूमिका न्यूनतम (सीमान्त) रह गयी है। या तो हमारे बीच ऐसे विशेषज्ञ हैं जो सूक्ष्म से सूक्ष्मतम विभेद जानते हैं या फिर वे हैं जो कुछ भी नहीं जानते और उनसे जैसा कहा जाता है, वैसा ही करते रहते हैं। यह अतिशयोक्ति हो सकती है परन्तु मेरे विचार से, हम जिस प्रकरण की बात कर रहे हैं, उस प्रकरण से सम्बन्धित समाज की स्थिति ही सन्दर्भ होनी चाहिए। इस बाद जैसे समाज में मैं रहना नहीं चाहूँगी और मैं सोचती हूँ कि बहुत से लोग नहीं रहना चाहेंगे।

विगत के प्रति रागात्मकता की शायद ज़्यादा बात हो गयी है, जितनी बात करना मैंने सोचा न था। मैं यह शर्तरहित पूर्णतः नहीं कह सकूँगी कि बीसवीं शताब्दी के बाद का समय निश्चयात्मक रूप से कुछ अच्छा समय था परन्तु मेरा गहन विचार है कि यह वह समय था जब काफ़ी अधिक मात्रा में स्वतन्त्र विचार थे और उन धारणाओं पर (दृष्टिकोणों पर) विचार-विमर्श के लिए आग्रह था और उन पर बहस के लिए मौक़े थे। इससे तो मैं सहमत हूँ कि पुरानें विचारों पर लौटने से कुछ ज़्यादा हासिल नहीं होने वाला है क्योंकि परिस्थितियाँ बदल गयी हैं। समसामयिक सन्दर्भों पर चर्चा नकारात्मक गतिविधियों और नकारात्मक कथनों की समीक्षा के लिए प्रस्तावना/भूमिका हो सकती है। जनहित बुद्धिजीवियों की भी श्रेणियाँ हैं और वे अलग-अलग ढंग से बातें कर रहें है। इन विभेदों के प्रति हमें संवेदनशील होना होगा और उनके प्रति भी जो विनम्रता से अपनी बात कहते हैं। परन्तु यह भी तय है कि नम्रतापूर्वक बोले हुए को सुनना अपेक्षाकृत कठिन है क्योंकि जिनके बारे में प्रश्न किया जा रहा है, वे ज़ोर की कर्कश आवाज़ में

बोलते हैं और ऐसी वाणी को अपना तर्क कहते हैं। विचारधारा का अपना महत्त्व है–राजनीतिक दलों की हठधर्मिता के सन्दर्भ में नहीं–परन्तु इस पृष्ठभूमि में कि क्यों प्रश्न किये जा रहे हैं और उनका परिप्रेक्ष्य क्या है और उन प्रश्नों का लक्ष्य क्या है? दूसरे के बारे में प्रश्न करने में उस दूसरे की कल्पना करना निहित है परन्तु यह कल्पना किसी न किसी बिन्दु पर, वास्तविकता पर आधारित होनी चाहिए। वह बिन्दु क्या है और वह कैसे प्राप्त किया जा सकता है?

विभिन्न मुद्दों पर कोई क्या राय रखता है और कोई उसका स्पष्टीकारण कैसे देता है, यह प्रायः विचारधारा पर आधारित होता है। यह विचारधारा क्या है, यह किसी तर्क पर होने वाली बहस से स्पष्ट हो जाता है। मैं इस विचार से सहमत नहीं हूँ कि सन् 1991 में हुए (आर्थिक) बदलावों के कारण और वर्तमान केन्द्रीय सरकार में आज हुए परिवर्तन के कारण वामपन्थी उदारवाद आज भारत से समाप्त हो गया है और उसका स्थान दक्षिणपन्थी उदारवाद ने ले लिया है। सौभाग्य से, सर्वाधिक सप्रयोजन-सौद्देश्य विचारधारा आज किसी एक राजनीतिक दल से बँधी नहीं है। आज के समय ऐसा है तो हम आभारी हैं। जिसका महत्त्व इस बात पर निर्भर है कि किसी तर्क के लिए बहस करने का अवसर और बड़ी संख्या में उस बहस में लोगों की भागीदारी। क्या कोई कह सकता है–"आप ग़ैर धर्मनिरपेक्ष विचार रख सकते हैं और कह सकते हैं कि धर्मनिरपेक्ष से समाज नष्ट हो जायेगा और जिस विचार से मैं असहमत हूँ परन्तु आपको अपने प्रस्ताव के पक्ष में तर्क देना है और मैं आपके इस विचार के विरोध में अपना पक्ष रखूँगा।" परन्तु इस प्रकार के तर्क-वितर्क के लिए अवसर होना चाहिए। इतना मात्र कह देना पर्याप्त नहीं होगा कि विचारधारा का महत्त्व है और एक विचारधारा दूसरी विचारधारा को रास्ता देती है। कोई दूसरी विचारधारा को रास्ता नहीं देती। विचारधाराएँ इस तरह एक-दूसरे का पीछा नहीं करतीं। परन्तु हमें अवसर उपलब्ध होने चाहिए कि हम विचारों और उसके अनुप्रयोगों पर बहस कर सकें। यह अच्छा ही होगा यदि हम ऐसा कर सकें, जैसा सुन्दर सरुक्काई ने कहा है प्रतिपक्ष और पूर्वपक्ष के रूप में और यह किसी नियम के अन्तर्गत हो ताकि एक-दूसरे पर लांछन तार्किक व्याख्या में परिणित हो जाये। ऐसा तभी होगा जब प्रतिपक्ष का तर्क और उसके सन्दर्भ की समझ हो और कोई प्रश्न करना या कोई टिप्पणी करना समझ को बढ़ाता ही है।

अन्त में, हम जनहित बुद्धिजीवियों के हस्तक्षेप के मुद्दे पर आते हैं। हमें व्याकुल जनहित बुद्धिजीवी और जो मात्र कोई भूमिका निभा रहा है, इन दोनों में अन्तर करना होगा। यह प्रदर्शन उनके द्वारा किया जाता है जो उसके लिए

दीक्षित नहीं हैं परन्तु वे अपनी भूमिका निभाते हैं क्योंकि ऐसा करना उनके लिए राजनीतिक दृष्टि से कार्य-साधक होगा। जनहित बुद्धिजीवी वह व्यक्ति है जो किसी न्यायपूर्ण समाज में किन्हीं मुद्दों पर अपनी धारणा पर अटल है और ऐसा करते हुए वह मुद्दों को और समाज के लिए उसके परिणामों को समझता है; यह समझ विश्लेषण और प्राप्त सूचना दोनों पर आधारित होती है। विचारधारा पर भी ध्यान दिया जाता है परन्तु उसका सम्बन्ध है कि कैसे तर्क प्रस्तुत किये जाते हैं और कितनी मात्रा में हस्तक्षेप किया जाये कि वह सार्वजनिक हित में हो। यह व्यक्ति की इच्छा पर निर्भर करता है कि ऐसा करना किसी राजनीतिक दल की कार्यप्रणाली के अनुकूल है या नहीं। यह भी उस व्यक्ति पर निर्भर करता है कि जनता को किस सीमा तक अपने विचार बतलाये जायें और वे विचार कैसे प्रासंगिक और आवश्यक हैं। इसका अन्तिम लक्ष्य है कि जनता अपने वर्तमान के बारे में सोचे-समझे और यह महसूस करे कि उसे किस प्रकार के समाज में रहना है और अन्ततः और अपरिहार्य इसका उन लोगों के लिए क्या तात्पर्य होगा जो हमारे बाद नागरिक के रूप में इस समाज में आयेंगे।

लेखक-परिचय

रोमिला थापर जवाहरलाल नेहरू विश्वविद्यालय में इतिहास विषय की सम्माननीय आचार्य हैं। वह इण्डियन हिस्ट्री कांग्रेस की सामान्य अध्यक्ष रही हैं। वह ब्रिटिश अकादमी की फेलो हैं और उन्हें कलकत्ता विश्वविद्यालय, ऑक्सफोर्ड विश्वविद्यालय और यूनिवर्सिटी ऑफ़ शिकागो द्वारा मानद डी.लिट्. उपाधि प्रदान की गयी है। वह ऑक्सफोर्ड की लेडी मार्ग्रेट हॉल और सोआस, लन्दन की मानद फेलो हैं। सन् 2008 में उन्हें यू.एस. लाइब्रेरी ऑफ़ कांग्रेस के प्रतिष्ठित क्लूग प्राइज़ से सम्मानित किया जा चुका है। यह सम्मान जीवनपर्यन्त उपलब्धि और इतिहास जैसे विषय के अध्ययन के लिए दिया जाता है।

सुन्दर सरूक्काई एक दार्शनिक हैं जिनके शोध रुचि के विषय मुख्यतः हैं सामाजिक विज्ञानों और प्रकृति विज्ञानों का दर्शन। उनकी कृतियाँ है : ट्रांसलेटिंग द वर्ल्ड : साइंस एण्ड लैंग्वेंज़; फिलॉसफ़ी ऑफ़ सिमेट्री; इण्डियन फिलॉसफ़ी एण्ड फिलॉसाफ़ी ऑफ़ साइंस—साइंस इज़, और द क्रेक्ड मिरर : एन इण्डियन डिबेट ऑन एक्सपीरियन्स एण्ड थियोरी (गोपाल गुरु के सहलेखन के साथ)। तर्क पर तीन खण्डों की शृंखला के वह सह-सम्पादक हैं और एमआईटी प्रेस की लियोनार्डो बुक सीरीज़ की सम्पादकीय सलाहकार समिति के सदस्य हैं। सीरीज़ ऑन साइंस एण्ड टेक्नोलॉजी स्टडीज़ के सम्पादक और स्प्रिंगर की हैंडबुक ऑन इण्डियन लॉजिक के मुख्य सम्पादक हैं। सन् 1994 से सन् 2010 तक वह नेशनल इन्स्टीट्यूट ऑफ़ एडवांस्ड स्टडीज़ में रहे हैं और आजकल मनीपाल सेंटर फॉर फिलॉसफ़ी एण्ड ह्यूमेनिटीज़, मनीपाल विश्वविद्यालय में जिसे उन्होंने स्थापित किया है, उसके निदेशक हैं।

ध्रुव रैना जवाहरलाल नेहरू विश्वविद्यालय, नयी दिल्ली में आचार्य हैं। वह आई.आई.टी., मुम्बई में भौतिकशास्त्र के विद्यार्थी थे और उन्हें गोएटबर्ग विश्वविद्यालय से विज्ञान-दर्शन पर पीएच.डी. की उपाधि प्रदान की गयी है। उनके शोध की मुख्यधारा दक्षिण एशिया में वैज्ञानिक ज्ञान की राजनीति और संस्कृतियों पर केन्द्रित है। उन्होंने निम्न पुस्तकों का सहसम्पादन किया है : सिचुएटिंग द

हिस्ट्री ऑफ़ साइंस : डायलॉग विद् जोसेफ़ नीधम; सोशल हिस्ट्री ऑफ़ साइंसेज़ इन कॉलोनियल इण्डिया; ''साइंस बिटवीन यूरोप एण्ड एशिया इमेज़ेज़ एण्ड कॉन्टेक्ट्स : द हिस्ट्रोग्राफ़ी ऑफ़ साइंस एण्ड मॉडर्निटी'' विज्ञान और भारत में उसकी आधुनिकता के सन्दर्भगत निबन्धों का संग्रह है। उनकी सबसे ताज़ा पुस्तक है–'नीधम्स इण्डियन नेटवर्क'। वह Wissenschaftskolleg zu Berlin के फेलो हैं। मैक्स प्लैक इन्स्टीट्यूट की हिस्ट्री ऑफ़ साइंस बर्लिन, Maisun des science & de l' Homme, Universite' de Paris Diderot, पेरिस, ETH, ज़्यूरिख़ और Caius और ह्यूमेनिटीज़ एण्ड सोशल साइंसेज़, कैम्ब्रिज विश्वविद्यालय, यू.के. के मानद संकाय सदस्य हैं। ये हाइडलबर्ग विश्वविद्यालय में इण्डियन फिलॉसफ़ी एण्ड इंटैलैक्चुअल हिस्ट्री की Heinrich Zimmer चेयर के प्रथम पदधारी हैं।

पीटर रोनाल्ड डिसूज़ा सेंटर फॉर स्टडी ऑफ़ डेवलपिंग सोसाइटीज़ (सी.एस.डी.एस.) में आचार्य हैं और अप्रैल 2017 तक वह डॉ. एस.के. राधाकृष्णनन चेयर ऑफ़ राज्यसभा के आचार्य पद पर रहे हैं। वह सन् 2007 से 2013 तक शिमला स्थित इण्डियन इन्स्टीट्यूट ऑफ़ एडवांस्ड स्टडीज़ के निदेशक रहे हैं। वहाँ उन्होंने अस्थायी निदेशक के रूप में सन् 2013-14 में इंटरनेशनल सेंटर फॉर ह्यूमन डेवलपमेंट की स्थापना की। वह सी.एस.डी.एस. में सन् 2007 तक लोकनीति कार्यक्रम के सह-निदेशक रहे हैं। सन् 1987 से 2003 तक वह गोवा विश्वविद्यालय के राजनीति विज्ञान विभाग से जुड़े रहे।

दक्षिण एशिया में जनतन्त्रीय राजनीति व तुलनात्मक राजनीति जैसे मुद्दों पर उनका अध्ययन है। वे संकल्पनात्मक पद्धति के पक्षधर होकर राजनीति की समस्याओं को सुलझाते हुए उन असुविधाजनक तथ्यों को खोजते हैं जो तथ्य भारत में राजनीति के स्थापित तरीकों को दुखदायी स्थिति में डालते हैं। उन्होंने बहुविध विषयों पर काम किया है–जो पंचायती राज, ट्रस्ट और राजनीतिक संस्थाएँ, दलित और उनके साथ होने वाले भेदभाव, भारत में समान नागरिक संहिता से सम्बन्धित हैं। अनेकानेक लेख लिखने के अलावा उन्होंने चार पुस्तकों का सम्पादन किया है : कन्टैम्परेरी इण्डिया : ट्रान्जिशन्स, इण्डियाज़ पोलिटिकल पार्टीज़ (ई. श्रीधरन के साथ), इण्डियन यूथ इन ए ट्रान्सफोर्मिंग वर्ल्ड : एटिट्यूड्स एण्ड प्रिपरेशन्स (संजय कुमार और संदीप शास्त्री के साथ), एण्ड स्पीकिंग ऑफ़ गांधीज़ डेथ (त्रिदिप सुहृद के साथ)। पाँच राष्ट्रों पर आधारित अध्ययन 'स्टेट ऑफ़ डेमोक्रेसी इन साउथ एशिया' के तीन अन्वेषणकर्ताओं में से यह एक थे। यह यू.एन.डी.पी. विश्व बैंक, आई.सी.एन आर.डी., इण्टरनेशनल आई.डी.ई.ए, फोर्ड फ़ाउण्डेशन और इण्टर पार्लियामेंट्री यूनियन में विशेषज्ञ और

सलाहकार रहे हैं। यह नियमित रूप से 'द हिन्दू', 'द ट्रिब्यून' और 'आउटलुक' में लिखते रहते हैं।

प्रजातान्त्रिक राजनीति में अभिव्यक्ति की स्वतन्त्रता को होने वाले ख़तरों के प्रति ये राजनीतिक सिद्धान्तवादी होने के कारण चिन्तित रहते हैं। इस सन्दर्भ में इनकी विशेष रुचि इन कारणों से होने वाले अपराधों की शुरुआत से और ऐतिहासिक भूलों को सुधारने से है।

नीलाद्रि भट्टाचार्य जवाहरलाल नेहरू विश्वविद्यालय में आधुनिक इतिहास के आचार्य हैं। वह ऑक्सफोर्ड विश्वविद्यालय के सेंट एन्थोनीज़ कॉलेज में अगाथा हैरिसन फैलो हैं। पेरिस के Eole des Hautes E tudes en Science & Sociales में अतिथि आचार्य हैं। उनके शोध के मुख्य विषय हैं—औपनिवेशिक ग्रामीण व्यवस्था, रीति-रिवाज, क़ानून की बुनावट और औपनिवेशिकता, भारत में औपनिवेशिक सत्ता और प्रवचन और इतिहास-लेखन की राजनीति। औपनिवेशिकता एवं ग्रामीण समाज और इतिहास की प्रस्तुति पर उनके बहुसंख्य लेखों के अतिरिक्त उनकी मुख्य पुस्तकें हैं : कॉमर्शियलाइजेशन ऑफ़ इण्डियन एग्रीकल्चर (के.एन.राज, सुमित गुहा, सक्ति पाधी के साथ) और 'लेबर हिस्टोरीज़ : एग्रेरियन लेबर एण्ड कॉलोनियलिज़्म'। उनकी प्रकाशनाधीन पुस्तक है : द ग्रेट एग्रेरियन कॉन्क्वेस्ट : द मेकिंग ऑफ़ अ कॉलोनियल रूरल ऑर्डर।

जावेद नकवी क़ा जन्म लखनऊ में सन् 1954 को हुआ था, जहाँ उन्होंने भारतीय संगीत और सद्भाव और सुखपूर्ण वार्तालाप की कला के प्रति रुचि दिखलाई, विशेषकर ला मैरिटाइन कॉलेज के गिरजाघर की भज मण्डली में रुडयार्ड किपलिंग की आह्वान स्तुति के साथ आनन्द मनाते हुए। उन्होंने अलीगढ़ मुस्लिम यूनिवर्सिटी व जवाहरलाल नेहरू विश्वविद्यालय में इतिहास विषय का अध्ययन किया है। बाद में उन्होंने 1977 से लेकर अनेक न्यूज़ एजेंसियों में संवाददाता और फुटकर संवाददाता के रूप में कार्य किया। इन पत्रों, समाचार-पत्रों में ख़लीज़ टाइम्स, इकोनोमिक टाइम्स व डॉन शामिल हैं। उन्होंने चौदह साल मध्यपूर्व में बिताये और इराक, ईरान, पश्चिमी सहारा से लेकर यमन, लेबनान से लेकर अफ़ग़ानिस्तान और जाफ़ना से लेकर कश्मीर में युद्ध-स्थलों से युद्धक्षेत्र संवाददाता के रूप में कार्य किया। वह दिल्ली से अनेक भारतीय और विदेशी समाचार-पत्रों के लिए साप्ताहिक कॉलम लिखते हैं और उनका मुख्य ध्यान संगीत और संस्कृति, सामाजिक हिंसात्मक उतार-चढ़ाव, अधिकारों की माँग के प्रति आन्दोलन और दक्षिणपन्थी धार्मिक उन्मादों से उठी चुनौतियों को लेकर होता है।

□□